Die Autoren plädieren für eine kulturintegrative Gesellschaft, in der die Chancen für einen reflektierten Umgang mit Menschen aus anderen Kulturen genutzt werden, ohne die unsere Zukunft wirtschaftlich und kulturell verarmen würde.

Guido F. Gebauer ist freier Schriftsteller.
Bernhard H. F. Taureck lehrt Philosophie an der Universität Hamburg. Zahlreiche Veröffentlichungen zur französischen Philosophie und Themen der Ethik, u. a. ›Lévinas zur Einführung‹ (1991), ›Ethikkrise, Krisenethik‹ (1992), ›Psychoanalyse und Philosophie. Lacan in der Diskussion‹ (1992; Fischer Taschenbuch Band 10911).
Thomas Ziegler arbeitet als Journalist.

Guido F. Gebauer
Bernhard H. F. Taureck
Thomas Ziegler

Ausländerfeindschaft ist Zukunftsfeindschaft

Plädoyer für eine kulturintegrative Gesellschaft

Fischer
Taschenbuch
Verlag

Originalausgabe
Veröffentlicht im Fischer Taschenbuch Verlag GmbH
Frankfurt am Main, Mai 1993

Umschlaggestaltung: Buchholz / Hinsch / Hensinger
Gesamtherstellung: Clausen & Bosse, Leck
Printed in Germany
ISBN 3-596-11735-6

Inhalt

Einleitung 7

Erster Teil
Die ungeliebten Fremden –
Deutschlands zwiespältiges Verhältnis zur Zuwanderung

1. Ausländer, Asylsuchende, Aussiedler – Die Entwicklung der Zuwanderung in der Bundesrepublik . . . 19
2. Einwanderungsland Bundesrepublik – Streit ohne Ende? 40
3. Die Hierarchie der Zuwanderer 46
4. Die Krise des nationalen Selbstverständnisses – Zum Hintergrund der Einwanderungsdiskussion 57
5. Ausblick 62

Zweiter Teil
Aufklärungen über eine kalkulierte Hysterie in Deutschland

1. Unterstellte und geschaffene Tatsachen 69
2. Wie man das Grundgesetz aushöhlt 80
3. Die vermeintliche Raumknappheit 86
4. Der wahre Mißbrauch des Asylrechts 92
5. Gefahr: Enge Auslegungen der Genfer Flüchtlingskonvention 101
6. Unterwegs zu inhaltsreichen Vorstellungen vom anderen Menschen 105

Dritter Teil
Zur ethischen Rechtfertigung
einer kulturintegrativen Gesellschaft

1. Definitionen:
Kultur, kulturintegrative Gesellschaft, ethischer Relativismus . 109
2. Was die inkonsequente Asyldebatte verbirgt 120
3. Rassistische Konsequenzen des Kulturrelativismus 127
4. Versuch einer ethischen Rechtfertigung einer
kulturintegrativen Gesellschaft 135

Vierter Teil
Unterwegs zur kulturintegrativen Gesellschaft:
Hindernisse, Chancen und offene Fragen

1. Liberalismus und Rassismus 151
2. Zukunft I:
Einsturz oder Stützung der Bevölkerungspyramide 162
3. Zukunft II:
Für eine konkrete Zukunftsethik 171
4. Europäisierung: Angleichung nach welchen Maßstäben? . . . 181
5. Was getan werden kann 186

Against Mega-Metropolis 197
Nachbemerkung 201
Literatur 202

Einleitung

> Das Eigene einer Kultur ist,
> nicht-identisch mit sich selbst zu sein.
> *Jacques Derrida*

I

Viel wird von Haß und Feindschaft gegen Ausländer gesprochen. Doch diese Rede bleibt hinter der Alltagsrealität zurück, denn gegen Ausländer geschieht viel mehr Gewalt, als man ahnt. Gewalt von drei Seiten, von der Zivilbevölkerung, von Politik und Medien sowie von Organen der deutschen Polizei. Die Serien der Gewalttätigkeiten gegen Asylbewerber von 1991 und 1992 sind unvergessen. Ebenso ist es kein Geheimnis, daß Politik und Medien einen »Rassismus« betreiben, Bedrohungsängste vor Asylbewerbern schüren, die geringschätzig zu »Asylanten« erklärt werden. Allein in den ersten drei Monaten des Jahres 1992 wurden – so eine Statistik des Bundeskriminalamts – fast 600 ausländerfeindliche Straftaten verübt.[1] In einer bayrischen Gemeinde in der Nähe von Dachau wurde vorgeschlagen, eine Containerunterkunft für Asylbewerber auf dem unbebauten Gelände des ehemaligen Konzentrationslagers Dachau zu errichten.

Das Ausmaß der Gewaltbereitschaft bei überregional geplanten Angriffen auf Asylbewerberheime spiegelt sich inzwischen auf der Ebene politischer Entscheidung. Eine dezentrale Unterbringung von Asylbewerbern hätte konzentrierten Gewaltaktionen das Ziel rauben können. Organisierte ausländerfeindliche Gewalt ist offenbar auch in der Lage, grundgesetzwidrige Verfassungsänderungen zu beschleunigen. Im Widerspruch zur bisherigen politischen Strategie des Nichtnachgebens gegenüber terroristischen Erpressungsversuchen wirkt die Beschränkung des Asylrechts wie ein Erfolg derer, die gegenüber Ausländern zur Anwendung von Gewalt bereit sind.

1 Archiv für Sozialpolitik, abgedruckt in: Konkret 5, 1992, S. 31

Man kann sich auch des Eindrucks nicht erwehren, daß Asylbewerber in Deutschland nicht mehr als mit Rechten ausgestattete Individuen der Menschengattung behandelt werden. Dieser Verdacht legt sich unter anderem durch folgende Tatsachen nahe: Drei Polizisten haben in Eberswalde zugeschaut, wie im November 1990 ein Angolaner von 60 Jugendlichen zu Tode geprügelt wurde. Die Verletzungen des Opfers wurden nicht angemessen polizeilich protokolliert. Asylbewerber werden so untergebracht, daß Anwohner sie notgedrungen als Belästigung empfinden. Und nach den nächtlichen Mordversuchen an den politisch Verfolgten eilte zunächst kein Politiker zu ihnen. Sie, die vorher als öffentliches Ärgernis präsentiert waren, wurden nunmehr in diejenige Sicherheit gebracht, aus der sie erneut als störende Menschen in andere Wohngebiete verlegt werden können. »Ja zu den Menschenrechten«, urteilte die französische Psychoanalytikerin Françoise Dolto über neue Formen von Zynismus, »aber die da sind keine Menschen.« Echo auf diese Vorgänge bilden Erkundigungen über Opfer ausländerfeindlicher Gewalt in Deutschland durch die *Internationale Juristenkommission* in Genf. Diese Einrichtung beschäftigt sich gewöhnlich nur mit den Rechten von Menschen, die in Diktaturen unter Anklage gestellt werden.
Weniger bekannt als die Gewalt der Zivilbevölkerung und der Medien ist die Tatsache, daß deutsche Polizeibeamte sich nicht überall des Schutzes von Ausländern annehmen, sondern diese besonders behandeln. An Orten ausländerfeindlicher Gewalt waren die Hüter der öffentlichen Ordnung erst Stunden nach den Ausschreitungen am Tatort. In Stuttgart dagegen werden Afrikaner, obwohl im Besitz einer Fahrkarte, aus der Bahnhofshalle vertrieben.
Die Autoren gehen davon aus, daß noch Zeit ist, die drei Quellen ausländerfeindlicher Gewalt zum Versiegen zu bringen. Sie stimmen mit der Mehrzahl von Verfassern kritischer Schriften zur deutschen und europäischen Fremdenhaßszenerie darin überein, daß ein Land seinen eigenen kulturellen Niedergang betreibt, wenn es sich der Aufnahme anderskultureller Menschen verweigert und Integrationsgesten durch Gewaltakte ersetzt. Indessen bestehen Unterschiede zwischen diesem Buch und anderen Vorschlägen zum Thema »multikulturelle Gesellschaft«: Weder wird eine Gesellschaft anvisiert, von der sich am Ende nicht mehr sagen läßt, als daß sie »multikulturell« heißt, noch auch folgen die Autoren der Ablenkung des Blicks von unseren Verhältnissen zur Bekämpfung der Migrationsursachen in den Ländern der Armut und Verfolgung.

Das Adjektiv »multikulturell« hat sich verbraucht. Die Konzeption, die eine multikulturelle Gesellschaft rechtfertigen könnte, ist letztlich die eines *Kulturrelativismus*, d.h. eines Nebeneinanders von Lebensformen mit eigenen Wahrheiten und ohne Möglichkeiten wechselseitiger Beeinflussungen. Die Diskussion um den Kulturrelativismus hat längst die Unhaltbarkeit von unbedingten kulturellen Differenzen gezeigt. An dieser Stelle wird vorgeschlagen, dem kulturellen Relativismus seine uneinlösbar normativen Ansprüche zu nehmen: Kulturrelativismus kann am Ende nicht mehr beanspruchen als das, womit er sinnvollerweise beginnt, d.h. Kulturforschungsrelativismus zu sein.

Eine zweite Abweichung von Lösungsvorschlägen für die weltweiten Vertreibungsbewegungen betrifft die Forderung, man solle die Ursachen der Verfolgung und des Elends in den betroffenen Ländern selbst bekämpfen. Nähme man diese Forderungen ernst, so liefen sie vielfach auf Zynismus oder auf eine Ablenkung von Verantwortung hinaus. Zynismus: Deutschland gehört zu den 25 Prozent der Weltbevölkerung, die 70 Prozent der global verfügbaren Energie, 75 Prozent der abgebauten Metalle, 85 Prozent der Holzvorräte und 60 Prozent aller Nahrungsmittel des Planeten vernutzen. Die zunehmende Überflutung von Bangladesch bildet möglicherweise bereits heute eine Folge der globalen Erderwärmung, die durch die Lebensweise dieser 25 Prozent bewirkt wird. Langfristig werden von uns verursachte ökologische Katastrophen immer mehr Menschen aus ihren Ländern vertreiben, und die Politik der Weltbank dürfte bei der Verursachung der Dritte-Welt-Verelendung weiterhin erfolgreich sein. Der Vorschlag, globale Vertreibungsbewegungen – verharmlosend als »Migrationen« (aus dem Lateinischen »migrare«: auswandern, ausziehen, übersiedeln) bezeichnet – vorort zu bekämpfen, kann auch als Alibi für eine Politik verwendet werden, die sich gegen Asylgewährung und gegen Einwanderung stellt. Warnung vor einer Gesellschaft der Rassenmischung – Edmund Stoiber, Mitglied der derzeitigen bayrischen Staatsregierung, warnt vor einer »durchrassten Gesellschaft« – pflegt sich entsprechend mit Vorschlägen zur Bekämpfung der Vertreibungsursachen vorort zu paaren. Daß in der Tat für ein Versiegen der Ursachen von Gewalt und Armut zu sorgen ist, bleibt eine Aufgabe, die uns allerdings einschneidende Umorientierungen in unseren Lebensgewohnheiten abverlangt. Um so verständlicher ist die zugleich verwerfliche strategische Ablenkung des Blicks von den Pflichten gegenüber anderen im eigenen Land.

Jede Position, die in Deutschland gegenwärtig für eine Form von »Integration« von neuen, ausländischen Gesellschaftsmitgliedern votiert, befindet sich zunächst zwischen zwei Extremen. Auf der einen Seite stehen diejenigen, die Deutschland gegen den Zustrom von außen absichern wollen. Auf der anderen Seite gibt es Stimmen, die jede Reglementierung von Einwanderung ablehnen und auch – wie aus Diskussionen hervorgeht – die Bezeichnung »Asylbewerber« ablehnen. Die ersten besitzen zur Zeit die Macht des politischen Mandats, das sie zur Aushöhlung des Grundgesetzes nutzen. Die anderen sind politisch ohnmächtig. Ihr Beitrag besteht indessen nicht in konstruktiven Vorschlägen für eine kulturverbindende Gesellschaft. Vielmehr wird auf »multikulturellen« Zügen der Gesellschaft bestanden, ohne daß sich mit Wiederholungseffekten dieser Angaben zugleich Argumentationseffekte einstellen. Auffällig ist im Umkreis dieses Positionsextrems die Neigung zur polizeiartigen Normierung und Kontrolle des Sprachgebrauchs. Statt »Asylbewerber« soll man »Menschen« sagen (gewiß sind alle Asylbewerber Menschen, nicht aber alle Menschen Asylbewerber), und »Integration« gilt als verbotene Neuauflage von »Assimilation« (was, wie die lateinischen Wortbedeutungen belehren, falsch ist). Sprachregelungsgewalt wurde von Georges Orwell vor 1984 als totalitäre Strategie durchschaut, die das Jahr 1984 ebenso überlebt hat wie der Faschismus das Jahr 1945.
Die Position dieses Buches verläuft zwischen den Voten für Abschottung und Entgrenzung. Es wird, wie einst in der älteren Ethik, darauf gesetzt, daß die Zwischenposition eigentlich ein »Jenseits« zu den entgegengesetzten Extremen erreicht, ein Jenseits, das ethisch und politisch vertretbar ist. Selbstverständlich folgt aus der Unzulässigkeit zweier Positionen – hier der Abschottung bzw. Entgrenzung – nicht, daß es eine dritte Position geben muß, die vertretbar und realisierbar ist. Es wird auch nicht reichen, beiden Extremen ein »Nein!« entgegenzusetzen, das sich bloß auf eine Fehleranalyse beider Positionen stützt. Daher wird der Akzent auf konstruktive Züge einer kulturverbindenden Gesellschaft gelegt, die jenseits von Entgrenzung und Abschottung liegt.

II

»Es besteht Einigkeit, daß die Bundesrepublik Deutschland kein Einwanderungsland ist und auch nicht werden soll«, so lautet die Formel, die stets die bundesdeutsche Ausländerpolitik bestimmte und ausnahmslos von allen Bundesregierungen vertreten wurde. Die sozial-liberale Regierungskoalition unter Helmut Schmidt erhob sie 1981/82 zum Leitsatz ihrer Ausländerpolitik, die nachfolgende CDU/CSU/FDP-Bundesregierung übernahm sie und hält bis zum heutigen Tag an ihr fest. Angesichts der rund vier Millionen Ausländer in der Bundesrepublik wiesen Kritiker der Leitidee bereits 1974 den Charakter einer »Zauberformel« zu (Chr. Sasse, E. O. Kempen, 1974, S. 26). In der Folgezeit sollte dieser Widerspruch zwischen Ausländerrealität und erklärtem Selbstverständnis immer weiter auseinanderklaffen. Heute läßt sich die Weigerung, den Status eines Einwanderungslandes anzuerkennen, nur noch als »formelhafte und längst gespenstisch unwirklich gewordene Beteuerung« (D. Oberndörfer, 1992, S. 21) und als »Beschwörungsritual« aufrechthalten. Manche Stimme spricht gar von einer »bundesdeutschen Lebenslüge« (U. Knight/W. Kowalsky, 1992, S. 17) oder »bundesdeutschen Einwanderungsverleugnung« (L. Hoffmann, 1992, S. 19 u. 27). »Deutschland ist de-facto/faktisch ein Einwanderungsland«, heißt demgemäß die Gegenlosung, die Vertreter verschiedenster Couleur der bundesdeutschen Erkenntnisverweigerung entgegensetzen. Mit dem Anwachsen der Asylbewerber-, Flüchtlings- und Aussiedlerzahlen erfährt der Streit um das bundesdeutsche Selbstverständnis zu Beginn der neunziger Jahre eine erneute Zuspitzung. Die anwachsende Zuwanderung wird von Politikern und Medien als massive Bedrohung dargestellt und von der Bevölkerung als solche empfunden. Täglich vermelden Schlagzeilen neue Schreckensberichte von »massenhafter Flüchtlingszuwanderung«, von ins Land »strömenden Asylantenfluten«, vom »Sturm auf die Wohlstandsinsel Westeuropa«.

Die zunehmende Abwehrhaltung in weiten Teilen der deutschen Bevölkerung ist jedoch nicht nur eine Reaktion auf die steigenden Zuwandererzahlen, sondern auch Ausdruck der eigenen gesellschaftlichen Situation. Die durch die Wiedervereinigung ausgelösten tiefgreifenden Umwälzungen haben ein Klima der sozialen Verunsicherung und Spannungen erzeugt, in dem Existenz- und Zukunftsängste für einen beträchtlichen Teil der Bürger – besonders in den neuen Bundesländern –

bereits erschreckend reale Züge angenommen haben. Beispielhaft genannt seien hier die hohen Kosten der Einheit, der schleppende Aufbau in den neuen Bundesländern, steigende Arbeitslosigkeit, Wohnungsknappheit, neue Armut, der mit diesen Erscheinungen einhergehende Vertrauensverlust in die Politik und das gleichzeitige Anwachsen rechtsradikaler Strömungen. Vor diesem Hintergrund erscheint vielen Bürgern die Aufnahme größerer Kontingente von Zuwanderern als unzumutbare Belastung. Einen Ausweg vermögen sie nur noch in einer mehr oder weniger konsequent betriebenen »Ausländer-raus-und Grenzen-zu-«-Politik zu sehen.

Der hohe Anteil von Aussiedlern unter den Zuwanderern macht zudem deutlich, daß Ein- bzw. Zuwanderung nicht länger nur als Fragestellung der Ausländerpolitik behandelt werden kann. Allein zwischen 1988 und 1991 kamen 1,9 Millionen Aus- und Übersiedler in die Bundesrepublik. In dem gleichen Zeitraum stellten ›nur‹ 700.000 Personen Antrag auf Asyl, von denen überdies ein Großteil Deutschland über kurz oder lang wieder verlassen wird. In den öffentlichen und politischen Diskussionen, die die »Grenzen der Belastbarkeit« und einen »Das-Boot-ist-voll«-Zustand beschwören, werden diese Faktoren jedoch weitgehend ausgeklammert. Vor allem Asylbewerber und Flüchtlinge gelten als die eigentlichen Verursacher für die angespannte soziale und wirtschaftliche Situation in Städten und Gemeinden, die tatsächlich durch eine Gesamtheit von Zuwanderern erzeugt wurde. Die einseitige und Ängste schürende Darstellung zu Lasten der Flüchtlinge und Asylbewerber führt schließlich dazu, daß die Diskussion um das Einwanderungsland Bundesrepublik mehr und mehr als ausschließliche Frage der Asylproblematik behandelt wird. »Wenn es ein Einwanderungsgesetz gibt, kommen morgen alle Flüchtlinge in die Bundesrepublik«, so läßt sich die Meinung in weiten Teilen der Bevölkerung zusammenfassen. Unterstützt wird die Annahme durch zahlreiche Politikeräußerungen, die in die gleiche Richtung zielen. Als Beispiel mag hier ein Zitat – stellvertretend für viele – dienen: ». . . unter Einwanderung verstehe ich, daß ich andere Völker hereinhole, damit sie endgültig hierbleiben können. Wenn ich ein Einwanderungsgesetz mache, dann will ich doch damit Einwanderung herbeiführen.«[2] Daß dem keinesfalls so sein muß, wird sich unter anderem im Verlaufe des Textes

2 Äußerung von Wolf Zeitlmann (CSU) in: Explosiv – Der heiße Stuhl. RTL plus, 9.6.1992, 22.00 h–23.00 h.

zeigen. Der Widerspruch zwischen Ausländerrealität und bundesdeutschem Selbstverständnis bleibt also auch in der aktuellen Situation weiterhin unaufgelöst.

III

Die im folgenden vorgestellten Überlegungen gelten zunächst der Entwicklung der Zuwanderung in der Bundesrepublik Deutschland sowie der Position, die die jeweiligen Zuwandergruppen in der bundesdeutschen Gesellschaft einnehmen. Thomas Ziegler hat – im ersten Teil – dazu verstreutes und neues Material zusammengetragen und zu einer kritischen Bestandsaufnahme ausgewertet. Es wird sich dabei zeigen, daß bereits die rechtlichen Voraussetzungen zur Klassifizierung der unterschiedlichen Zuwanderungsgruppen Ausdruck eines in wesentlichen Zügen ausländerfeindlichen Gesellschaftsbildes sind. Die Vorenthaltung staatsbürgerlicher Grundrechte für Ausländer sowie eine rechtlich vorgegebene Hierarchisierung sorgen dafür, daß die anderen zweit-, dritt- oder gar viertklassige Menschen bleiben und als Fremdkörper empfunden werden müssen. Die staatliche Verweigerungshaltung stellt für das demokratische Grundgefüge der bestehenden Gesellschaft, die langfristig auf Zuwanderung angewiesen ist, eine zunehmende Bedrohung dar.
Das zweite Thema dieses Buches ist der Versuch, ein neues Ziel für deutsche und europäische polyethnische Gesellschaften zu bestimmen: das Ziel einer kulturintegrativen Gesellschaft. Nach einer Aufklärung über politisch geschaffene Tatsachen als Reaktionen auf fälschlich unterstellte Raumknappheit und »Mißbrauch« von Asylrecht geht es um ethische Rechtfertigungen der kulturintegrativen Gesellschaft. Guido F. Gebauer und Bernhard H. F. Taureck erweitern ihre Überlegungen dann zu möglichen europäischen Lösungen und schließlich zu konkreten Vorschlägen für eine kulturintegrativ kreative Politik der nächsten Jahre.
Es soll deutlich werden, daß sich die europäischen Länder hinsichtlich der globalen Vertreibungsbewegungen in einer privilegierten Position befinden. 90 bis 95 Prozent der Weltflüchtlinge werden von armen Ländern der Dritten Welt – Pakistan, Jordanien, Iran, afrikanische Länder – mit einer zum Teil kaum vorstellbaren Hilfsbereitschaft aufgenommen, während bisher nur fünf bis zehn Prozent aller Flüchtlinge nach Europa

kommen. Diese Zahl könnte bzw. sollte sich – auch um der Verjüngungseffekte willen – in den nächsten Jahren erheblich vergrößern. Binnengesellschaftliche Erstarrungserscheinungen ließen sich mit Hilfe der Etablierung kulturintegrativer Gesellschaften abbauen. In jedem Fall besitzen die Europäer die Chance zu einem *reflektierten* Umgang mit den planetarischen Vertreibungsbewegungen. Noch haben sie die Gelegenheit, Gesellschaften zu planen, in denen andere als Bereicherung des Eigenen erscheinen, das ohne sie vermutlich verdorren müßte.
Am Ende ist gar vorstellbar, daß die politischen Großparteien der Bundesrepublik, die gegenwärtig die Asylrechtsgewährung dieses Staates verringern oder gar abschaffen möchten, sich ihrerseits zu dem Ziel »kulturintegrative Gesellschaft« bekennen: »Wir – CDU, SPD, FDP – wollen sie auch, die kulturintegrative Gesellschaft!« Vielleicht wird sogar die christliche Partei des Eigenheiten kultivierenden Bayernstaates am Ende ihr Nein zur Einwanderung aufgeben und »kulturintegrativ« in einer bayrischen Sonderbetonung als »kultur*integrativ*« auslegen wollen. Ob diese Wendungen ernst gemeint sein werden, würde sich vor allem daran zeigen, daß auf alle Formen inszenierter Hysterie gegenüber »Ausländern« zugunsten von Geduld, Überlegung und Zukunftsplanung verzichtet wird.

IV

Dieses Buch handelt nicht von Entwicklungen, die gleichwohl mit seinem Thema zusammenhängen werden: dem Anstieg der Flüchtlinge oder Emigranten aus dem ehemaligen Ostblock. Bis zu 40 Millionen Arbeitslose werden allein für das Staatsgebiet der ehemaligen Sowjetunion nach der Auflösung ihrer Militärmaschinerie vorausgesagt.[3] Es ist nicht einsehbar, daß die erfolgreichen Industrienationen des Westens, die über 40 Jahre mit allen Mitteln auf den Zusammenbruch des Kommunismus hingearbeitet haben, nicht in der Pflicht stehen, ökonomische Katastrophen in Europa zu verhindern. Die Erfüllung dieser Pflicht wird durch die Möglichkeit von Eigennutzbefriedigung erheblich erleichtert. Und in der Tat scheint es kaum eine Alternative zu dem vom ehemaligen US-Präsidenten Richard Nixon geforderten »Marshall«-Plan für diese Region zu

3 I. Louviot 1991, S. 33.

geben. Es handelt sich um die Erzielung marktwirtschaftlicher Produktions- und Konsumtionsformen, die Verelendung und das Aufkommen neofaschistischer Diktaturen zu verhindern suchen.

V

Es ist denkbar, daß die Geschichte des Asyls in Deutschland einst so geschrieben würde: »Zwei Aktionsreihen waren es, die ursprünglich getrennt voneinander verliefen, sich dann aber zunehmend kreuzten, überschnitten und schließlich addierten: Es handelt sich um die Zielvorstellungen der Politiker und der Parteien einerseits und der Aktionen der Straße andererseits. Die Straße begann, immer häufiger der Gewalt zu gehören, deren Objekte Asylbewerber, Behinderte oder Menschen in Altenheimen waren. Die faschistische Doktrin der Stärke sollte sich an der Gewalt gegen Schwache zeigen. Die Politiker bildeten anfangs ein Bild zweier entgegengesetzter Lager. Die einen wollten das Asylrecht abschaffen oder zumindest einschränken. Die anderen wollten es uneingeschränkt erhalten: Keine Verschärfung des Asylrechts, keine Änderung des Grundgesetzes. Dann setzte die Aktion der Straße mit den Progromen von Hoyerswerda ein. Hier hätte die Chance zu einer echten Polarisierung zwischen den politischen Kräften und zu einer uneingeschränkten Asylrechtbewahrung bestanden. Aber es kam anders. Diejenigen, die die Grundgesetzgarantie für Asyl einst erhalten wollten, näherten sich immer mehr ihren ursprünglichen Gegnern an. Das Asylrecht wurde verschärft. Dann rollte Ende August 1992 in Rostock die zweite Welle der Gewalt über Deutschland hinweg, und ...« Und?

Eine mögliche Fortsetzung könnte lauten: »Man änderte das Grundgesetz, beschränkte die Asylgewährung, kürzte die Sachzuwendung für Asylbewerber bis unter die Armutsgrenze, begann mit dem Deportationsgeschäft von Massenausweisungen. Da setzte ein illegaler Flüchtlingszustrom in einem bisher nicht bekannten Ausmaß ein. Und eine dritte, noch größere Welle der Gewalt der Straße begann Deutschland zu überrollen.«

Zu diesen oder ähnlichen Entwicklungen wird es langfristig Alternativen im Sinn eines kulturintegrativen Aufbaus unserer Gesellschaften geben müssen. Andernfalls wäre es denkbar, daß das Jahrhundertexperiment der zweiten deutschen Demokratie noch vor dem Jahrtausendende scheitert.

Erster Teil

Die ungeliebten Fremden – Deutschlands zwiespältiges Verhältnis zur Zuwanderung

1. Ausländer, Asylsuchende, Aussiedler – Die Entwicklung der Zuwanderung in der Bundesrepublik

Die gegenwärtige Diskussion ist vor allem durch die oftmals verwirrende Benutzung des Begriffs »Einwanderung« gekennzeichnet. Zum einen steht dieser stellvertretend für das Gesamtphänomen Zuwanderung und erfaßt die unterschiedlichen Zuwanderergruppen wie Aussiedler, ausländische Arbeitnehmer, Asylbewerber, Flüchtlinge, illegale Einwanderer etc. Zum anderen beschreibt er den Prozeß der Einwanderung, d.h. die Absicht, sich dauerhaft in einem anderen Land niederzulassen und die damit verbundene Eingliederung. Im folgenden soll Einwanderung im letzteren Sinne verwendet werden.[1] Drei Formen der Zuwanderung haben die gegenwärtige Situation in der Bundesrepublik besonders geprägt. Neben der Einwanderung sind dies die Arbeitswanderung und die Flüchtlingswanderung. Die Arbeitswanderung vollzieht sich als vorübergehender Aufenthalt in einem anderen Land zum Zweck der Erwerbstätigkeit. Häufig sind diesbezügliche Wanderbewegungen von den Zuwanderungsländern initiiert. Was als Arbeitswanderung beginnt, kann mit zunehmender Aufenthaltsdauer in eine Einwanderungssituation münden. Die ursprüngliche Absicht, ins Heimatland zurückzukehren, tritt dann mehr und mehr in den Hintergrund. Demgegenüber resultiert die Flüchtlingswanderung aus einer Notlage. Sie zwingt Menschen, ihre Heimatländer zu verlassen und Zuflucht in anderen Staaten zu suchen. Dabei ist zwischen politischen Flüchtlingen bzw. Asylsuchenden, Elendsflüchtlingen aus Regionen, die von Hunger, Armut und Naturkatastrophen befallen sind, sowie Bürgerkriegsflüchtlingen zu unterscheiden. Die Aufenthaltsplanung der Flüchtlinge im Zufluchtsland wird hauptsächlich von der Aussicht auf Verbesserung der Situation in den Heimatländern abhängen. Aber auch die Eingewöhnung und Eingliederung in den Zufluchtsländern spielen eine wesentliche Rolle. Wie im Falle der Arbeitswanderung können auch bei Flüchtlingen auf Zeit geplante Aufenthalte in Einwanderungssituationen übergehen.

1 Die Definition der hier verwendeten Begriffe Einwanderung, Arbeitswanderung, Einwanderungssituation orientiert sich an K. J. Bade 1990, S. 10f. Vgl. auch K. J. Bade 1983, F. Heckmann 1981.

Als Arbeitswanderung begann die Zuwanderung ausländischer Arbeitnehmer. In den fünfziger Jahren wurde der rasche wirtschaftliche Aufschwung der Bundesrepublik trotz einer Million Arbeitslosen durch einen akuten Mangel an Arbeitskräften gebremst. Um Abhilfe zu schaffen, schloß die Bundesrepublik Anwerbeverträge über ausländische Arbeitskräfte mit Italien (1955), Spanien und Griechenland (1960), Türkei (1961), Marokko (1963), Portugal (1964), Tunesien (1965) und Jugoslawien (1968). Ziel der Anwerbepolitik war es, zu verhindern, daß sich die neuangekommenen Arbeitnehmer dauerhaft niederließen. Deutschland sollte kein Einwanderungsland sein. Eckstein der damaligen Ausländerpolitik, die in erster Linie eine Arbeitsmarktpolitik war, wurde das »Rotationsprinzip« mit der Aufgabe, Zu- und Abwanderung je nach den Bedürfnissen des Arbeitsmarktes in ständigem Fluß zu halten. Die ausländischen Arbeitnehmer, so nahm man an, würden ihrerseits von dieser Regelung profitieren. Sie hätten die Möglichkeit, ihren Verdienst für die Gründung einer besseren Existenz in ihrer Heimat anzulegen. Darüber hinaus kämen die in der Bundesrepublik erworbenen Fähigkeiten nach der Rückkehr den jeweiligen Volkswirtschaften der Anwerbeländer zugute. In zwei großen Schüben stiegen die Zahlen der ausländischen Arbeitnehmer zwischen 1958 und 1973 um das Zwanzigfache, von 127.000 auf 2,6 Millionen (D. Thränhard 1988, S. 4). Unterbrochen wurde diese Zunahme lediglich durch den aufgrund der Rezession 1966/67 verhängten Anwerbestopp. Zwischen Juni 1966 und Januar 1968 ging die Zahl der ausländischen Arbeitnehmer von 1,3 Millionen auf 900.000 zurück, hatte jedoch im Juni 1969 schon wieder den Stand von 1966 überschritten. Hatte man anfangs kalkuliert, daß die Ausländer für das Erreichen ihrer finanziellen Ziele ungefähr vier bis sechs Jahre benötigen würden (R. Erichsen 1988, S. 14), so erwies sich diese Planung bald als Fehleinschätzung. Die ausländischen Arbeitnehmer blieben länger als erwartet und zeigten in zunehmendem Maß weniger die Neigung, in ihre Herkunftsländer zurückzukehren. Statt dessen wuchs der Wunsch, sich dauerhaft in der Bundesrepublik niederzulassen. Viele begannen, ihre Familien nachzuholen. Erstmals erhoben sich Stimmen, die nach Kosten und Nutzen der Ausländerbeschäftigung fragten. Aus Furcht vor sozialen Konflikten und infolge des durch die »Ölkrise« ausgelösten Konjunktureinbruchs verhing die Bundesregierung am 23. November 1973 einen

zweiten Anwerbestopp. Zu diesem Zeitpunkt lebten 3,97 Millionen Ausländer in der Bundesrepublik. 2,6 Millionen von ihnen waren erwerbstätig (= 65,4 Prozent). Hatten die Italiener in den sechziger Jahren noch die größte Nationalitätengruppe gestellt (1965: 329.000), so standen 1970 die Jugoslawen (1970: 374.000) an der Spitze, an deren Stelle 1973 wiederum die Türken traten (1973: 910.000). Insgesamt waren zwischen 1955 und 1973 14 Millionen Ausländer in die Bundesrepublik gekommen. Rund elf Millionen (ca. 80 Prozent) waren in der Zwischenzeit in ihre Heimatländer zurückgekehrt. Die veränderte Ausgangssituation, die in der Arbeitsmarkt-Logistik der Ausländerpolitik nicht miteingeplant war, fing Max Frisch mit dem inzwischen klassischen Ausspruch ein: »Wir riefen Arbeiter und siehe, es kamen Menschen.« Für diese Menschen war die Bundesrepublik jedoch schlecht gerüstet. Weder hatte man sich bis dahin Gedanken über längerfristige Aufenthaltssicherungen und damit zu verbindende Rechtszugeständnisse gemacht, noch lagen Konzepte zu infrastruktuellen, sozial- und bildungspolitischen Maßnahmen vor. Rechtsgrundlage bildete das Ausländergesetz aus dem Jahr 1965, das in erster Linie ein Fremden- und Ausländerpolizeirecht war »mit einem vielfältigen Abwehrinstrumentarium einschließlich Ausweisung und Abschiebung« (K.-H. Meier-Braun 1991, S. 14).
In der Folgezeit beherrschte der Grundsatz der »Konsolidierung der Ausländerbeschäftigen« die Ausländerpolitik. Ziele dieser Politik waren die weitere Zuwanderungsbegrenzung, Rückkehrförderung und die soziale Integration der ausländischen Arbeitnehmer und ihrer Familien. Die Begrenzungsbestrebungen verfehlten jedoch die gewünschte Wirkung. Hatte bereits der Anwerbestopp einen verstärkten Familiennachzug herausgefordert, so trieb 1975 die Kürzung des Kindergeldes für ausländische Kinder, die in den Heimatländern geblieben waren, diese Entwicklung ein weiteres Mal an (K.-H. Meier-Braun 1991, S. 14). Was in den fünfziger Jahren als Arbeitswanderung begonnen hatte, schlägt Ende der siebziger Jahre mehr und mehr in eine Einwanderungssituation um. Eine Umfrage der Nürnberger Bundesanstalt für Arbeit ergab bereits 1973, daß 83 Prozent der ausländischen Arbeitnehmer mit mehr als 15 Jahren Aufenthalt auf Dauer in der Bundesrepublik bleiben wollten (vgl. K. J. Bade 1990a, 13f.). Der Nachzug der Familien schlägt sich darüber hinaus im Wandel der ausländischen Bevölkerungsstruktur nieder. Obwohl die Zahl der Erwerbstätigen infolge der durch die Ölkrise ausgelösten Rezession zwischen 1973 und 1977 um rund 700.000 (1973: 2,6 Mio.;

Tabelle 1: **Ausländische Bevölkerung** (Alte Bundesländer)

	Ausländische Gesamtbevölkerung		Anwerbestaaten*		Erwerbstätige	
Jahr	Anteil an der Gesamtbevölkerung absolut	in %	Anteil ausländische Bevölkerung absolut	in %	Anteil ausländische Bevölkerung absolut	in %
1973	3.966.200	6,4	3.087.920	77,9	2.595.000	65,4
1974	4.127.366	6,7	3.207.219	77,7	2.286.625	55,4
1975	4.089.594	6,6	3.155.438	77,2	2.070.735	50,6
1976	3.948.037	6,4	3.023.798	76,6	1.937.134	49,1
1977	3.948.278	6,4	3.005.317	76,1	1.888.585	47,8
1978	3.981.061	6,5	3.000.346	75,4	1.869.294	47,0
1979	4.143.836	6,8	3.114.832	75,2	1.933.651	46,7
1980	4.453.308	7,2	3.059.996	68,7	2.071.658	46,5
1981	4.629.729	7,5	3.457.261	74,7	1.929.737	41,7
1982	4.666.917	7,6	3.461.238	74,2	1.808.981	38,8
1983	4.534.863	7,4	3.357.423	74,0	1.713.645	37,8
1984	4.363.648	7,1	3.168.937	72,6	1.592.641	36,5
1985	4.378.942	7,1	3.106.012	70,9	1.583.898	36,2
1986	4.512.679	7,4	3.125.255	69,3	1.591.547	35,3
1987	4.240.532	6,8	3.027.310	71,4	1.588.859	37,5
1988	4.489.105	7,5	3.157.394	70,4	1.624.122	36,2
1989	4.845.862	7,8	3.324.312	68,6	1.689.299	34,9
1990	5.241.801	8,2	3.503.882	66,9	1.782.563	34,0
1991	5.882.267	9,2	3.782.226	64,3	1.898.540	32,3

* Türkei, (Ex-)Jugoslawien, Italien, Griechenland, Spanien, Portugal, Marokko, Tunesien

Quelle: Bundesminister für Arbeit und Soziales

1977: 1,89 Mio.) sinkt, fällt dieser Rückgang in der Statistik zuerst nicht weiter ins Auge (Tabelle 1). Durch den Familiennachzug konnte die Höhe der ausländischen Wohnbevölkerung in diesem Zeitraum konstant um Werte zwischen 3,9 und 4,1 Millionen pendeln. Festzustellen ist auch ein Rückgang der Heimatüberweisungen, ein Indiz für die noch bestehende Bindung an das Heimatland. Nach Schätzungen der Deutschen Bundesbank sank die Höhe der Heimatüberweisungen zwischen 1975 und 1977 von 7,4 auf 6,1 Milliarden Mark, d.h., der einzelne ausländische Arbeitnehmer überwies demnach 1977 durchschnittlich rund 347 Mark weniger als 1975 (1975: ca. 3575 Mark; 1977: ca. 3228 Mark).[2]
Der Konsolidierung als zweite Phase der Ausländerpolitik folgte 1979/80 eine kurze dritte Phase, in der Überlegungen zur Integration der ausländischen Arbeitnehmer und ihrer Familien im Vordergrund standen. Herausragendes Ereignis in dieser Zeit bildete das Memorandum von Heinz

2 Quelle: Bundesminister für Arbeit und Soziales, 12.12.1991.

Kühn (SPD), dem ersten Ausländerbeauftragten der Bundesregierung, der die arbeitsmarktorientierte Ausländerpolitik der Bundesregierung kritisierte und die Anerkennung der faktischen Einwanderungssituation forderte. Kühns Vorstoß verlief jedoch erfolglos. Dem »kurzen Wettlauf um Integrationskonzepte« folgte 1981 mit dem »Rennen nach einer Begrenzungspolitik« die ›Wende‹ in der deutschen Ausländerpolitik (K.-H. Meier-Braun 1991, S. 14). Unter dem Druck der Opposition von CDU/CSU und der unionsregierten Länder formulierte die damalige SPD/FDP-Bundesregierung im November 1981 und Februar 1982 die künftige Grundposition der Ausländerpolitik. Festgelegt wurde ein »magisches Zieldreieck« (R. Erichsen 1988, S. 16), das die Begrenzung der Zuwanderung, die Stärkung der Rückkehrbereitschaft und die soziale Integration der in der Bundesrepublik lebenden Ausländer festschrieb. Noch im Dezember ergingen Empfehlungen an die Bundesländer für eine Begrenzungspolitik, die besonders auf die Verringerung des Familiennachzugs abzielten. Die restriktive Ausländerpolitik wurde nach der Regierungsübernahme von CDU, CSU und FDP weiter verschärft. Bereits kurz vor seiner Amtsübernahme hat der neue Bundeskanzler Helmut Kohl verkündet, daß die Zahl der Ausländer verringert werden müsse. Im Juni 1983 wurde ein »Gesetzesentwurf zur befristeten Förderung der Rückkehrbereitschaft von Ausländern« beschlossen, der auf ein noch von der sozial-liberalen Koalition im Juli 1982 verabschiedetes Maßnahmenbündel zurückgriff. Die Maßnahmen der Rückkehrförderung waren vor allem Ausdruck einer »Symbolpolitik« (K.-H. Meier-Braun 1991, S. 16), mit der die Bundesregierung einer beunruhigten und auf eine Entscheidung wartenden Öffentlichkeit Handlungsfähigkeit demonstrieren wollte. Bereits im Vorfeld hatten die in Öffentlichkeit und Medien geführten Diskussionen einen unerwünschten Nebeneffekt hervorgerufen, der das Gesetz schon vor seiner Verabschiedung fragwürdig werden ließ. Ohnehin zur Rückkehr entschlossene ausländische Arbeitnehmer schoben ihre Rückkehr in der Hoffnung auf Zahlung überhöhter Prämien auf und erzeugten so einen Rückwanderungsstau. Um einerseits den finanziellen Flurschaden durch derartige Mitnahmeeffekte gering zu halten und um andrerseits im Ansehen der Öffentlichkeit durch weitere Verzögerungen nicht an Prestige zu verlieren, wurde das Gesetz sehr eng gefaßt. Die beschlossenen Maßnahmen galten nur für ein halbes Jahr. Nach Angaben des Bundesinnenministeriums kehrten aufgrund des Gesetzes über 250.000 Menschen in ihre Heimatländer zurück (BMI 1991, S. 57).

Die Bundesregierung wertete dies als großen Erfolg. Langfristig betrachtet hatte das Rückkehrförderungsprogramm jedoch kaum Auswirkungen auf die Entwicklung der Ausländerzahlen.
Zu den bedeutenden ausländerpolitischen Maßnahmen der neuen Bundesregierung gehört die Schaffung eines neuen Ausländergesetzes. Entwürfe aus den Jahren 1983 und 1985/86 verschwanden schon bald wieder in der Schublade. Auch ein von Bundesinnenminister Zimmermann 1988 unternommener Anlauf rief wegen seiner extrem restriktiven Vorstellungen heftigen Widerstand hervor. Erst dem Nachfolger Wolfgang Schäuble gelang es, einen konsensfähigen Entwurf für ein neues Ausländerrecht vorzubereiten. Gegen die Stimmen der Opposition wurde das »Gesetz zur Neuregelung des Ausländerrechts« am 26. April 1990 vom Deutschen Bundestag beschlossen. Es trat am 1. Januar 1991 in Kraft.
Im Rückblick auf das Ausländergesetz von 1965 wurde das neue Gesetz allgemein als Fortschritt begrüßt. Weitgehend herrschte aber auch Einigkeit darüber, daß die Gesetzgeber hinter den eigentlichen Anforderungen zurückgeblieben waren. Barbara John, Ausländerbeauftragte des Berliner Senats und Parteikollegin von Wolfgang Schäuble, bezeichnete die Neuregelung gar als rückständig. Einige Stimmen bemängelten, daß das Gesetz an der Arbeitsmarkt-Philosophie des Ausländerrechts von 1965 festhalte. Diesbezügliche Vorwürfe richteten sich vor allem gegen Paragraph 10 des Gesetzes, der die Existenz des Rotationsprinzips, also die Anwerbung von Arbeitskräften für einen begrenzten Zeitraum, weiterhin festschreibt. Zwischen dem Anwerbestopp 1973 und 1987 blieb die Gesamtzahl der Ausländer aus den Anwerbestaaten nahezu unverändert (1973: 3.088.000; 1987: 3.023.000). Unterbrochen wird diese Konstanz der Werte lediglich durch ein Emporschnellen der türkischen Bevölkerung um 384.000 Personen im Jahr 1981 (1980: 1.162.000; 1981: 1.546.000). Nach einem weiteren Anstieg im darauffolgenden Jahr (1982: 1.581.000) sinkt die Zahl 1984 jedoch wieder auf den Wert von 1980. Die Gesamtzahl der Ausländer aus den Anwerbestaaten steigt erst ab 1988 wieder und erreicht 1991 erstmals einen Höchststand von 3,8 Millionen.
Die ausländische Gesamtbevölkerung stieg seit 1987 in großen Sprüngen um 1,7 Millionen auf 5,9 Millionen Ausländer im Jahr 1991. Auffällig ist der dazu im Vergleich verhältnismäßig geringe Anstieg der Erwerbstätigen. Noch deutlicher wird dieser Unterschied, wenn man die Abnahme des Anteils der Erwerbstätigen an der ausländischen Gesamtbevölkerung

Tabelle 2: **Ausländische Bevölkerung** (Alte Bundesländer)		
	Jahr	
	1973	1991
Türkei	910.525	1.779-586
(Ex-)Jugoslawien	701.588	775.082
Italien	630.735	560.090
Griechenland	407.614	336.893
Spanien	287.021	135.234
Portugal	111.969	92.991
Marokko	22.367	75.145
Tunesien	16.101	27.205
Andere Länder	878.280	2.100.540
Ausländische Wohnbevölkerung	3.966.200	5.882.766
Ausländerquote	6,4 %	8,2 %
Quelle: Bundesminister für Arbeit und Soziales		

sieht. Stellten 1973 die Erwerbstätigen noch rund 66,4 Prozent der ausländischen Bevölkerung, so sank dieser Anteil 1991 auf 32,3 Prozent. Die Ursachen dafür sind nicht mehr allein im Familiennachzug zu sehen, sondern vor allem in der seit 1988 steigenden Zuwanderung von Flüchtlingen.

Festzustellen ist auch eine Veränderung in der nationalen Struktur der ausländischen Bevölkerung. Zu Beginn der sechziger Jahre kamen rund die Hälfte der Ausländer aus EG-Staaten, während es 1991 nur noch 25,2 Prozent waren. Dies erscheint um so gravierender, da ehemalige Anwerbeländer wie Spanien, Griechenland und Portugal mittlerweile Mitglieder der Europäischen Gemeinschaft waren und für sie die Freizügigkeitsregelungen galten. Die stärkste Nation stellten nach wie vor die türkischen Zuwanderer (Tabelle 2). Ihre Zahl hat als einzige der Anwerbenationen seit 1973 deutlich zugenommen (1973: 911.000; 1991: 1.780.000). Allgemein ist eine Abnahme bei den Ausländern aus den ehemaligen Anwerbestaaten Italien, Spanien, Portugal und Griechenland seit 1973 zu beobachten. Auch das ehemalige Jugoslawien lag bis 1990 unter dem Stand von 1973 (1973: 702.000). Der plötzliche Anstieg der jugoslawischen Bevölkerung im Jahr 1991 (775.000) hat seine Hauptursache in den Flüchtlingsströmen des Bürgerkriegs. Insgesamt beläuft sich 1991 der Anteil der Ausländer an der Gesamtbevölkerung der alten Bundesländer auf 8,2 Prozent, d.h., jeder achte Bewohner in der Bundesrepublik ist ausländischer Herkunft. Einschließlich der neuen Bundesländer sinkt die gesamtdeutsche Ausländerquote auf 7,5 Prozent.

Charakteristisch für den Verlauf der Zu- und Abwanderungen bis Mitte der achtziger Jahre war die starke Abhängigkeit von den allgemeinen Konjunkturentwicklungen in Deutschland, d.h., arbeitsmarktabhängige Wanderungen stellten »ein Spiegelbild der Konjunkturzyklen« (M. Zwick 1992, S. 3) dar. Der Mangel an Arbeitskräften zu Zeiten des Wirtschaftswachstums führte Zuwanderung herbei, während Rezessionsphasen mit steigender Arbeitslosigkeit Rückwanderungen zur Folge hatten. Letzteres vollzog sich in den Jahren 1966/67, 1974–76 (»Ölkrise«) und 1982–84 (Rückkehrhilfegesetz). Eine Fortsetzung dieser Wanderungsentwicklungen scheint jedoch künftig unwahrscheinlich (M. Zwick 1992, ebd.). Bei den jüngsten Zuwanderungen seit 1988 handelt es sich nicht mehr um konjunkturbedingte Wanderungen, sondern vor allem um die Folgen der politischen Umwälzungen in Osteuropa und der sprunghaft angestiegenen Zahl der Flüchtlinge und Asylbewerber.

Mit der Wiedervereinigung trat die Bundesrepublik auch das Erbe der Ausländerpolitik der ehemaligen DDR an. Schockiert nahm eine westliche Öffentlichkeit die aufbrandende Ausländerfeindlichkeit zur Kenntnis, die sich sowohl gegen die ausländischen Arbeitnehmer aus der DDR, aus Vietnam, Moçambique etc., als auch gegen die neu untergebrachten Asylbewerber richtete. Die nicht abreißende Welle der Gewalt gegen Ausländer fand in den Exzessen von Hoyerswerda im Herbst 1991 und in den Nächten von Rostock im August 1992 ihre erschütternden Höhepunkte. Die massive Fremdenfeindlichkeit in weiten Teilen der Bevölkerung der neuen Bundesländer mußte um so mehr verwundern, da sich der Bevölkerungsanteil der Ausländer 1989 lediglich auf 1,15 Prozent belief und von da an stetig abnahm. 1989 kam somit auf 100 Einwohner ein Ausländer (Tabelle 3). Die stärkste Nationalität stellten die Vietnamesen (60.000), gefolgt von Polen (51.800), Moçambique, der ehemaligen Sowjetunion und Ungarn. Erklärungsversuche für die fremdenfeindlichen Ausschreitungen wiesen daraufhin, daß DDR-Bürger – trotz jahrzehntelang propagierter internationaler Völkerfreundschaft – keine Möglichkeit gehabt hätten, Erfahrungen im Umgang mit Ausländern zu sammeln (vgl. auch K.-H. Meier-Braun 1991, S. 19). Zudem seien die Bürger in den neuen Bundesländern besonders hart von den Lasten der Einheit betroffen. Kritik richtete sich aber auch an die verantwortlichen Politiker, die Auffanglager und Übergangswohnheime in sozialen Kri-

Tabelle 3: **Ausländische Bevölkerung** (Neue Bundesländer)

	31. 12. 1989	31. 12. 1990	31. 3. 1991
Vietnam	60.067	35.390	26.474
Polen	51.743	36.906	31.970
Moçambique	15.483	5.233	4.342
Sowjetunion/GUS	14.885	15.895	16.263
Ungarn	13.424	12.614	12.445
Kuba	7.999	2.817	2.322
Bulgarien	4.939	5.235	5.131
CSFR	3.218	3.106	2.996
Jugoslawien	2.055	2.240	2.195
Angola	1.358	768	632
Rumänien	1.162	1.294	1 332
Insgesamt	191.190 (1,2 %)	135.778 (0,9 %)	119.304 (0,8 %)

Quelle: Bundesminister für Arbeit und Soziales

senvierteln untergebracht und unhaltbare Zustände in ihnen geduldet hätten.

Zurück zur DDR-Vergangenheit: In der Ausländerpolitik betrieb die ehemalige SED-Regierung eine streng reglementierte Steuerung der Arbeitswanderung. Fast die Hälfte der Zuwanderer waren durch den Abschluß von Regierungsabkommen als Arbeitskräfte ins Land geholt worden. Die übrigen kamen über Studienverträge, Eheschließungen oder Außenhandelsabkommen (K.-H. Meier-Braun 1991, S. 18). Wie in der Bundesrepublik gingen die ausländischen Arbeitskräfte in der DDR vorwiegend Beschäftigungen nach, die in den Augen der Deutschen als unattraktiv galten. Die Aufenthaltsdauer war durch die Verträge auf vier bis fünf Jahre begrenzt. Mit dem Auslaufen der derzeit noch bestehenden Regierungsabkommen wird die Zahl der ausländischen Arbeitskräfte aus DDR-Zeiten also weiter abnehmen. Schon jetzt sind die Zahlen stark rückläufig. 1991 lebten nur noch 119.000 Ausländer auf dem Gebiet der ehemaligen DDR. Die Ausländerquote sank damit auf 0,75 Prozent. Im Gegensatz zu den übrigen Nationalitäten, deren Werte zurückgingen, stieg die Zahl der Zuwanderer aus den Staaten der ehemaligen Sowjetunion (1989: 14.885; 1991: 16.263). Hier zeichnen sich erste Auswirkungen der nach dem Zusammenbruch der sozialistischen Systeme steil angestiegenen Ost-West-Wanderung ab. Als größte Zuwanderernation, trotz stark rückläufiger Zahlen, hatte 1991 Polen (32.000) Vietnam (26.500) abgelöst.

»Politisch Verfolgte genießen Asylrecht« – mit diesem schnörkellosen und eindeutig formulierten Zugeständnis nimmt der zweite Teilsatz des Art. 16, Abs. 2 des Grundgesetzes eine einzigartige Position im internationalen Rechtsvergleich ein. Bundesdeutsches Asylrecht ist – zumindest bislang noch – kein vom Staat gewährtes Recht, d.h. kein Gnadenrecht, sondern es gesteht politisch Verfolgten den individuellen Rechtsanspruch auf Asyl zu. Ein politisch Verfolgter hat danach »das einklagbare Recht, an der Grenze eingelassen zu werden, damit sein Antrag auf politisches Asyl in einem individuellen Verfahren geprüft werden kann« (A. Böhm 1992, S. 8 [vgl. auch S. 92ff.]). Diese Regelung dachten die Väter des Grundgesetzes ohne Wenn und Aber. Carlo Schmid von der SPD betonte auf der Sitzung des Parlamentarischen Rates vom 4. 12. 1948: »Das Asylrecht ist immer eine Frage der Generösität und wenn man generös sein will, muß man riskieren, sich gegebenenfalls in der Person geirrt zu haben. Das ist eine Seite und darin liegt vielleicht auch die Würde eines solchen Aktes.« (H. Kreuzberg 1984, S. 39) Und der CDU-Abgeordnete Hermann von Mangoldt fügte hinzu: »Wenn wir irgendeine Einschränkung aufnehmen würden, um die Voraussetzungen für die Gewährung des Asylrechts festzulegen, dann müßte an der Grenze eine Prüfung durch die Grenzorgane vorgenommen werden. Dadurch würde die ganze Vorschrift völlig wertlos.« (ebd., S. 40) In der Großzügigkeit des Asylartikels spiegeln sich die schreckensvollen Erfahrungen der nationalsozialistischen Vergangenheit wider. Über 800.000 Menschen waren zwischen 1933 und 1945 aus Furcht vor Verfolgung und Terror durch die Nationalsozialisten aus dem Deutschen Reich geflohen und hatten im Ausland Zuflucht gefunden. Tausende hätten gerettet werden können, wären sie nicht an Grenzen zurückgewiesen worden. Eingedenk der Schicksale der deutschen Flüchtlinge wollte die Bundesrepublik weltweit mit einem positiven Beispiel in der Behandlung der Flüchtlingsfrage vorangehen. Doch schon einige Jahrzehnte später ist in den Auseinandersetzungen um die Asylthematik vom Geist der Gründerzeit kaum noch etwas zu spüren. Mit dem kontinuierlichen Anstieg der Asylbewerberzahlen in den siebziger Jahren kommen erstmals Forderungen nach ›Verfahrensverkürzungen‹ und ›Beschleunigungsmaßnahmen‹ zum Zwecke der ›Abschreckung‹ auf. Es beginnt eine Geschichte ungezählter Gesetzes- und Verfahrensänderungen, die mit der

Tabelle 4: **Asylbewerber und -berechtigte** (1971 bis 1991)

Jahr	Asylbewerber	Asylberechtigte	Anerkennungsquote
	Anzahl		%
1971	5.388	5.674	57,0
1972	5.289	2.844	39,8
1973	5.595	2.047	33,0
1974	9.424	4.133	32,4
1975	9.627	2.928	22,2
1976	11.123	2.654	18,4
1977	16.410	1.854	10,0
1978	33.136	2.307	10,3
1979	51.493	6.573	16,5
1980	107.818	12.783	12,0
1981	49.391	8.531	7,7
1982	37.423	6.209	6,8
1983	19.737	5.032	13,7
1984	35.278	6.566	26,6
1985	73.832	11.224	29,2
1986	99.650	8.853	15,9
1987	57.379	8.231	9,4
1988	103.076	7.621	8,6
1989	121.318	5.991	5,0
1990	193.063	8.518	4,4
1991	256.112	11.597	6,9

Quelle: Bundesamt für die Anerkennung ausländischer Flüchtlinge, Zirndorf

heute diskutierten ›Ergänzung‹ des Grundgesetzartikels zum letzten Schritt zur endgültigen Aushöhlung des Asylrechts angesetzt hat.

Zur Entwicklung: Zwischen 1971 (5.388) und 1979 (51.493) verzehnfacht sich die Zahl der Asylbewerber, während gleichzeitig die Anerkennungsquote rapide zurückgeht (1971: 57 Prozent; 1979: 16,5 Prozent) (Tabelle 4). Als sich 1980 die Zahl der Asylbewerber noch einmal verdoppelt (1980: 107.818) – 61 Prozent der Asylbewerber kommen aus Europa, die größte Gruppe davon aus der Türkei (57.913) (Tabelle 5, s. S. 30) –, avanciert die Asylfrage zum Wahlkampfthema. Die CDU fordert Grenzrichter, die im Falle »offensichtlichen Asylmißbrauchs« sofort die Abschiebung durchführen sollen. Die sozial-liberale Bundesregierung antwortet postwendend mit einem restriktiven Maßnahmenkatalog, der die Auszahlung der Sozialhilfe in Sachleistungen, die Einrichtung von Sammellagern und ein Arbeitsverbot während der ersten zwölf Monate des Verfahrens einführte. Diese Abwehrhaltung von Regierung und Opposition ist nicht allein in der Zunahme der Asylbewerber begründet. Vor

Tabelle 5: **Asylbewerber 1980–1991 nach ausgewählten Staatsangehörigkeiten**

Land der Staatsangehörigkeit	1980	1981	1982	1983	1984	1985	1986	1987	1988	1989	1990	1991
Europa												
absolut	65.809	21.169	15.264	6.589	11.553	18.174	25.164	36.629	71.416	73.387	101.631	166.662
in %	61,1	42,7	40,8	33,4	32,8	24,6	25,3	63,8	69,3	60,5	52,7	65,0
Jugoslawien	.	.	.	.	.	.	1.242	4.713	20.812	19.423	22.114	74.854
Polen	2.090	9.901	6.630	1.949	4.240	6.672	10.981	15.194	29.023	26.092	9.155	3.448
Rumänien	777	929	1.009	587	644	887	1.512	1.964	2.634	3.121	35.345	40.504
Tschechoslowakei	2.385	2.000	2.110	1.400	1.475	1.411	1.394	1.516	1.686	2.388	781	1.546
Türkei	57.913	6.302	3.688	1.548	4.180	7.528	8.693	11.426	14.873	20.020	22.082	23.877
Ungarn	1.466	1.227	911	587	485	736	1.116	1.585	1.996	1.583	439	396
Afrika												
absolut	8.339	5.910	6.885	3.484	5.868	8.093	9.486	3.568	6.548	12.479	24.210	36.094
in %	7,7	12,0	18,4	17,7	16,6	11,0	9,5	6,2	6,4	10,2	12,5	14,1
Äthiopien	3.614	601	1.275	906	2.264	2.625	1.762	800	668	1.077	2.068	3.096
Ghana	2.768	3.378	4.114	1.611	2.670	3.994	5.769	783	1.304	3.178	3.786	4.541
Nigeria	.	.	.	.	99	158	322	137	485	1.676	5.379	8.358
Amerika und Australien												
absolut	217	160	140	114	86	97	142	206	316	320	402	293
in %	0,2	0,3	0,4	0,5	0,2	0,1	0,1	0,4	0,3	0,3	0,2	0,1
Asien												
absolut	31.998	19.215	13.274	8.152	16.849	44.298	56.575	15.961	23.006	32.718	60.900	50.612
in %	29,6	39,0	35,4	41,3	47,8	60,0	56,8	27,8	22,3	27,0	31,5	19,8
Afghanistan	5.466	3.601	2.072	687	1.198	2.632	3.055	1.586	1.462	3.650	7.348	7.357
Indien	6.693	3.220	2.819	1.548	1.083	4.471	6.554	1.073	1.590	3.137	5.612	5.523
Iran	749	915	958	1.190	2.658	8.840	21.700	6.538	7.867	5.768	7.271	8.643
Libanon	1.457	2.032	1.165	691	1.451	4.576	10.840	1.448	4.233	6.240	16.229	4.887
Pakistan	6.824	5.188	3.099	763	1.587	3.240	3.156	1.592	1.721	2.673	3.983	4.364
Sri Lanka	2.673	2.750	1.416	2.645	8.063	17.380	3.978	2.285	3.383	7.758	4.361	5.623
Staatenlos bzw. ungeklärt												
absolut	1.455	2.937	1.860	1.398	922	3.170	8.283	1.015	1.790	2.414	5.920	2.451
in %	1,4	6,0	5,0	7,1	2,6	4,3	8,3	1,8	1,7	2,0	3,1	1,0
Insgesamt	107.818	49.391	37.423	19.737	35.278	73.832	99.650	57.379	103.076	121.318	193.063	256.112

Quelle: Bundesamt für die Anerkennung ausländischer Flüchtlinge, Zirndorf

dem Hintergrund von Wirtschaftskrise, steigender Arbeitslosigkeit und ausländerpolitischer Konzeptionslosigkeit angesichts der faktischen Einwanderungssituation wird mit der Dramatisierung der Asylthematik bewußt eine »zweite Front bei der Politisierung der Ausländerfrage« (K. J. Bade 1990a, S. 19) geschaffen. Neben das Konzept der Konsolidierung für ausländische Arbeitnehmer und ihre Familien (Anwerbestop, Rückkehrförderung, Integration) tritt jetzt der Kampf gegen den ›massenhaften Mißbrauch des Asylrechts‹. Die Instrumentalisierung der Asylproblematik im Kampf um Wählerstimmen ruft verstärkt die Abwehrhaltung der Bevölkerung hervor und rückt die Asylbewerber in die Position von Ersatzschuldigen für die wirtschaftliche und soziale Krisensituation. Schon 1980 ist der Asylstreit von den Argumentationsmustern und verbalen Diffamierungen gekennzeichnet, die auch zu Beginn der neunziger Jahre die Auseinandersetzungen beherrschen. Zu den inzwischen altbekannten Stereotypen zählen schon damals Schlagworte und Phrasen wie »Asylantenschwemme«, »Asylantenflut«, »Wirtschaftsflüchtlinge«, »Das Boot ist voll«, »Die Belastungsgrenze ist erreicht«, »Überfremdung«, etc. Aus heutiger Sicht läßt sich dem zumindest ein positiver Aspekt abgewinnen: Die Argumentationsmuster, mit denen das Bild einer unter dem Ansturm der Flüchtlinge zusammenbrechenden Bundesrepublik gezeichnet wird, widerlegen sich letztlich durch die Permanenz, mit der sie nun schon seit Jahren vorgebracht werden, selbst. Die Politisierung und Instrumentalisierung der Asyldebatte läßt sich in gleichbleibender Regelmäßigkeit auch im Bundestagswahlkampf 1986, im Vorfeld der hessischen Landtagswahl vom März 1989 und bei den Landtagswahlen 1992 in Schleswig-Holstein und Baden-Württemberg beobachten. Letztendlich haben sich derartige Wahlkampfstrategien fast immer als Schuß nach hinten erwiesen, profitierte doch in erster Linie das rechte Parteienspektrum von der in der Bevölkerung geschürten Abwehrhaltung (u.a. 1989: NPD in Frankfurt; 1992: Republikaner in Baden-Württemberg; DVU in Schleswig-Holstein).

Nachdem die Zahl der Asylgesuche bis 1983 (1983: 19.737) wieder erheblich zurückgegangen war, erreichten die Asylbewerberzahlen 1986 einen neuen Höchststand (99.650) bei gleichzeitig zurückgehender Anerkennungsquote (1985: 29,2 Prozent; 1986: 15,9 Prozent). Im Gegensatz zu 1980 haben sich 1986 die Anteile der Herkunftsländer verschoben. Rund 60 Prozent der Flüchtlinge stammten aus Ländern Asiens,

vor allem aus dem Iran (21.700) und dem Libanon (10.840), während nur noch 25,3 Prozent der Asylbewerber aus Europa kamen, die meisten von ihnen aus Polen (10.981) und der Türkei (8.693).
1980 hatte die damalige sozial-liberale Bundesregierung den Visumzwang für Flüchtlinge aus Sri Lanka, Iran, Äthiopien und Afghanistan eingeführt und damit einen massiven Eingriff vorgenommen, um den Flüchtlingsstrom zu begrenzen. Die Abschottung konnte jedoch nicht perfekt sein, solange die DDR Flüchtlinge ohne Visum, über die Route Flughafen Schönefeld (Berlin-Ost) – S-Bahnhof Friedrichstraße – Berlin West, in die Bundesrepublik einreisen ließ. Erst 1987 gab die DDR der Bundesregierung das Versprechen, weitere Einreisen über Ost-Berlin ohne Visum zu unterbinden. Dies führte zu einem massiven Rückgang der Asylgesuche (1987: 57.379) und zu einer Verschiebung in der Verteilungsstruktur der Herkunftsländer. 1987 stieg der Anteil der europäischen Asylbewerber von 25,3 auf rund 64 Prozent. Im Gegenzug fiel die Quote der asiatischen Flüchtlinge von 56,8 auf 27,8 Prozent.
1988 steigen die Asylbewerberzahlen wieder sprunghaft an (1988: 103.076; 1989: 121.318). Ein erneuter Höchststand 1990 (193.063) wird 1991 noch einmal übertroffen (256.112). Und auch 1992 deutet sich ein Anhalten des Flüchtlingszustroms an. Bereits in der ersten Jahreshälfte beantragten doppelt so viele Personen Asyl wie im Vergleichszeitraum des Vorjahres (Januar–März 1991: 44.027; Januar–März 1992: 97.365). Gleichzeitig sank die Anerkennungsquote auf die niedrigsten Werte seit 1970 (1989: 5 Prozent; 1990: 4,4 Prozent). Erst 1991 ist wieder ein leichter Anstieg zu verzeichnen (6,9 Prozent). Auch 1991 kamen die meisten Asylbewerber aus Europa (65 Prozent). Hier sind vor allem die Bürgerkriegsflüchtlinge aus Jugoslawien (74.854), Flüchtlinge aus Rumänien (40.504) und aus der Türkei (23.877), insbesondere Kurden, zu nennen. Lediglich ein Drittel der Asylbewerber stammte aus Afrika und Asien.

Zweierlei sei hier zu der Aussagekraft der Zahlen und Statistiken über Asylbewerber angemerkt. Erstens, das Bundesinnenministerium erklärte 1991, daß sich rund 982.000 Flüchtlinge in der Bundesrepublik aufhielten. An der Verläßlichkeit dieser Angaben wurde von verschiedener Seite Zweifel geäußert. Der Duisburger Politologe Franz Nuscheler bezeichnete die Zahlen als überhöht, da die Zahl der Asylbewerber grundsätzlich mit drei multipliziert werde, in der Annahme, daß die Asylbewerber alle mit Angehörigen in der Bundesrepublik seien.[3] Unberücksichtigt bliebe außerdem, daß viele Asylbewerber das Land verlassen hätten. Nuscheler – und dem schließt sich die »Arbeitsgemeinschaft für Flüchtlinge – Pro Asyl« an – schätzte die Zahl der Flüchtlinge zu diesem Zeitpunkt auf 450.000. Das Bundesinnenministerium wies den Vorwurf Nuschelers mit der Begründung zurück, daß seit Inkrafttreten des Asylverfahrensgesetzes von 1991 keine Multiplikation der Zahlen für die Familienangehörigen mehr stattfinde. Einer kritischen Betrachtung unterzieht Freckmann die vom Bundesinnenministerium veröffentlichen Angaben über die Gesamtzahl der Flüchtlinge zwischen 1953 und 1986. »In der Zahl von 673.000 Flüchtlingen sind Personen zum Teil doppelt gezählt, zum Teil sind Personen enthalten, die gar nicht mehr in der Bundesrepublik leben oder nicht mehr als Flüchtlinge in Erscheinung treten, weitere sind einfach großzügig dazugeschätzt.« (H. Freckmann 1989, S. 125) Wie Nuscheler lotet auch Freckmann Fehlerquellen in den Angaben zur Zahl der Familienangehörigen aus. Die Zahl von 129.000 kommt durch die Annahme zustande, daß jeder Flüchtling durchschnittlich zwei Familienangehörige mitbringt oder nachholt. In einer eigenen Berechnung geht der Autor von einer niedrigeren Flüchtlingszahl von 605.000 im Zeitraum 1953 bis 1986 aus und kommt zu dem Ergebnis, daß in der Zahl des Bundesinnenministeriums 141.856 Personen zuviel gezählt worden sind. Freckmanns Gesamturteil: »Wieviele Flüchtlinge in der Bundesrepublik leben, dürfte nicht bekannt sein.« Generelles Problem beim Umgang mit Statistiken zu Flüchtlingszahlen ist, daß es sich bei der Erfassung der Flüchtlinge um Zugangs- und nicht um Bestandsstatistiken handelt. Es ist bekannt, wie viele Personen sich um Asyl beworben haben. Es fehlen aber sowohl Daten darüber, wie viele Personen vor Beendigung des Verfahrens wieder in ihr Heimatland zurückgekehrt bzw. in ein anderes Land oder in eine andere Stadt gezogen sind, als auch genaue Angaben über den jeweiligen Verbleib. Auch über die Zahlen der De-Facto-Flüchtlinge, d.h. die abgelehnten Asylbewerber, die aufgrund der Genfer Konvention ›geduldet‹ werden, existieren nur ungenaue Angaben. Die verschiedenen Möglichkeiten des Verbleibs abgelehnter Asylbewerber veranschaulicht das folgende Diagramm des Bundesinnenministeriums für das Jahr 1989. Die Verwendung einseitiger und

3 In: Die Welt, 14. 9. 1991.

überhöhter Zahlenangaben erfüllt vor allem einen Zweck. Sie soll zeigen, daß die Bundesrepublik und ihr Asylrecht überfordert sind. Statt aufzuklären, verkommen Statistiken so zu einem weiteren Instrument im Kampf um die Wählergunst. Es wäre hier äußerst wünschenswert, daß künftig nicht parteipolitische Interessen, sondern Sachlichkeit im Interesse aller die Form der Darstellung bestimmten.

Verbleib abgelehnter Asylbewerber in Deutschland 1989

Gesamtzahl 57.605	
Bei 19.873 (34 %)	besteht ein Bleiberecht nach der Genfer Flüchtlingskonvention.
3.400 (6 %)	stellten einen Folgeantrag.
9.817 (17 %)	werden geduldet, da sie nicht in die Bürgerkriegsgebiete abgeschoben werden können.
Bei 10.581 (18 %)	ist der Verbleib ungeklärt. Sie reisten aus oder tauchten unter.
8.900 (15 %)	reisten wieder aus.
3.327 (6 %)	wurden abgeschoben.

Quelle: Bundesministerium für Inneres, Bonn

Zweitens, allgemein wird die sinkende Anerkennungsquote bei gleichzeitig steigender Asylbewerberzahl als Indiz für den Mißbrauch des Asylrechts gedeutet (vgl. S. 92 ff.). Die abgelehnten Asylbewerber werden automatisch zu »Wirtschaftsasylanten« abgewertet. Derartige Vorwürfe übersehen, daß das bundesdeutsche Asylrecht nur für politische Flüchtlinge im Falle individueller Verfolgung gilt. Das heißt, auch wenn ein Asylbewerber durch Folter, Bürgerkrieg, Hunger etc. bedroht ist, so wird sein Gesuch nicht anerkannt, wenn er nicht nachweisen kann, daß der Bedrohung politische Motive zugrunde liegen. Viele der abgelehnten Asylbewerber fallen unter den Schutz der Genfer Konvention oder werden aus »völkerrechtlichen oder humanitären Gründen« nicht abgeschoben. Knapp 350.000 dieser sogenannten De-Facto-Flüchtlinge lebten 1990 in der Bundesrepublik.

Aussiedler

Als Aussiedler werden im allgemeinen Deutsche im Sinne des Grundgesetzes bezeichnet, die seit 1950 aus den kommunistisch regierten Staaten Mittel-, Ost- und Südosteuropas in die Bundesrepublik Deutschland einreisen. Die Zahl der in den Herkunftsländern verbleibenden deutschen Aussiedler belief sich nach Angaben aus dem Bundesinnenministerium

1992 noch auf rund 3,5 Millionen (H. Waffenschmidt 1992, S. 8). Einer ungefähren Schätzung zufolge verteilten sie sich auf die jeweiligen Staaten Ost- und Südosteuropas wie folgt (O. Kotzian 1990, S. 15):

	Schätzungen des Verfassers (1990)
Sowjetunion	2.100.000
Polen	620.000
Rumänien	100.000
Ungarn	220.000
Tschechoslowakei	80.000
Jugoslawien	10.000
Insgesamt	3.130.000
(Verf. verweist darauf, daß diese Zahlen nur ungenau bestimmt werden können)	

Die Zuwanderung der Aussiedler bzw. Spätaussiedler verlief bis 1987 weitgehend undramatisch und geriet nur gelegentlich ins Bewußtsein der Öffentlichkeit, wenn etwa, wie im Falle Rumäniens, erhebliche finanzielle Leistungen für die Ausreiseerlaubnis von Aussiedlern im Gespräch waren, die den Charakter eines »milliardenschweren Menschenhandels« angenommen hatten (K. J. Bade 1990, S. 23). Insgesamt kamen zwischen 1951 und 1987 rund 1,7 Millionen Aussiedler – vor allem aus Polen, der Sowjetunion und Rumänien – in die Bundesrepublik. Die durch Staatspräsident Gorbatschow eingeleitete Phase von Glasnost und Perestroika in der Sowjetunion zog 1987 und 1989/90 auch die Liberalisierung der Ausreisebestimmungen für Aussiedler nach sich. Konnte bereits von 1986 zu 1987 eine Zunahme der Aussiedler (1986 um ca. 84 Prozent) verzeichnet werden, so kam es zwischen 1987 und 1988, besonders bei Aussiedlern aus Polen (1987: 48.423; 1988: 140.226), zu einem regelrechten ›Aussiedlerboom‹, der bis 1990 anhielt (Tabelle 6, s. S. 36). Die meisten Einreisenden kamen in diesem Zeitraum aus Polen (1987–90: 573.000), dicht gefolgt von der Sowjetunion (308.000) und Rumänien (162.000), das 1989 einen sprunghaften Anstieg bei den Ausreisewilligen aufwies. Insgesamt verfünffachte sich die Zahl der einreisenden Aussiedler in der Bundesrepublik zwischen 1987 (78.523) und 1990 (397.073) und nahm sogar um das knapp Zehnfache im Zeitraum von 1986 (42.788) und 1990 zu. Noch Anfang 1989 erklärte Alfred Dregger, damaliger Chef der CDU/CSU-Fraktion, die Bundesrepublik zur »Heimat aller verfolgten und unterdrückten Deutschen«. Daß allein 1989 300.000 Aussiedler

Tabelle 6: **Eingereiste Aussiedler und Übersiedler**					
Zeitraum	Aussiedler				Übersiedler aus der DDR
	insgesamt	aus Polen	aus der ehem. UdSSR	aus Rumänien	
1970	19.444	5.624	342	6.519	17.519
1971	33.637	25.241	1.145	2.848	17.408
1972	23.895	13.482	3.420	4.374	17.164
1973	23.063	8.903	4.493	7.577	15.189
1974	24.507	7.825	6.541	8.484	13.252
1975	19.657	7.040	5.985	5.077	16.285
1976	44.402	29.364	9.704	3.764	15.168
1977	54.251	32.857	9.274	10.989	12.078
1978	58.123	36.102	8.455	12.120	12.117
1979	54.887	36.274	7.226	9.663	12.515
1980	52.071	26.637	6.954	15.767	12.763
1981	69.455	50.983	3.773	12.031	15.433
1982	48.170	30.355	2.071	12.972	13.208
1983	37.925	19.121	1.447	15.501	11.343
1984	36.459	17.455	913	16.553	40.974
1985	38.968	22.075	450	14.924	24.912
1986	42.788	27.188	753	13.130	26.178
1987	78.523	48.423	14.488	13.994	18.958
1988	202.673	140.226	47.572	12.902	39.832
1989	377.055	250.340	98.134	23.387	343.854
1990	397.073	133.872	147.950	111.150	238.384[1]
1991	221.995	40.129	147.320	32.178	–

1 Aufnahmegesetz für Übersiedler am 1. 7. 1990 beendet

Quelle: Bundesausgleichsamt

aus Polen, Rumänien und der Sowjetunion zu erwarten seien, so Dregger, könne als Erfolg der Bonner Politik verbucht werden (Der Spiegel, 13.02.1992, S. 26). Im gleichen Jahr noch wandelt sich die Situation grundlegend. Die »ureigene Verantwortung für unsere Aussiedler« (A. Hermann-Pfandt 1991, S. 2) bereitet Politikern angesichts der unaufhörlich steigenden Zuwachszahlen mehr und mehr Kopfzerbrechen. Vor allem auf dem Wohnungsmarkt führt der steigende Aussiedlerzuwachs zu Verschärfungen. Wie im Falle der Asylbewerber und Übersiedler stöhnen Städte und Gemeinden unter der Last der unterzubringenden Aussiedler, die teilweise bis zu drei Jahren in Übergangswohnheimen leben, bis sie eine eigene Wohnung finden.[4] Viele Kommunen sehen bald nur noch einen Ausweg in der Verhängung eines Zuzugsstops. Auch bei der Aufnahmebereitschaft der Bundesbürger macht sich der Umschwung bemerkbar. Trotz des Arguments, daß Aussiedler »auf Dauer kulturell,

4 In: Jahresbericht 1990: Aussiedler/Übersiedler. Deutsches Rotes Kreuz 1991, S. 5.

wirtschaftlich und sozial ein Gewinn« (Der Spiegel, ebd.) seien, reagieren sie mit zunehmender Beunruhigung auf die neuen Deutschen. Umfragen aus dieser Zeit zeigen, daß der ›Aussiedlerstrom‹ von einem beträchtlichen Teil (40 Prozent) der Bevölkerung als Bedrohung der eigenen Zukunftsperspektive empfunden wurde.[5] Besonders die bevorzugte Verteilung von Wohnungen und Arbeitsplätzen an Aussiedler rufen Ängste hervor, die in allgemeinen Argwohn und Sozialneid münden (K. J. Bade 1990a, S. 142). Angesichts des gut gefüllten Warenkorbs sozialpolitischer und finanzieller Vergünstigungen (Überbrückungsgeld, Erstattung der Übersiedlungskosten, Entschädigungsgeld für Vermögensschäden im Herkunftsland, Wohngeld, zinslose Darlehen, Steuerfreibeträge etc.) entsteht der Vorwurf einer »Politik nach zweierlei Maß« gegenüber der einheimischen Bevölkerung (K. A. Otto 1990, S. 58). Die zunehmend ablehnende Haltung der Bundesbürger bestätigt die Mannheimer Forschungsgruppe Wahlen: Bereits im Februar 1989 fordern 66 Prozent, den Aussiedlerzuzug pro Jahr zu begrenzen. Auch in der Politik führt die Wende in der Aussiedlerfrage zu ersten Maßnahmen. Verstärkt diskutiert wird 1989/90 das Ende der ›Privilegien‹ für Aussiedler im Zusammenhang mit einer Novellierung des Bundesvertriebenengesetzes. Ein erster Schritt in Richtung Regulierung des Aussiedlerzuzugs wird mit der Verabschiedung der Neuregelung des Aussiedleraufnahme- und Anerkennungsverfahrens vollzogen, das am 1. 7. 1990 in Kraft tritt. War es zuvor möglich, die Aufnahmeverfahren in der Bundesrepublik abzuwikkeln, so müssen Aussiedler jetzt bereits vor der Einreise in die Bundesrepublik das Aufnahmeverfahren in ihrem Herkunftsland abgeschlossen und einen Aufnahmebescheid erhalten haben. Nur über die sogenannten »gelenkten Verfahren« erhalten sie den Aussiedlerstatus. Die Neuregelung führt 1991 zu einer massiven Verminderung des Aussiedlerzuzugs. Die Auswirkungen werden vor allem bei den Aussiedlern aus Polen sichtbar. In den Jahren zuvor reisten sie meist mit einem Besuchs- und Touristenvisum in die Bundesrepublik ein. Mit der Neuregelung der Aufnahmeverfahren sinkt ihre Zahl 1991 auf 40.000 (1990: 134.000). Gleichzeitig geht auch die Zahl der Aussiedler aus Rumänien stark zurück (1990: 111.000; 1991: 32.178). Die größte Gruppe der Einreisenden stellten nach wie vor die Aussiedler aus den ehemaligen Staaten der Sowjetunion

5 Quelle: Repräsentativbefragung im Auftrag des Ministeriums für Arbeit, Gesundheit und Soziales NRW, Dezember 1988. Zitiert nach K. A. Otto, 1990, S. 51 ff.

(1991: 147.000). Ihre Zahl blieb im Vergleich zum Vorjahr konstant (1990: 148.000). Der rückläufige Trend in der Entwicklung der Aussiedlerzuwanderung setzte sich auch 1992 fort. Bis Ende Mai wurden rund 77.056 Aussiedler registriert. Im Vergleichszeitraum der Vorjahre lagen diese Werte erheblich höher (1990: 178.566; 1991: 90.204). Die Bundesregierung feierte diesen Rückgang als Erfolg ihrer Politik. Um so eindringlicher warnte Bundesinnenminister Wolfgang Schäuble davor, durch eine Einbeziehung der Aussiedler in die Diskussion um ein Einwanderungsgesetz und die Änderung des Grundrechts auf Asyl Verwirrung hervorzurufen und eine Torschlußpanik auszulösen[6]. Neben der durch die gesetzliche Neuregelung herbeigeführten Zuzugsbegrenzung, drückt sich der Wandel in der Aussiedlerpolitik – ähnlich wie in der Flüchtlingspolitik – in der Zielsetzung aus, verstärkte Hilfe vorort zu leisten. Bislang hatten die Unionsparteien entsprechende Vorschläge, wie sie etwa von Saarlands Ministerpräsident Oskar Lafontaine kamen, rigoros abgelehnt. Doch schon 1989 deutet Bundeskanzler Helmut Kohl an, was Innenminister Schäuble 1991 zum wichtigsten Ziel der Bundesregierung erklärt, »den noch in den Aussiedlungsgebieten lebenden Deutschen zu helfen, dort gute Lebenschancen für sich und dauerhafte Perspektiven für sich und ihre Kinder zu finden«. Ein Schritt in diese Richtung ist die geplante Wiederherstellung einer Wolgarepublik der Rußlanddeutschen. Im Juli 1992 unterzeichneten Rußland und die Bundesrepublik einen entsprechenden Vertrag, in dem sich beide Vertragsparteien verpflichteten, innerhalb der nächsten fünf Jahre die rechtlichen und organisatorischen Voraussetzungen für eine lebensfähige Wirtschaftsstruktur im Siedlungsgebiet an der Wolga zu schaffen[7]. Wie dies allerdings in Anbetracht der desolaten Wirtschaftslage in Rußland verwirklicht werden soll, bleibt vorerst im Ungewissen.

Zu einer weiteren Gruppe von Zuwanderern gehörten die Übersiedler aus der ehemaligen DDR, auf die wir hier nur am Rande eingehen wollen, die aber gegen Ende der achtziger Jahre erheblich das Bild der Zuwanderung geprägt haben. Wie im Fall der Aussiedler wird darauf bestanden, Übersiedler nicht mit ausländischen Zuwanderern zu vermischen, da es sich um Deutsche handelt. Derartige Argumentationen übersehen, daß

6 In: Bulletin, 9. 8. 1991. Hg. v. Presse- und Informationsamt der Bundesregierung, S. 670.
7 In: Frankfurter Rundschau, 7. 7. 1992.

die Begegnung mit einem anderen Gesellschaftssystem oder einer anderen Kultur unabhängig vom Status für alle Zuwanderer mit teilweise erheblichen Anfangsschwierigkeiten und Eingewöhnungsproblemen verbunden sind. Die sich daraus ergebenden Identitätsprobleme sind um so gravierender, je größer die Unterschiede zu den eingenommenen sozialen Rollen und Sozialtechniken im Herkunftsland sind. Selbst Übersiedler blieben von dem ›Kulturschock‹ nicht verschont. Obwohl sie sich bereits über Fernsehprogramme und Besuche ein (eingeschränktes) Bild von der Bundesrepublik machen konnten, erlebten sie dann die Ankunft wie »eine zweite Geburt« (K. J. Bade, 1990 a, S. 136). Bis zum Mauerbau 1961 wurden Flüchtlinge, die die DDR als »Republikflüchtlinge« titulierte, im Westen als »Umsiedler« empfangen. Als »Sperrbrecher« überwanden sie die ehemalige deutsch-deutsche Grenze. Die Zahl legaler Übersiedlungen explodierte 1989, dem Jahr, in dem die Mauer fiel. Rund 344.000 Aussiedler wanderten in die Bundesrepublik ein. Die grundlegend veränderten politischen und gesellschaftlichen Verhältnisse führten schließlich dazu, daß die Aufnahmeverfahren für Übersiedler zum 1. Juli 1990 eingestellt wurden. Die Ost-West-Wanderung ging in eine innerdeutsche Wanderung über. Bis einschließlich Mitte 1990 wurden noch 238.400 registriert.

2. Einwanderungsland Bundesrepublik – Streit ohne Ende?

Gegen die ausländerpolitische Leitlinie der Bundesregierung führen Vertreter verschiedenster Gruppierungen unermüdlich die Anwesenheit der ausländischen Arbeitnehmer und ihrer Familien sowie die jährlich steigenden Flüchtlings- und Aussiedlerquoten ins Feld. Die Bundesregierung hält jedoch unbeirrt an ihrer Leitidee fest: »Durch den langwährenden und dauerhaften Aufenthalt von Ausländern ist die Bundesrepublik nach ihrem Selbstverständnis kein Einwanderungsland geworden...« Für die Kennzeichnung als Einwanderungsland sei allein maßgeblich, »ob ein Staat wegen seiner Erschließung und wirtschaftlichen Entwicklung der Einwanderung bedarf und das auch erklärt« (BMI 1991, S. 5 u. 51). Die Ablehnung des Einwanderungsland-Status ist in zweierlei Hinsicht aufschlußreich. Zum einen findet sie ihre Begründung schlicht in der Tatsache, daß die Bundesrepublik sich trotz Zuwanderung nicht zu einem Einwanderungsland erklärt hat. Mit dem Hinweis auf die geographische und wirtschaftliche Erschließung wird auf die sogenannten ›klassischen‹ Einwanderungsländer des 19. Jahrhunderts wie die USA, Kanada, Australien angespielt, die Einwanderung in großem Maße zuließen und so ihre Gesellschaften formierten. In diesem Sinne äußerte Horst Waffenschmidt: Deutschland habe »zu keinem Zeitpunkt eine aktive Einwanderungspolitik betrieben. Wir sind eines der am dichtesten besiedelten Länder in dieser Welt. Aus diesem Grund ist es uns nie darum gegangen, Menschen aus anderen Staaten für eine dauerhafte Niederlassung in Deutschland zu gewinnen. Wir hatten nie den Bedarf, menschenleere Räume mit Einwanderern zu füllen, wie es bei den klassischen Einwanderungsländern zweifellos der Fall war und möglicherweise auch heute noch ist.« (H. Waffenschmidt 1992, S. 3) Die Argumentation rennt hier offene Türen ein, da im Hinblick auf Kriterien wie wirtschaftliche und geographische Erschließung niemand bestreiten wird, daß die Bundesrepublik kein Einwanderungsland ist. Die Autoren Sasse und Kempen bemerken jedoch, daß die Bundesrepublik heute vor einer durchaus vergleichbaren Situation stehe, »denn nicht Landgewinn, Agrarproduktion oder Erschließung von Bodenschätzen stellen nach den

Maßstäben der Gegenwart die Lebensgrundlage der Bevölkerungsmehrheit dar, sondern die industriell verwertbare Arbeitsleistung. Man mag die dadurch ausgelöste Umkehrung des Wanderungsstromes in die höher verdichteten Zonen Einwanderung oder anders nennen, das Phänomen bleibt dasselbe: Die spontane Bewegung von Menschen in Gebiete höherer Produktivität dient dem Ziel, für sich und ihre Angehörigen eine neue Lebensgrundlage zu schaffen.« (Chr. Sasse/E.-O. Kempen 1974, S. 26)
Dieser Einwand greift bereits dem zweiten Teil der Argumentation voraus, in dem die Bundesregierung erklärt, daß die bundesdeutsche Wirtschaft keiner Einwanderung ausländischer Arbeitnehmer bedürfe. Im Rückblick auf die in den fünfziger und sechziger Jahren abgeschlossenen Anwerbeverträge, mit denen der erhebliche Mangel an inländischen Arbeitnehmern ausgeglichen werden sollte, scheint dies jedoch äußerst fragwürdig. Die Anwerbung ausländischer Arbeitnehmer erfolgte zwar nicht mit dem Ziel der Einwanderung – und so verfügt die Bundesrepublik auch über kein Einwanderungsgesetz –, sondern sie war als vorübergehende Arbeitswanderung geplant, mündete dann aber in eine Einwanderungssituation. Der Nicht-Einwanderungsland-Status läßt sich nur aufrechterhalten, weil sich die Bundesrepublik standhaft weigert, die veränderte Wirklichkeit anzuerkennen und sich in Zukunft mit entsprechenden Konzepten und Maßnahmen auf sie einzustellen. Auch die heutige Lage auf dem Arbeitsmarkt und der anhaltende Arbeitskräftemangel in bestimmten Wirtschaftszweigen bestätigen dieses Bild. Kurzfristig anfallenden Bedarf von Arbeitskräften gleicht die Bundesrepublik weiterhin durch die Anwerbung von ausländischen Arbeitskräften aus, deren Aufenthalt größtenteils zeitlich befristet ist. Auf diese Weise wird die Einsicht in die Notwendigkeit von Zuwanderung durch eine Politik umgangen, die weiterhin auf die ›Rotation‹ ausländischer Arbeitskräfte ausgerichtet ist. Allein 1991 wurden in der Bundesrepublik 123.000 Saisonarbeitnehmer aus dem ehemaligen Jugoslawien, Polen, der Tschechoslowakei und Ungarn vermittelt. Für die kommenden Jahre ist offiziellen Schätzungen zufolge mit deutlich ansteigenden Zahlen zu rechnen.
Genauso wie das fehlende Bekenntnis nicht ausreicht, um kein Einwanderungsland zu sein, hieße es auch den Begriff Einwanderungsland zu verkürzen, wollte man allein die statistische Zuwanderung der Definition zugrunde legen. Zwar gibt es keine allgemeinverbindliche Definition des Begriffs »Einwanderungsland«, jedoch nennt die Migrationsliteratur

Merkmale, die zu Kennzeichen von Einwanderungsländern gezählt werden können. Zu diesen gehören neben langfristig angelegten Integrationskonzepten, der »legislativen Eröffnung bzw. Beschränkung von Einbürgerungschancen« (K. J. Bade 1983, S. 122), rechtlichen Vorgaben, die die Ansprüche der Minderheiten gegenüber der Bevölkerungsmehrheit sichern, vor allem gesetzliche Steuerungsmechanismen, mit denen Zuwanderung gelenkt und reguliert werden kann. Die USA beispielsweise haben 1990 mit einem neuen Einwanderungsgesetz die jährliche Einwandererquote zwischen 1992 und 1994 auf 700.000 Personen festgelegt. Die Auswahl der Einwanderer erfolgt nach unterschiedlichen Kategorien. Erwünscht sind vor allem berufliche Fachkräfte mit Spezialwissen in Wissenschaft, Technik und Management, aber auch Facharbeiter. Eine zweite Gruppe stellen Personen, die im Rahmen der Familienzusammenführung einwandern. Unter die dritte Kategorie fallen schließlich Einwanderer, die über Sonderprogramme in die USA kommen. Hierzu zählt unter anderem die Festlegung von Visaquoten für Länder, die in den Jahren zuvor unterrepräsentiert waren. Die USA verfügt darüber hinaus über ein eigenständiges Asylrecht. Eine Neufassung des bis dahin provisorischen Asylrechts wurde 1990 beschlossen.
In der Bundesrepublik lehnte man über Jahre hinweg die Möglichkeit einer Einwanderungsgesetzgebung und einer Einwanderungspolitik strikt ab, da man sie mit der schrankenlosen Befürwortung von Einwanderung gleichsetzte. Diese Auffassung wird, wie das eingangs angeführte Beispiel (s. Einleitung) zeigt, vor allem von Einwanderungsgegnern vertreten. Die Gleichsetzung von Einwanderungspolitik/-gesetzgebung und ungesteuerter Einwanderung erliegt jedoch einem »Irrglauben« und verkennt eine wichtige Chance: »Einwanderungspolitik ist keineswegs nur Hilfe für Einwanderungswillige. Sie ist auch Steuerungsinstrument und damit Selbsthilfe des Einwanderungslandes. Sie bietet dem Einwanderungsland einen gewissen Schutz vor unlösbaren Integrations- und Assimilationsproblemen. Sie gibt Einwanderungswilligen, die den Einwanderungsbedingungen nicht entsprechen können oder wollen, von Beginn an Klarheit über die Aussichtslosigkeit ihres Vorhabens.« (K. J. Bade 1983, S. 123)
Erst seit Beginn der neunziger Jahre sind in der Bundesrepublik Einwanderungsquoten, die vor allem Vertreter aus der SPD befürworten, verstärkt im Gespräch. Angesichts des europäischen Binnenmarktes wird in diesem Zusammenhang gefordert, nationale Konzepte hinter die Orien-

tierung an gesamteuropäische Lösungen zurücktreten zu lassen. Auch in die einst so starren Fronten kommt langsam Bewegung. Lehnten die Unionsparteien in den Jahren zuvor grundsätzlich die Quotenregelung ab, da dies die Bundesrepublik als Einwanderungsland ausgezeichnet hätte, so mehren sich jetzt auch in diesen Reihen Stimmen, die »eine klare Einwanderungspolitik« fordern. Auch die Bundesregierung tabuisiert das Thema nicht mehr, knüpft jedoch weitere Zugeständnisse an restriktive Vorbedingungen, wie die Verabschiedung des Schengener Abkommens in Verbund mit der vorhergehenden Grundgesetzänderung des Artikels 16. Die Grünen fordern mehrheitlich »offene Grenzen« und handeln sich damit den Vorwurf der Blauäugigkeit und Realitätsferne ein (D. Oberndörfer 1992, S. 22; U. Knight/W. Kowalsky 1992, S. 139). Die Vorschläge zur Festlegung einer Gesamtquote orientieren sich bislang an Kriterien wie der Differenz von Sterbe- und Geburtsraten, Bevölkerungsdichte, Arbeitsmarkt- und Wohnungsmarktsituation, wirtschaftlicher Lage der Kommunen etc. Zu berücksichtigen sind in jedem Fall »die Dimensionen des politisch, sozial und wirtschaftlich ›Möglichen‹ (...). Die Bestimmung des ›Möglichen‹ selbst wird stets eine schwierige Frage des Ermessens und des politischen Interesses sein«. (D. Oberndörfer 1992, S. 22) Dazu gehört nicht zuletzt auch eine Sensibilität seitens der Politik für die Situation und die Stimmungen in der Bevölkerung. In einer Zeit wachsender Arbeitslosigkeit, einer zunehmenden Zahl von Sozialhilfeempfängern, anhaltender Wohnungsnot und sozialer Ausgrenzung von großen Teilen der Bevölkerung ist es für viele Betroffene kaum zu verstehen, warum zuwandernden Ausländern die gleichen Rechte zugestanden werden wie ihnen selbst. Verstärkte Information und aufklärende Vorbereitung der Bevölkerung, aber auch mehr politisches Feingefühl für die Verteilung der Aufnahme- und Integrationslasten sind hier in Zukunft gefragt.

Als weitere Schwierigkeit bei der Quotenregelung erweist sich außerdem die Festlegung von Kriterien, nach denen die Quoten für die rechtlich unterschiedlich definierten Zuwanderergruppen zu bestimmen sind. Hieran knüpft sich die Frage, ob die Zuwanderer in einer Gesamtquote erfaßt oder ob Gruppen, wie z. B. Asylbewerber oder Flüchtlinge, herausgelöst werden sollen. Wie wäre es beispielsweise moralisch und menschlich zu vereinbaren, einen politisch Verfolgten oder von Folter bzw. Todesstrafe Bedrohten mit der Begründung abzuweisen, daß die Quote für dieses Jahr leider schon erfüllt ist? Einen – problematischen – Lösungsvorschlag bieten die Autoren Ute Knight und Wolfgang Kowalsky. Sie fordern »international abgestimmte Kontingentregelungen, jenseits des Anspruchs politisch Verfolgter auf Asyl (...), wobei die Flüchtlingszahl anrechenbar wäre auf die Gesamtzahl. In Krisensituationen könnten aus humanitären Gründen Sonderquoten verabschiedet werden« (U. Knight / W. Kowalsky 1992, S. 162 [vgl. S. 145 f.]).

Eine gesonderte Minderheitenpolitik wird in der Bundesrepublik nicht betrieben. Dementsprechend fehlen auch rechtliche Vorrichtungen wie beispielsweise das »Race Relation Act« in Großbritannien, das die Aufgabe hat, Diskriminierung zu verhindern und die Chancengleichheit zwischen unterschiedlichen ethnischen Gruppen zu sichern. Nichtsdestoweniger betonen vor allem Vertreter der Grünen und der Ausländerarbeit die Notwendigkeit eines Antidiskriminierungs- bzw. Antirassismusgesetzes. Begründet wird diese Forderung damit, daß Probleme im Integrationsprozeß, die Gegner gern auf die nicht zu vereinbarenden, kulturellen Unterschiede abschieben, in erster Linie auf die fehlende Gleichstellung von Ausländern in gesellschaftlichen Bereichen gegenüber der einheimischen Bevölkerung zurückzuführen sind. Die Bundesregierung hat 1992 eher durch eine unrühmliche Tat in der Minderheitenpolitik auf sich aufmerksam gemacht. Als einziges EG-Land weigerte sie sich, eine Resolution der UN-Menschenrechtskommission zum Schutz der Roma zu unterzeichnen.

Welche Integrationskonzepte hält die Bundesrepublik für die verschiedenen Zuwanderergruppen bereit? Aufgabe von Integrationskonzepten im weitesten Sinne ist es, den Zuwanderern den Einstieg in das neue Leben in einer ihnen unbekannten Gesellschaft zu ermöglichen und ihnen auf diese Weise eine Grundlage für die weitere Lebensplanung und Gestaltung zu verschaffen. Zu wichtigen Maßnahmen können / sollten am Anfang die Beseitigung von sprachlichen Defiziten durch das Anbieten von Sprachkursen zählen, sowie Fort- und Weiterbildungskurse, die – soweit notwendig – den beruflichen Anschluß und die Konkurrenzfähigkeit auf dem Arbeitsmarkt sichern, und schließlich Maßnahmen der Arbeits- und Wohnungsbeschaffung selbst. Ebenfalls in diesen Rahmen fallen Beratungsangebote, die mit den noch unbekannten institutionellen Strukturen und Funktionsabläufen der Gesellschaft vertraut machen und in individuellen und familiären Problemlagen, die im Integrationsprozeß entstehen, Hilfestellung gewähren. Letztere Tätigkeit wird in der Bundesrepublik vor allem von den Wohlfahrtsverbänden, Kirchen,

Sozialstationen und Ausländerinitiativen wahrgenommen. Die Bundesrepublik hält für die verschiedenen Zuwanderergruppen unterschiedlich abgestufte Integrationsangebote bereit, die auf der untersten Ebene eher auf Ausgrenzung als auf Integration hinauslaufen. Eine Schlüsselfunktion kommt dabei dem Mitgliedsstatus zu, der den Zuwanderern eingeräumt wird. Er entscheidet nicht nur über den rechtlichen und sozialen Handlungsspielraum der Zuwanderer, sondern er vermag auch ein Bewußtsein der Zugehörigkeit bzw. Nichtzugehörigkeit zur Aufnahmegesellschaft vermitteln. Gleichzeitig definiert der Mitgliedsstatus das Verhältnis zwischen Bevölkerung und Zuwanderer, d.h., er trägt entscheidend dazu bei, inwieweit die Zuwanderer von der Bevölkerung als »zugehörig« empfunden werden oder nicht.

Welche Statusangebote die Bundesrepublik für die unterschiedlichen Zuwanderergruppen bereithält, ist Gegenstand des nachfolgenden Abschnitts.

3. Die Hierarchie der Zuwanderer

Ausländische Arbeitnehmer

Rund 45 Prozent der heute rund sechs Millionen Ausländer leben bereits seit über 15 Jahren in der Bundesrepublik, gar 60 Prozent seit über zehn Jahren. Als Arbeitskräfte haben Ausländer in den fünfziger und sechziger Jahren ihren Teil zum Wirtschaftswunder beigetragen. Und auch in der Gegenwart ist ihr Solidaritätsbeitrag in den Wiederaufbau der neuen Bundesländer geflossen. Ausländische Arbeitskräfte zahlen jährlich zehn Milliarden Mark in die Rentenkasse und mindestens doppelt soviel an Lohnsteuer. Ihr Beitrag zum Bruttosozialprodukt wird mit weit über 100 Milliarden Mark beziffert. Aber nicht nur als Arbeitnehmer, sondern auch als Arbeitgeber stützen Ausländer die deutsche Wirtschaft. Allein 34.000 ehemalige türkische Arbeitnehmer haben sich selbständig gemacht und damit 350.000 Arbeitsplätze geschaffen.

Trotz der vielfältigen Beiträge hat sich der rechtliche Status der Ausländer seit den Anwerbezeiten kaum verbessert. Euphemistisch wurden die ausländischen Arbeitskräfte in der Anfangszeit als »Gastarbeiter« bezeichnet. Kritiker bemerkten jedoch zu Recht, daß man Gäste nicht an den unangenehmsten Arbeitsplätzen arbeiten läßt und ihnen ebensowenig die schlechtesten Unterkünfte in Massenquartieren oder Baracken anbietet. Auch der gutgemeinte Versuch, die Stellung der ausländischen Arbeitnehmer und ihrer Familien mit der beschönigenden Formel vom »ausländischen Mitbürger« aufzuwerten, traf und trifft nicht die Realität. Sie ist »falsch, darüber hinaus irreführend und illusionär. Menschen fremder Staatsangehörigkeit (...) sind nicht Mitbürger, da ihnen die Bürgerrechte fehlen und sie darüber hinaus unter ausländerrechtlichen Sondernormen stehen, die sie gegenüber den Staatsangehörigen abgrenzen und diskriminieren«. (H. Rittstieg 1991, S. 1) Es ist vor allem die rechtlich festgelegte Ungleichstellung, durch die sich der Ausländerstatus vom Status des Inländers abgrenzt.

Nach dem Ausländergesetz sind Ausländer als Nicht-Deutsche im Sinne des Grundgesetzes definiert. Doch Ausländer ist längst nicht gleich Ausländer. Ausländerrechtliche Bestimmungen schaffen verschiedene Abstufungen innerhalb des Ausländerstatus. Die daraus resultierende Hierarchie reicht, wenn man von diplomatischem Personal und den NATO-Stationierungsstreitkräften, die nicht dem Ausländergesetz unterliegen, einmal absieht, von EG-Angehörigen, Nicht-EG-Staatlern, über Asylberechtigte, Kontingentflüchtlingen bis hin zu De-Facto-Flüchtlingen, Asylbewerbern und schließlich den illegalen Einwanderern. Mit dem Voranschreiten des europäischen Einigungsprozesses zeichnet sich eine zunehmende Aufspaltung des einst einheitlichen Status der ausländischen Arbeitskräfte ab. Hintergrund bilden der Anwerbestopp, die Freizügigkeitsregelung für EG-Bürger und die ausländerpolitische Zielsetzung, den Zuzug von Ausländern aus sogenannten Drittstaaten »unter Ausschöpfung aller rechtlichen Möglichkeiten« (BMI 1991, S. 4) zu verhindern. Während Bürger aus Drittstaaten zur Einreise und zum Aufenthalt grundsätzlich eine Genehmigung benötigen, können EG-Staatler ohne Schwierigkeiten einreisen. In den ersten drei Monaten benötigen sie keine Aufenthaltserlaubnis. Dann haben sie den Anspruch auf eine Aufenthaltsgenehmigung. Ausländer, die nicht an den Vorteilen der Freizügigkeit teilhaben, müssen bestimmte aufenthaltsrechtliche Stadien durchlaufen, bevor sie sich eines gesicherten Aufenthalts gewiß sein können. Endgültige Sicherheit gewähren erst die unbefristete Aufenthaltserlaubnis und die stärkste Form der Aufenthaltsgenehmigung: die zeitlich und räumlich unbeschränkte Aufenthaltsberechtigung. Der Gesetzgeber hat jedoch einige Barrieren aufgebaut, die allseits scharf kritisiert wurden. So ist beispielsweise die Erteilung der Aufenthaltserlaubnis an ausreichenden Wohnraum für den Antragsteller und seine Familie gebunden, was angesichts der angespannten Lage auf dem Wohnungsmarkt für Ausländer ein zunehmend größeres Problem darstellt. Die Aufenthaltsberechtigung erfordert darüber hinaus mindestens 60 Monate lang Beiträge zur gesetzlichen Rentenversicherung – eine Bedingung, die gerade von jüngeren Ausländern nur schwer zu erbringen ist. Benachteiligungen bestehen auch hinsichtlich der Arbeitsmöglichkeiten. Ausländer aus Nicht-EG-Ländern brauchen grundsätzlich eine Arbeitserlaubnis. EG-Staatler sind davon ausgenommen.

Die schwerstwiegende Ungleichstellung jedoch betrifft den Ausschluß von der politischen Willensbildung. Ausländische Arbeitnehmer können zwar an der aktiven und passiven Wahl von Betriebsräten teilnehmen oder aktiv die Selbstverwaltungsorgane der Sozialversicherungsträger mitwählen, sie können aber weder das aktive noch passive Wahlrecht bei Kommunal-, Landtags- oder Bundestagswahlen in Anspruch nehmen. In der Vergangenheit zielten Vorstöße vor allem auf die Durchsetzung des kommunalen Wahlrechts für Ausländer. Gegen diese Bestrebungen wurde angeführt, daß Ausländer wegen der Bindung an ihr Heimatland keine Loyalität gegenüber der Bundesrepublik empfänden. Eine vorerst endgültige Entscheidung traf dann das Bundesverfassungsgericht am 31. Oktober 1990. Es lehnte die Beschlüsse der Länder Schleswig-Holstein und Hamburg zum kommunalen Wahlrecht mit der Begründung ab, daß das Wahlrecht auch auf kommunaler Ebene die Eigenschaft als Deutscher voraussetze. Kritiker sehen in der politischen Ausgrenzung einer derartig großen Bevölkerungsgruppe ein »enormes Vakuum« (Chr. Sasse/E.-O. Kempen 1974, S. 28) und eine »gravierende Legitimationslücke des Politischen Systems«, die »an frühindustrielle Verhältnisse des 19. Jahrhunderts erinnert« (F. Heckmann, 1992, S. 49 [vgl. auch S. 156f.]).

Im Zuge des europäischen Einigungsprozesses eröffnet sich für die Frage des kommunalen Wahlrechts eine neue Perspektive. Der Maastrichter Vertrag, der neben der Schaffung einer einheitlichen Währung die Umwandlung der Europäischen Gemeinschaft in eine politische Union vorsieht, schreibt auch die Grundlagen für die Schaffung einer Unionsbürgerschaft fest. Zu den Rechten eines künftigen Unionsbürgers gehören das aktive und passive Wahlrecht zum Europäischen Parlament und bei den Kommunalwahlen in dem Staat der EG, in dem jemand seinen Wohnsitz hat. Der italienische Bürger in Deutschland wählt danach in Zukunft nicht den italienischen Europaabgeordneten, sondern den deutschen. Der augenscheinliche Fortschritt erweist sich jedoch bei genauerer Betrachtung als Schritt in die falsche Richtung. Die größte Gruppe der Ausländer in der Bundesrepublik stammt aus der Türkei, und die zweitgrößte sind die Bürger aus dem ehemaligen Jugoslawien. An der Mehrheit gingen diese Maßnahmen also vorbei. Folgen hätte dies auch für die Arbeit der Ausländerbeiräte. Die einheitliche Interessenlage zerfiele. Der Maastrichter Vertrag birgt so die Gefahr in sich, daß die nationale Zwei-Klassen-Ausländergesellschaft auf die europäische Ebene übertragen wird, wobei einigen von denen, die heute noch Ausländer sind, das Privileg zukommt, europäische Inländer zu werden, während die übrigen, mit dem Stempel »Ausländer« versehen, endgültig ihren Platz am Rand der Gesellschaft einnehmen.

Die Nichtzuerkennung staatsbürgerlicher Rechte hat überdies andere weitreichende Konsequenzen. Für Ausländer gelten keine völkerrechtlichen Minderheitenschutzverträge, da diese nicht für fremde Staatsangehörige gelten. Außerdem können sich Ausländer nicht zu Bürgerrechtsbewegungen zusammenschließen, da auch diese Bewegungen von und für Staatsbürger sind (F. Heckmann 1992, S. 50). Durch die Ausgrenzung von politischer Mitbestimmung sind Ausländer vor allem auf die Wahrnehmung ihrer Interessen durch Dritte angewiesen. Diese Aufgaben haben vorwiegend Ausländerbeauftragte, Wohlfahrtsverbände, Gewerkschaften und Kirchen übernommen. Möglichkeiten für Ausländer, auf die sie betreffenden Entscheidungen zumindest indirekt einzuwirken, eröffnen sich im Rahmen der Ausländerbeiräte und -ausschüsse, die von der ausländischen Bevölkerung der jeweiligen Städte und Gemeinden gewählt werden. Dies umfaßt zwar Informations-, Anfrage- und Antragsrecht, ist aber eben keine Mitbestimmung.
Der einzige Weg für Ausländer, in vollem Umfang die staatsbürgerlichen Rechte der Bundesrepublik zu erlangen, bietet die Einbürgerung. Dies gilt nicht nur für die Ausländer der ersten Generation, sondern auch für deren Kinder und Kindeskinder, die sogenannten Ausländer der zweiten und dritten Generation. Während in Einwanderungsländern, wie z.B. den USA, Kinder von Ausländern die Staatsbürgerschaft mit der Geburt (jus soli: »Recht des Bodens« oder auch Territorialprinzip) erwerben, bleiben in der Bundesrepublik Kinder von Ausländern unabänderlich Ausländer. Die automatische Übertragung der deutschen Staatsangehörigkeit erfolgt allein durch das »jus sanguinis«, das Recht des Blutes (Abstammungsprinzip). Diese sich in völkischen Kategorien bewegende Regelung ist in einem Gesetz festgeschrieben, das im Kern noch aus dem Jahr 1913 stammt. Als Folge davon ergibt sich heute eine paradoxe Situation. Einerseits bleibt ausländischen Kindern, die in der Bundesrepublik geboren und aufgewachsen sind und die die Sprache beherrschen, der Status des Inländers verweigert – sie bleiben ›inländische Ausländer‹ –, andrerseits können ›ausländische Inländer‹ auch noch nach Generationen ihren Anspruch auf die deutsche Staatsangehörigkeit geltend machen.
Trotz der rechtlichen Vorteile ist in weiten Teilen der ausländischen Bevölkerung das Interesse an der Einbürgerung eher gering. Lediglich 414.370 Personen ließen sich zwischen 1980 und 1989 einbürgern. Zu verzeichnen war dabei ein deutlicher Aufwärtstrend. Von 1987 auf 1988

schnellte die Zahl der Einbürgerungen von 37.810 auf 46.783 und stieg 1989 nochmals auf 68.526. Die Gründe für die ansonsten vorherrschende Zurückhaltung sind vor allem in den restriktiven Einbürgerungsrichtlinien zu suchen: Wesentliche Voraussetzung für den Erwerb der deutschen Staatsangehörigkeit ist die Aufgabe der alten. Hier sehen sich viele Ausländer inneren Konflikten ausgesetzt. Zum einen ist der Wunsch nach Einbürgerung vorhanden, zum anderen möchte man die eigene kulturelle Identität und die Bindung an das Heimatland nicht endgültig aufgeben. In manchen Ländern ist die Aufgabe der Staatsangehörigkeit zudem mit starken Sanktionen verbunden, wie z. B. in der Türkei mit dem Verlust erbrechtlicher Ansprüche. Eine von der Berliner Ausländerbeauftragten vorgenommene Befragung unter türkischen Jugendlichen ergab 1991, daß 74 Prozent von ihnen die deutsche Staatsbürgerschaft annehmen würden, wenn es gleichzeitig möglich wäre, die türkische zu behalten. Die Bundesregierung lehnt Doppelstaatsangehörigkeit jedoch rigoros ab und verweist auf die Übereinkunft des Europarates zur Vermeidung von Mehrstaatlichkeit. Ein Gutachten des Konstanzer Juristen Hailbronner zeigt dagegen, daß sich von den elf Vertragsstaaten bereits acht von dieser Regelung gelöst haben, und zwar ohne Protest der anderen Vertragsstaaten. (K. Hailbronner 1992) Auch die Frage, in welchem Land nun die Wehrpflicht abzuleisten sei, kann ohne weiteres zwischen den betreffenden Staaten geregelt werden. (L. Frauendorfer 1991, S. 111) Die starre Haltung ist zudem unverständlich, weil Doppelstaatsangehörigkeit im Falle bi-nationaler Ehen oder der Aussiedler bereits an der Tagesordnung ist.

Das neue Ausländergesetz bietet zwar erleichterte Einbürgerungsbedingungen für ausländische Jugendliche im Alter von 16 bis 23 Jahren und für Ausländer, die seit mindestens 15 Jahren im Bundesgebiet leben, in der Frage der Doppelstaatsangehörigkeit macht es aber weiterhin keine Zugeständnisse. Den türkischen Politologen Hakki Keskin veranlaßte dies zu der Äußerung: »Selbst für Menschen, für die die Bundesrepublik Deutschland ihr Lebens-Mittelpunkt geworden ist oder die hier geboren sind oder als Kleinkinder großgeworden sind, fehlt ein klares Bekenntnis, daß sie ein fester Bestandteil der Gesellschaft geworden sind und zu diesem Land gehören.«[1] In dieser Hinsicht hat sich auch knapp 20 Jahre nach dem Anwerbestopp nichts wesentlich geändert. Integrationskon-

1 In: Frankfurter Rundschau, 20.12.1990.

zepte mit dem Bekenntnis zu einer multiethnischen Gesellschaft, in der Ausländer gleiche Rechte wie Inländer in Anspruch nehmen können, sind bislang ausgeblieben.

Asylsuchende

Nirgendwo tritt die Abwertung, die der Asyl-Status in den letzten Jahren erfahren hat, offensichtlicher zutage als im alltäglichen Sprachgebrauch. Aus »Asylsuchende« wurde »Asylanten«, aus diesen »Wirtschaftsasylanten« bzw. »-flüchtlinge«, die schließlich zu »Scheinasylanten« abstiegen und heute in erster Linie für den »massenhaften Asylmißbrauch« stehen. Zahlreiche Politiker, Vertreter der Flüchtlingsverbände und Sprachforscher haben vor allem in der Diskussion um die Bezeichnung »Asylant« versucht, das Bewußtsein für diese Formen sprachlicher Diskriminierung zu schärfen. So wiesen bereits Mitte der achtziger Jahre Sprachwissenschaftler wie Jürgen Link und die »diskurswerkstatt bochum« darauf hin, daß der Ausdruck »Asylant« negativ besetzt sei. Ihre Begründung: Die Endung »-ant« rufe Assoziationen mit Worten wie »Simulant«, »Querulant«, »Spekulant«, »Intrigant« hervor (vgl. J. Link 1986). Auch wenn kritische Stimmen monierten, daß Begriffe wie Intendant, Fabrikant und Gratulant auch auf »-ant« endeten und keineswegs abwertend klingen würden, an dem negativen Beiklang des Wortes »Asylant« ändert dies nichts. Der Germanist Müller verurteilte die Wendung gar als »sprachlichen Pogromausdruck« und forderte, in der Asyldebatte mit emotionsgeladenen Worten behutsamer umzugehen.[2] Und von liberaler Seite wurde beklagt, in solchen Begriffen komme nicht nur die Entfremdung und Entmenschlichung von Flüchtlingen zum Ausdruck, solche Wortwahl schaffe erst Entfremdung.
Der sprachlichen Abwertung gegenüber steht die zunehmende rechtliche Einschränkung des Asylstatus. Mit etwa 30 Gesetzen, Erlassen und Verordnungen wurde seit 1977 versucht, den ansteigenden Flüchtlingszustrom zu bremsen. Vorerst letzter Höhepunkt war das neue Asylverfahrensgesetz, das zum 1. Juli 1992 in Kraft trat (vgl. ausführlicher S. 70ff.).

2 In: Süddeutsche Zeitung, 5./6. 10. 1991.

Sind Aussiedler Deutsche oder nicht? Vor dem Hintergrund der Diskussionen über das Einwanderungsland Deutschland ist der Aussiedler-Status zunehmend ins Kreuzfeuer der Kritik geraten. Die Bundesregierung blendet die Aussiedler grundsätzlich aus der Diskussion aus und behandelt Einwanderung als ausschließlich ausländerpolitische Fragestellung. Jeglicher Zugriff, der an der Unantastbarkeit der Aussiedler zu rütteln droht, ihre Berechtigung auf die deutsche Staatsangehörigkeit in Zweifel zieht, wird empört zurückgewiesen. Daß dabei nicht nur Uneigennützigkeit im Spiel ist, zeigen Umfragen über das zu erwartende Wahlverhalten der neuen Deutschen – fast die Hälfte würde ihre Stimme der jetzigen Bundesregierung zukommen lassen (R. Pfundtner 1990, S. 64). Die Aussiedlerpolitik der Bundesregierung handelt sich allgemein den Vorwurf der Deutschtümelei ein. Ihre Kritiker demontieren ihrerseits nur allzu leichtfertig die Ansprüche der Aussiedler und instrumentalisieren die Thematik, um Zugeständnisse für die ihnen nahestehenden Interessengruppen Ausländer und Asylbewerber einzufordern. In weiten Teilen der Bevölkerung hat sich indes eine eigene Meinung herausgebildet. »Reden nix deutsch, kriegen aber alles« oder der unterstellte deutsche Schäferhund in der Abstammungslinie sind Ausdruck einer aus sozialen und wirtschaftlichen Ängsten geborenen Abwehrhaltung, die in der Bundesrepublik zu einer gleichermaßen gegen alle Fremden gerichteten Feindseligkeit verschwommen ist.

Aussiedler kommen unter den Zuwanderergruppen dem Status von Einwanderern wohl am nächsten (K. J. Bade 1990a, S. 26; K. A. Otto 1990, S. 55). Sie haben ihre Herkunftsländer mit der Absicht einer neuen Existenzgründung verlassen. Die Bundesrepublik hält für sie ein Statusangebot bereit, das ihnen mit der Anerkennung als Aussiedler die rechtliche Gleichstellung mit den Inländern einräumt. Gleichzeitig stehen umfangreiche Hilfsprogramme zur Verfügung, die die Eingliederung ermöglichen sollen. Im Hinblick auf die Aussiedler kann die Bundesrepublik am ehesten als Einwanderungsland bezeichnet werden. Daß die Bundesregierung dennoch den Titel eines Einwanderungslandes von sich weisen kann, hat seine Ursachen darin, daß man in der Öffentlichkeit nur »von den ›Deutschen im Osten‹ spricht, also den erst durch die Aufnahme bewirkten Statuswechsel zum ›Deutschen im Sinne des Grundgesetzes‹ unterschlägt« (L. Hoffmann 1992, S. 22). Das Bundesvertriebenengesetz – als Rechtsgrundlage für die Anerkennung von Aussiedlern – entpuppt sich damit als »verkapptes Einwanderungsgesetz« und zeigt, daß es sich bei den Aussiedlern im Grunde um »verleugnete Einwanderer« handelt.

Die Situation der Aussiedler ist bei der Ankunft in der Bundesrepublik, trotz der Bewahrung einer Vielzahl kultureller und sprachlicher Eigenarten, der von ausländischen Zuwanderern vergleichbar. »Bei vielen ist einige Zeit nach der ersten Euphorie über das Eintreffen im Bundesgebiet ein Kulturschock festzustellen: Sie sind entsetzt, daß in der bundesdeutschen Gesellschaft Amerikanismen statt Brauchtum gepflegt werden. Der Freude über die gelungene Ausreise folgen Enttäuschung und Identitätskrisen.« (S. Schwab 1990, S. 231) Gewandelt haben sich in den letzten Jahren die Ausreisemotive. In den siebziger Jahren stand vorwiegend das Motiv »als Deutscher unter Deutschen leben« im Vordergrund. Anfang der neunziger Jahre nennen Aussiedler auf die Frage, welche Motive sie mit der Aussiedlung in die Bundesrepublik verbinden, an erster Stelle »Zukunft«, danach »Heimat«, »Freiheit«, »Verwandte« und »deutsche Sprache« (R. Pfundtner 1990, S. 64f.). Auch das Motiv »Heimat« wird erst im Kontext von Zukunft glaubwürdig, bedeutet es doch soviel wie, eine neue Heimat finden. Aussiedlern werden unter allen Zuwanderergruppen die weitaus günstigsten Einstiegschancen in die Gesellschaft der Bundesrepublik geboten, wenn auch in den letzten Jahren erhebliche Einschnitte stattgefunden haben. Der privilegierte Status gegenüber anderen Zuwanderergruppen begründet sich damit, daß Zuwanderer aus den Staaten Ost- und Südosteuropas mit der Anerkennung als Aussiedler gleichzeitig das Anrecht auf die deutsche Staatsbürgerschaft erwerben, d.h., daß sie in vollem Umfang das Anrecht auf die staatsbürgerlichen Rechte der Bundesrepublik erhalten. Ein weitreichendes Angebot von Sprachkursen, beruflicher Fort- und Weiterbildung, Umschulungs-, Arbeits- und Wohnungsbeschaffungsmaßnahmen steht zur Verfügung, um den Eingliederungsprozeß möglichst schnell voranzutreiben.

Die entscheidende ›Hürde‹, die es zu überwinden gilt, ist die Anerkennung als Aussiedler. Die rechtlichen Grundlagen enthält der Artikel 116 Abs. 1 des Grundgesetzes, der festlegt, wer Deutscher ist, und das Bundesvertriebenengesetz, das den Aussiedlerstatus definiert (§ 1 Abs. 2 Ziffer 3 BVFG). Dem Zuwanderer stehen danach zwei Optionen zur Verfügung: Er muß nachweisen, daß er entweder erstens deutscher Staatsangehöriger oder zweitens deutscher Volkszugehöriger und zugleich Vertriebener ist. Der Nachweis der deutschen Staatsangehörigkeit kann mit Hilfe von Personenstandsurkunden, wie Geburts- oder Heiratsurkunden, oder erhaltener Personalakten der Eltern oder Großeltern erfolgen. Wesentlich verstrickter ist die Sachlage bei der zweiten Alternative. Nach dem Grundgesetz gelten nur die deutschen Volkszugehörigen als Deutsche, die als Flüchtlinge oder Vertriebene »in dem Gebiet des Deutschen Reiches nach dem Stande vom 31. Dezember Aufnahme gefunden« haben (Art. 116 Abs. 1 GG). Im ursprünglichen Sinn sind Aussiedler, die ja als ›deutsche Volkszugehörige‹ mit nichtdeutscher Staatsbürgerschaft vor allem aus den deutschen Siedlungsgebieten der Sowjetunion, Polen und Rumänien einreisen, damit keine Deutschen, »weil sie weder Flüchtlinge noch Vertriebene sind, bereits die Staatsbürgerschaft eines anderen Landes haben und als ›deutsche Volkszugehörige‹ außerhalb der Reichsgrenzen von 1937 ansässig sind« (K. A. Otto 1990, S. 56f.). Aussiedler, so stellt Otto in seiner Untersuchung fest, sind erst im nachhinein »zu Deutschen im Sinne des Grundgesetzes gemacht« worden. Möglich wurde dies erst durch den Zusatz: »vorbehaltlich anderweitiger gesetzlicher Regelungen« im Grundgesetzartikel 116 (Abs. 1 GG). Diesen Vorbehalt machte sich der Gesetzgeber 1953 zunutze (letzte Änderung am 28. Juni 1990), in dem er den Begriff des Vertriebenen um den Inhaber deutscher Staatsangehörigkeit oder deutscher Volkszugehörigkeit erweiterte, welcher »nach Abschluß der allgemeinen Vertreibungsmaßnahmen vor dem 1. Juli 1990 oder danach im Wege der Aufnahme die zur Zeit unter fremder Verwaltung stehenden deutschen Ostgebiete, Danzig, Estland, Lettland, Litauen, die Sowjetunion, Polen, die Tschechoslowakei, Ungarn, Rumänien, Bulgarien, Jugoslawien, Albanien oder China verlassen hat oder verläßt... (Aussiedler)« (§ 1 Abs. 2 Ziffer 3).

Es stellt sich die Frage, wie sich der Status des Vertriebenen rechtfertigen läßt, wenn im Gesetz gleichzeitig das Ende der Vertreibungsmaßnahmen – die Zwangsumsiedlungen und Massendeportationen in der Sowjetunion, Rumänien und Polen – erklärt wird. Die Bundesregierung begründet dies mit dem auch nach Abschluß der Vertreibung »fortdauernden gegen die deutsche Bevölkerung gerichteten Vertreibungsdruck (Kriegsfolgeschicksal)«[3], der sich in der Unterdrückung, Entrechtung

3 In: Info-Dienst Deutsche Aussiedler. Nr. 34. Hg. v. Beauftragten der Bundesregierung für Aussiedlerfragen, Bonn, April 1992, S. 1.

und in der Nichtakzeptanz der sprachlich-kulturellen Eigenheiten der ›deutschen‹ Minderheiten vollzog. Die Liste der Herkunftsländer, in denen laut § 1 Abs. 2 Ziffer 3 Vertreibungsdruck herrscht, stellt dem Zuwanderer gleichsam einen ›Blanko-Scheck‹ für den Nachweis der ›Vertreibung‹ aus. Spätestens nach dem Zusammenbruch der sozialistischen Systeme ist das weitere Fortbestehen dieser Regelung jedoch unhaltbar geworden.

Für die Anerkennung als Aussiedler ist darüber hinaus der Nachweis der deutschen Volkszugehörigkeit zu erbringen. Diese ist gegeben, wenn der Zuwanderer »sich in seiner Heimat zum deutschen Volkstum bekannt hat, sofern dieses Bekenntnis durch bestimmte Merkmale wie Abstammung, Sprache, Erziehung, Kultur bestätigt wird«. (§ 6 BVFG) Das subjektive Bekenntnis ist somit das eigentlich ausschlaggebende Moment für die Anerkennung als deutscher Volkszugehöriger und den objektiven Bestätigungsmerkmalen eindeutig vorgeordnet. Der Begriff der deutschen Volkszugehörigkeit offenbart hier seine bedenkliche Dehnbarkeit, denn welches Bekenntnis als deutschzugehörig eingestuft wird und welche Bestätigungsmerkmale als genügend angesehen werden, hängt von den jeweiligen Entscheidungsinstanzen und damit von den politischen Interessenlagen ab. Letztere haben auch die Entstehung dieser Rechtskonstruktion bestimmt. Sie sollte Funktionen erfüllen, die nicht allein einem humanitären Anliegen entsprangen, sondern die vor allem vor dem Hintergrund des Kalten Krieges zu sehen sind (K. A. Otto 1990, S. 46). Letztlich ging es dem Gesetzgeber nicht um Hilfestellung in konkreten Vertreibungssituationen, sondern um generelle Ausreisefreiheit für deutsche Volkszugehörige aus kommunistisch regierten Ländern (ebd., S. 49). Dies zeigt sich allein daran, daß nur Ostblockstaaten zu den Vertreibungsgebieten gerechnet wurden, wobei China erst 1957 in die Liste aufgenommen wurde.

Die Frage, ob Aussiedler Deutsche sind, wird häufig mit dem Hinweis auf die gesetzlichen Bestimmungen beantwortet. Derartige Begründungsversuche sind jedoch tautologisch, denn Aussiedler fallen mittels der aufgezeigten Rechtskonstruktion bereits unter die Definition des Deutschen, d.h., die Begründung erfolgt in solchen Fällen durch sich selbst. Eine Kritik am Status der Aussiedler muß daher eine Stufe vorher ansetzen: an den Kriterien, die der Anerkennung als Aussiedler zugrundeliegen. So muß sich das Postulat, »daß es niemandem zusteht, Bekenntnis und Identität eines deutschen Volkszugehörigen in Zweifel zu ziehen«

(O. Kotzian 1990, S. 66), zumindest den Einwand gefallen lassen, daß einige Auswanderungswillige sehr wohl abwägen, ob sie mit einem Antrag auf Anerkennung als deutsche Volkszugehörige oder mit einem Antrag auf Asyl größere Chancen haben, eine Aufenthaltsgenehmigung in der Bundesrepublik zu erlangen. Eine Kritik wird aber auch immer zu berücksichtigen haben, inwieweit die bisherige Politik Erwartungshaltungen bei den potentiellen Aussiedlern erzeugt hat und inwieweit diesen Rechnung zu tragen ist. Sie muß außerdem das Faktum der Repression, die viele Aussiedler gerade wegen ihres deutschen Zugehörigkeitsbewußtseins in den Herkunftsländern erduldet haben, miteinbeziehen. Unabhängig davon, ob der privilegierte Status von Aussiedlern aufrecht erhalten bleibt oder anderen Zuwanderergruppen angeglichen wird, muß es Ziel künftiger Bestrebungen sein, Aussiedler in eine gesamtheitliche Zuwanderungspolitik miteinzubeziehen.

4. Die Krise des nationalen Selbstverständnisses – Zum Hintergrund der Einwanderungsdiskussion

Dem Anwerbestopp 1973 kommt insofern eine besondere Bedeutung zu, als hier erstmals eine deutliche Reaktion auf die veränderte gesellschaftliche Wirklichkeit der Bundesrepublik stattfindet: Der Gastarbeiter hat die ihm zugewiesene Rolle des geduldeten ›Gastes‹ verlassen und sich auf den Weg zum Mitbürger gemacht. Dies ruft massiven Widerstand hervor. Die Weigerung, die veränderten Realitäten anzuerkennen, führen Hoffmann und Even auf das bestehende Gesellschaftsbild zurück. Das Gesellschaftsbild, verstanden als die »fraglos geltende und von einem zunächst unangezweifelten Konsens aller Gesellschaftsmitglieder getragene Vorstellung über unsere Gesellschaft« (L. Hoffmann/H. Even 1983, S. 36), gerät in eine »Krisensituation«, die in die Diskussion über den Sinn der Ausländeranwesenheit mündet (ebd., S. 40). Der Streit um das Einwanderungsland ist aus der Taufe gehoben. Hoffmann und Even zufolge offenbart das Gesellschaftsbild hier seine ausländerfeindlichen Züge. Ausländerfeindlichkeit wird dabei nicht im Sinne von Vorurteilen oder aggressiver Handlungen verstanden. Sie zeigt sich vielmehr in der Verweigerung von Gleichstellung bzw. Chancengleichheit für ethnische Minderheiten durch die Bevölkerungsmehrheit. Die Autoren greifen damit neueren Rassismus-Theorien vorweg, die Rassismus nicht an völkisch-biologistischen Komponenten, sondern an der durch Herrschaftsstrukturen erzeugten Diskriminierung und Ungleichstellung festmachen. So definiert beispielsweise Meulenbelt alles als Rassismus, was dazu beiträgt, »Ungleichheit zu verursachen oder sie aufrechtzuhalten« (A. Meulenbelt 1988, S. 148). Auch Ulrike Schöneberg sieht in der Kontroverse um das Einwanderungsland Bundesrepublik einen hochkarätigen Indikator dafür, »daß nationales Selbstverständnis und der in Verfassung, ausländerpolitischen Programmen sowie einschlägigen Gesetzen definierte Rahmen nicht mehr vereinbar ist mit den durch die Arbeitsmigration bewirkten Veränderungen gesellschaftlicher Strukturen« (U. Schöneberg 1987, S. 40). Für sie ist Fremdenfeindlichkeit Ausdruck der nur widerstrebenden Kenntnisnahme der veränderten Wirklichkeit. Daß Fremde in die Gesellschaft hineinwachsen, ist »nicht nur zu erken-

nen, sondern anzuerkennen, (und) macht einen Großteil des sozialen Konfliktfelds aus, in dem sich heute alltägliche oder ›Allerwelts‹-Fremdenfeindlichkeit manifestiert« (U. Schöneberg 1987, S. 40).
Als Ausweg aus der Krise bieten sich zwei Alternativen. Zum einen kann die Bearbeitung des »Widerspruchs zwischen Gesellschaftsbild und Ausländeranwesenheit (...) zu einer Korrektur und Redefinition des Gesellschaftsbildes führen« (L. Hoffmann u. H. Even 1983, S. 42). Anders ausgedrückt: Das Gesellschaftsbild wird der Realität einer multiethnischen Gesellschaft angepaßt. Es kann aber im Gegenzug auch versucht werden, die veränderte Realität dem Gesellschaftsbild wieder anzugleichen. Restaurative Tendenzen zielen darauf ab, »die dem Gesellschaftsbild widersprechenden Erfahrungen (...) in ihrer Faktizität zu eliminieren«. Letztere Alternative bestimmt die Ausländerpolitik der Bundesrepublik. Die zunehmende Einschränkung des Asylrechts und Maßnahmen wie der Anwerbestopp, Rückkehrförderung, Zuzugsbegrenzung für die Nicht-EG-Staatler in der Ausländerpolitik zielen in erster Linie auf Begrenzung und Ausgrenzung der ausländischen Zuwanderer. Selbst die Integrationsangebote an die bereits in der Bundesrepublik lebenden Ausländer fallen in diesen Rahmen, erweisen sie sich doch bei genauerem Hinsehen als widerstrebendes Sich-Fügen in nicht mehr zu ändernde Gegebenheiten: »Etwa 60 v.H. der Ausländer in der Bundesrepublik Deutschland leben hier schon seit zehn Jahren und länger (...). Die Bundesregierung geht davon aus, daß der größte Teil von ihnen für erhebliche Zeit, teilweise auch auf Dauer in Deutschland bleiben wird. Dies gilt vor allem für die hier geborenen und aufgewachsenen Ausländer (...). Für diesen Personenkreis gibt es zur Integration (Eingliederung in das wirtschaftliche, soziale und kulturelle Leben in der Bundesrepublik) keine überzeugende Alternative.« (BMI 1991, S. 4ff.) Integration als die »Einfügung in deutsche Verhältnisse«, die Anpassung an die hiesigen gesellschaftlichen Wertvorstellungen und Normen und den Verzicht auf – dies wird pauschal angenommen – »übersteigerte national-religiöse Verhaltensweisen«, ist unter diesen Voraussetzungen gleichbedeutend mit Assimilation. Die Erleichterung der Einbürgerung für diese Zielgruppe, die zwingend mit der Aufgabe der bisherigen Staatsangehörigkeit verbunden ist, unterstreicht dies. Der kulturellen Identität soll zumindest formell abgeschworen werden. Letztendlich steht auch dieses Integrationsangebot im Zeichen der Begrenzungspolitik. Die bis zum Anwerbestopp in die Bundesrepublik eingewanderten Ausländer werden als statische Gruppe ge-

handelt. Sind sie erst einmal eingegliedert, so ist, folgt man den Worten von Horst Waffenschmidt, Parlamentarischer Staatssekretär beim Bundesminister des Innern, der Prozeß der Integration ein für allemal abgeschlossen. Integration und Begrenzung »bedingen einander: Ohne die Begrenzung des Zuzugs würden sich die Integrationsprobleme immer wieder erneuern, so daß die Integrationsaufgabe letztlich nicht bewältigt werden kann.« (H. Waffenschmidt 1992, S. 6) Wie dieses Konzept mit der auch nach 1973 kontinuierlich vonstatten gegangenen Zuwanderung in Einklang zu bringen sein soll, bleibt unklar.

Zur Begründung restriktiver politischer Maßnahmen werden Argumentationsmuster herangezogen, die vorgeben, Grenzziehungen im Interesse der öffentlichen Sicherheit und des sozialen Friedens der Staatsbürger vorzunehmen. Vermittelt wird dies über eine Sprache der Bedrohung. Zu den immer wieder von Politikern aufgezählten Stereotypen zählen die Hinweise auf Raumknappheit, erschöpfte Aufnahmekapazitäten, Gefährdung des sozialen Friedens durch Überfremdung und mangelnde Integrations- oder Anpassungsfähigkeit seitens der Zuwanderer. Die aktive Bedrohung der hiesigen gesellschaftlichen Ordnung durch Ausländer wird in allen Farben ausgemalt. »Grenzen unserer Toleranz«, so erklärte Eckart Schiffer, Leiter der Verfassungsabteilung im Bundesinnenministerium, »sind jedenfalls erreicht, wenn die innenpolitischen Probleme anderer Länder importiert werden und zur Unruhe im eigenen Land führen oder wenn unser Land zum Kampfplatz fremder Ideologien gemacht wird und wenn auf diese Weise der für ein friedliches Zusammenleben der Menschen erforderliche Grundkonsens über die schutzwürdigen Rechtsgüter in Gefahr gerät.« (E. Schiffer 1991, S. 9) Daß mit Einwanderung auch kulturelle Konfliktpotentiale eingeführt oder geschaffen werden können, soll an dieser Stelle nicht bestritten werden. Zuwanderung muß jedoch nicht notwendig die Gefährdung der sozialen Ordnung nach sich ziehen, wie es durch ein Übergewicht an negativen Ausländer-Bildern suggeriert wird. Apokalyptische Visionen führen erst zum Entstehen von Überfremdungsängsten und schüren ausländerfeindliche Stimmungen. Wenn nach einem Katalog der Schrecklichkeiten, die Inländer von Ausländern zu erwarten haben, der verhaltene Hinweis erfolgt, Ausländer könnten auch »in vielen Fällen zu einer Bereicherung« führen (E. Schiffer 1991, S. 10), ist das schiefgeratene Bild kaum noch zurechtzurücken.

Die Ausgrenzung der ausländischen Minderheit und das Streben nach völkischer Homogenität, das sich gerade auch in der Aussiedlerpolitik widerspiegelt, legen ein Denken frei, das weiterhin in der Tradition des ethnischen Nationalstaates steht. Identitätsbildung erfolgt vor allem über Ab- und Ausgrenzung, und Motor dieses Prozesses ist das Gefühl der Bedrohung (Überfremdung, Gefahr des sozialen Friedens, Kampfplatz fremder Ideologien, Ausländerkriminalität, Wohnraummangel, Arbeitslosigkeit etc.), das die nationale Mehrheit angesichts der Gefahr näher zusammenrücken läßt. Besonders dem Bewußtsein materieller Bedrohung kommt ein hoher Stellenwert bei der Abwehrhaltung gegenüber Minderheiten zu: »Das in großen Teilen der Bevölkerung fehlende Unrechtsbewußtsein in Ausgrenzung und Selektion von Menschen anderer Staatsangehörigkeit speist sich (...) aus dem starken Bedürfnis nach privater und staatlicher Besitzstandssicherung. Beide zusammen bilden die individuelle und kollektive Seite der nationalstaatlichen Medaille. In Zeiten leerer Kassen und mit zunehmender Verengung der ökonomischen Möglichkeiten reduzieren sich merklich die Existenzbedingungen der nationalen Mehrheit. Die Toleranz gegenüber ethnischen und nationalen Minderheiten läßt spürbar nach. Es geht im wahrsten Sinne des Wortes um's Eingemachte.« (F. Scheurer 1989, S. 34)

Ziel nationalstaatlichen Strebens ist, die Grenzen von Staatsvolk und Staatsgebiet in Übereinstimmung zu bringen. Für die ausländische Bevölkerung ergeben sich daraus zwei Alternativen: Entweder sie lassen sich assimilieren und verschwinden damit im homogenen Staatsvolk – Hoffmann spricht angesichts der Einbürgerungspraxis auch von »Germanisierung« (L. Hoffmann 1992, S. 38), – oder sie verbleiben mit dem Status eines Bürgers zweiter, dritter oder gar vierter Klasse. Diese Form ethnisch begründeter Diskriminierung ist zum Teil in der Verfassung der Bundesrepublik festgeschrieben. Im Grundgesetz stehen in ihrem Grundgehalt sich widersprechende universale Menschenrechte und partikuläre Deutschenrechte einträchtig nebeneinander. Artikel 1 legt die Unantastbarkeit und den Schutz der Menschenwürde als oberste Norm fest. Daraus leiten sich die Ansprüche *aller* Menschen auf die Grundrechte der Freiheit, der Gleichheit und der Glaubens- und Bekenntnisfreiheit ab. Artikel 3 des Grundgesetzes bestimmt überdies, daß »niemand wegen seines Geschlechts, seiner Abstammung, seiner Rasse, seiner Sprache, seiner Heimat und Herkunft, seines Glaubens, seiner religiösen oder politischen Anschauungen benachteiligt oder bevorzugt werden« soll. Dann erfolgt der Bruch. Das Gleichheitspostulat wird ethnisch begrenzt.

Die nachfolgenden Artikel zur Versammlungs-, Vereinigungs- und Berufsfreiheit, sowie zur Freizügigkeit und zum Auslieferungsverbot sind ausschließlich deutschen Staatsangehörigen vorbehalten. Diese Einschränkung fundamentaler Grundrechte auf Deutsche ist mit den Artikeln 2 und 3 des Grundgesetzes unvereinbar (D. Oberndörfer 1987, S. 227). Staatsrechtler urteilen, daß sich die Bundesrepublik in dieser Hinsicht nicht von der Idee des ethnischen Nationalstaates gelöst habe und damit das Modell der Republik »nicht konsequent vollendet« wurde (D. Oberndörfer 1992, S. 24; L. Hoffmann 1989 u. 1992).

5. Ausblick

Die durch Ausländeranwesenheit hervorgerufene und seitdem unbewältigte Krise des bundesdeutschen Selbstverständnisses spiegelt sich nirgends so deutlich wider wie in der ausländerpolitischen Leitlinie: »Die Bundesrepublik ist kein Einwanderungsland.« Als Ausdruck eines ständigen Drahtseilaktes zwischen Realität und Wunschdenken wird sie zum Gliederungsprinzip für die einzelnen Zuwanderergruppen. Für jede hat die Bundesrepublik eine qualitativ andere Rechtssituation geschaffen und innerhalb der Gruppen weitere Sonderklassifizierungen vorgenommen. Das Bild einer ›Zwei-Klassen-Gesellschaft‹ von Deutschen und Ausländern reicht für die Beschreibung des gegenwärtigen Zustandes nicht aus. Vielmehr wird eine nach Art und Umfang der rechtlichen Zugeständnisse gegliederte Hierarchie der Gleich- bzw. Ungleichstellungen erkennbar, eine »fein abgestufte Fremdenhierarchie« (Tichy 1990), die von Deutschen und Aussiedlern über EG-Ausländer, Ausländer aus Drittstaaten, Kontingentflüchtlinge, Asylberechtigte, Asylbewerber, De-Facto-Flüchtlinge bis hin zu den illegalen Einwanderern reicht. Stuttgarts Oberbürgermeister Manfred Rommel verglich die Bundesrepublik angesichts dieser rechtlichen Rahmenbedingungen mit dem »alten Sparta, seinen Spartanern, Periöken und Heloten, einer Dreiklassengesellschaft mit Bürgern höheren und minderen Rechts« (H. Geißler 1991, S. 28). Die Verweigerung von rechtlicher Gleichstellung bzw. die Schaffung von Hindernissen und Barrieren, um Gleichstellung zu erlangen, ist auf Dauer keineswegs unproblematisch für das demokratische Wertesystem der bundesdeutschen Gesellschaft. Auch von einem humanitären Standpunkt aus betrachtet, ist es nicht zu rechtfertigen, daß Zuwanderern, die zum Teil seit Jahrzehnten mit ihren Familien und Kindern in der Bundesrepublik leben, ihren Beitrag zum Wohlstand des Landes leisten und weitgehend den staatsbürgerlichen Pflichten nachkommen, die Zuerkennung staatsbürgerlicher Rechte derartig erschwert wird.

Das Verharren in nationalstaatlicher Pose ist zudem unverständlich, wirft man einen Blick in die Zukunft. Die Zahl der Deutschen wird gegenwärtig jährlich um 100.000 geringer, zur Jahrtausendwende werden

es jährlich 500.000 sein. Bereits in wenigen Jahren wird jeder zweite Deutsche über 50 Jahre alt sein und der Anteil der über 60jährigen den der unter 20jährigen übersteigen. Wenn sich dieser Trend fortsetzt, werden im Jahr 2030 fast 20 Millionen Deutsche weniger leben.[1]
Für die kommenden Generationen bedeutet dies, daß ihre Altersversorgung nicht mehr gesichert ist. Auch der Arbeitsmarkt wird die Folgen dieses Bevölkerungsschwunds zu spüren bekommen. Einheimische werden den anfallenden Bedarf an Arbeitskräften allein nicht zu decken vermögen. Mindestens 300.000 Zuwanderer jährlich, so prognostiziert das Institut der deutschen Wirtschaft, werde die Bundesrepublik brauchen, um die demographischen Lücken zu füllen.
In einer Modellrechnung über den Arbeitskräftebedarf für die nächsten 25 Jahre spielte das Institut mögliche Situationen zwischen Abschottung und verschiedenen Zuwanderungsquoten durch und kam zu folgenden Ergebnissen[2]:

(1) Bei **Abschottung** der Grenzen würde die deutsche Bevölkerung von rund 80 Millionen bis zum Jahr 2020 auf 68 Millionen schrumpfen. Gleichzeitig ginge das Arbeitskräfteangebot von derzeit knapp 41 Millionen auf 32 Millionen zurück.
(2) Bei **300.000 Zuwanderern** pro Jahr (1992 bis 2017) kann das derzeitige Arbeitskräfte-Niveau allenfalls bis zum Jahr 2007 gehalten werden.
(3) Bei **400.000 Zuwanderern** pro Jahr (1992 bis 2017) würde die Zahl der Erwerbstätigen bis zum Jahr 2010 auf 41,8 Millionen steigen.
(4) Bei **500.000 Zuwanderern** jährlich (1992 bis 2017) steigt die Zahl der Erwerbspersonen bis zum Jahr 2010 auf 43 Millionen. Danach würde die Zahl bis zum Jahr 2020 auf das Niveau des Jahres 1990 zurückfallen.

Doch nicht erst in ferner Zukunft, bereits heute sind Zuwanderer unverzichtbar für die deutsche Wirtschaft. »Die deutsche Wirtschaft würde kollabieren, gäbe es nicht die fünf Millionen Ausländer bei uns«, mahnte

1 In: Süddeutsche Zeitung, 25. 5. 1992.
2 In: Studie des Instituts der deutschen Wirtschaft. Zitiert nach: Ausländer in Deutschland. Vierteljährlich erscheinender Informationsdienst zu aktuellen Fragen der Ausländerarbeit. 8. Jg. (1992), H. 1, S. 13. Vgl. auch besonders G. Buttler 1992 und S. 162.

Heiner Geißler.[3] Welche Auswirkungen es hätte, würde man die Parole »Ausländer raus« von heute auf morgen in die Tat umsetzen, demonstriert beispielhaft eine Studie der Stadt Düsseldorf mit dem bezeichnenden Titel: »Stunde Null. Ausländer verlassen die Stadt Düsseldorf.«[4] Ohne ausländische Arbeitnehmer, so das Ergebnis der Studie, liefe in Düsseldorf bald gar nichts mehr. Besonders betroffen wären der Produktionssektor (ca. 22 Prozent ausländische Beschäftigte), aber auch der Dienstleistungsbereich. Hinsichtlich des letzteren würde sich unter anderem in der Kranken- und Altenpflege (27 Prozent) der Pflegenotstand weiter verschärfen, Busse und Bahnen, sowie die Müllabfuhr (30 Prozent) kämen zum Erliegen. Auch im Hotel- und Gaststättengewerbe entstünden Engpässe: Ein Viertel des Hotelpersonals und mehr als ein Drittel der Kellner sind Ausländer. Schließlich würde der Wegfall der ausländischen Konsumenten und ihrer Kaufkraft eine Kettenreaktion auslösen, die schwere Umsatzrückgänge in der heimischen Wirtschaft nach sich zöge und letztlich Konsequenzen für den städtischen Haushalt hätte.

Zukunftsprognosen können sich im gegenwärtigen Klima sozialer Spannungen und Ängste jedoch nur schwer Gehör verschaffen. Angesichts der wachsenden Flüchtlingsbewegungen werden immer häufiger Forderungen nach einer massiven Begrenzung der Zuwanderung laut. In einer Zeit, in der Staaten durch wirtschaftliche, politische und kulturelle Beziehungsgeflechte immer enger zusammenrücken, kann man dem Ausland jedoch nur schwer eine rigorose Abwehrhaltung und fremdenfeindliche Tendenzen gegenüber Zuwanderern und Zugewanderten verständlich machen – dies um so mehr, wenn die Bundesrepublik mit einigen dieser Staaten die wirtschaftliche und politische Union anstrebt. Besonders im Hinblick auf die künftige Europäische Union schafft die offene Ablehnung und das Schüren von Überfremdungs- und Überflutungsängsten eine geradezu paradoxe Situation. Im Zuge der völligen Bewegungsfreiheit für EG-Angehörige innerhalb der Länder der Europäischen Gemeinschaft sind innereuropäische Wanderbewegungen zu erwarten, deren Ausmaß und Auswirkungen zur Zeit noch nicht abzusehen sind. Ein Festhalten an der Illusion, die Bundesrepublik könne sich gegenüber weiterer Zuwanderung verschließen, zeugt

3 In: VDI-Nachrichten, 18.10.1991, S. 3.
4 In: »Stunde Null«. Hg. v. Sozialdezernent der Landeshauptstadt Düsseldorf. Düsseldorf 1992.

vor diesem Hintergrund nicht nur von Realitätsferne, sondern birgt überdies nicht abzuschätzenden sozialen Sprengstoff in sich.

Zudem bereitet bereits die praktische Umsetzung einer radikalen Zuwanderungsbegrenzung unlösbare Probleme. Rechtliche Vorgaben können einen Großteil der wirklich Zuwanderungswilligen nicht aufhalten, sondern entziehen ihnen lediglich die Möglichkeit, sich eine legale Grundlage für ihren Aufenthalt in der Bundesrepublik zu verschaffen. Auch strenge Grenzkontrollen und -überwachungen, wenn sie den betreffenden Staat nicht in einen Polizeistaat verwandeln und damit dessen demokratische Grundfesten ad absurdum führen sollen, vermögen keine Abhilfe zu schaffen. Ein Beispiel dafür liefern die illegalen Grenzüberschreitungen an der mexikanisch-kalifornischen Grenze. Trotz der zum Teil stark bewachten, mit hohen Metallzäunen und Sensoren gesicherten Grenze, trotz unablässiger Patrouillen ist der Strom illegaler Einwanderer, die aus der bitteren Armut des lateinamerikanischen Kontinents in die Vereinigten Staaten entfliehen wollen, nicht aufzuhalten. 1992 nahm die U.S. Border Patrol im kalifornischen San Diego täglich rund 1800 illegale Grenzgänger fest. An einem Rekordtag im März registrierten die Beamten gar 4154 Personen. Allein 1990 wurden an der gesamten Grenze zu Mexiko mehr als eine Million illegale Einwanderer verhaftet und abgeschoben. Die Länder der europäischen Gemeinschaft werden sich – wenn auch noch nicht in diesen Dimensionen – einer ähnlichen Problematik zu stellen haben. Schon jetzt ist die Kontrolle nationaler Grenzen nahezu unmöglich. Um wieviel schwieriger wird dann erst die Kontrolle einer um ein Vielfaches größeren, unübersichtlicheren gemeinsamen europäischen Grenze sein?

Der so oft beschworene »Asylmißbrauch« ist nicht zuletzt Ergebnis einer restriktiven Ausländerpolitik, die, abgesehen von besonderer Arbeitserlaubnis und Familiennachzug, im Asylrecht eine der letzten Möglichkeiten offen gelassen hat, auf legalem Weg in die Bundesrepublik zu gelangen. Aber auch das Asylrecht an sich ist bereits überfordert – nicht so sehr, weil es keine Vorrichtungen gegen den vermeintlichen »Mißbrauch« bereithält, sondern vielmehr, weil es der gegenwärtigen Flüchtlingssituation nicht gerecht zu werden vermag. Flüchtlingsbewegungen sind nicht nur politisch motiviert. Menschen fliehen vor religiöser und ethnischer Verfolgung, vor Bürgerkriegen, Naturkatastrophen, und – wie bei allen großen Wanderbewegungen der Neuzeit – vor Armut und wirtschaftlichem Elend. Das deutsche Recht zwingt jedoch auch hier alle

Betroffenen in das rechtlich eng gefaßte Asylrecht, anstatt von vornherein andere Angebote zu eröffnen und damit das Asylrecht zu entlasten. Es wäre zu überlegen, ob das Individualrecht auf politisches Asyl grundsätzlich um die Fälle individueller Verfolgung erweitert wird, in denen Leib, Leben und Freiheit von Menschen durch (Staats-)Terror, Folter, Todesstrafe etc. bedroht sind. In Fällen kollektiver »Verfolgung« dagegen, wie in Bürgerkriegssituationen, ließe sich eine auf Dauer der Krise befristete Aufnahme von Flüchtlingen denken. Hier bietet die europäische Gemeinschaft einen wesentlich breiteren Handlungsspielraum, als es bisher einzelstaatliche Aktionen zuließen.

Nicht nur nationale Interessen oder praktische Erwägungen sprechen für eine gezielte Zuwanderungspolitik. Die Bundesrepublik, als eines der wohlhabendsten Länder der Welt, hat auch einer humanitären Verpflichtung gerecht zu werden. Dies gilt zum einen im Rückblick auf die eigene Geschichte: im Gedenken an Hunderttausende, die vor dem Nationalsozialismus fliehen mußten und im Ausland Zuflucht fanden. Zum anderen ist die Bundesrepublik – wie auch die anderen Industrienationen – erheblich am Entstehen von Fluchtursachen beteiligt: sei es durch eine Wirtschaftspolitik, die mittels Handelsbarrieren zur Aufrechterhaltung des Macht- und Wohlstandsgefälles zwischen Nord- und Südhalbkugel beiträgt, sei es durch die infolge von Umweltverschmutzung ausgelösten Klimaveränderungen und Naturkatastrophen, oder durch die Unterstützung von politischen Machthabern, die in ihren Ländern Menschen aus politischen, ethnischen oder religiösen Gründen verfolgen.

Über eines darf die Forderung nach einer differenzierten Zuwanderungspolitik und -gesetzgebung jedoch nicht hinwegtäuschen. Sie wird zwar ein hilfreiches Instrument sein, um Zuwanderung besser zu steuern und regulieren zu können, aber die Probleme und Ursachen von Flüchtlingswanderungen – und damit die Flüchtlingsströme selbst – können auf diesem Wege nicht beseitigt werden. Die Hilfe vorort ist hier nur ein erster Schritt, der besagte Tropfen auf den heißen Stein. Langfristig wird eine radikale Umstellung unseres wirtschaftlichen, politischen und ökologischen Denkens und Handelns vonnöten sein. Ob die Industrienationen hierzu bereit sind, muß sich erst noch erweisen. Ein grundsätzliches Umdenken ist bislang nirgends erkennbar.

Zweiter Teil

Aufklärungen über eine kalkulierte Hysterie in Deutschland

1. Unterstellte und geschaffene Tatsachen

Was sich hinter der Asyldebatte letztlich verbirgt, ist unser Bild vom anderen Menschen: Er erscheint uns als eine unbeschriftete, von uns zu kennzeichnende Ware oder aber als ein Wesen, das von sich aus offenbart oder verbirgt, was es ist. Erst wenn wir Nicht-Mitglieder unserer Gesellschaft als von sich aus mit einem Recht auf Schutz ausgestattete Wesen akzeptieren, hat unsere Gesellschaft den Reifezustand erlangt, Verschiedenheiten nicht als Bedrohung gesellschaftlicher Einheit zu fürchten. Vielleicht ist Deutschland noch weit von einem solchen Reifezustand entfernt. Auf alle Fälle hat die Debatte um das Asylrecht Züge von kalkulierter Hysterie angenommen. Über sie sollen zunächst die folgenden Kapitel diejenige Aufklärung erbringen, die zur Vorbereitung weiterführender, konstruktiver Überlegungen erforderlich ist.

Alle scheinen es zu wissen: Unser Asylrecht wird mißbraucht. Deutschland ist ein bevölkerungsreiches Land, fast 220 Menschen leben hier auf einem Quadratkilometer Boden. Wir können uns keinen weiteren Zustrom von Ausländern erlauben. Unsere Aufnahmekapazitäten sind erschöpft. Und die europäischen Nachbarn sind weitaus weniger zimperlich mit Ausländern. Die waren ja auch länger Kolonialmächte als wir.
Alle scheinen sie zu kennen, die Fakten. Es kommt nur noch darauf an, richtig auf sie zu reagieren. Die Tatsachen sind täglich in der Zeitung nachzulesen und werden von Funk und Fernsehen verbreitet. Und wenn sich zwei Deutsche treffen, so sind die Fakten soundso klar. So klar, daß eigentlich jeder sie kennt, auch wenn er sich nur durch seinen Nachbarn informiert hat. Die Fakten: Das Asylrecht wird mißbraucht. Unsere Aufnahmekapazitäten sind erschöpft. Und es gibt zusätzliche gravierende Umstände: Die europäischen Nachbarn sind weniger asylfreudig als wir. Und unsere Vereinigung kostet und kostet, 900 Milliarden wurden genannt, verbunden mit Wohlstandsverzicht. Wir können uns folglich keine Fremden leisten, beim besten Willen nicht.
Diese Tatsachen können in einen einzigen Satz aus 15 Wörtern zusammengezogen werden: »Da Deutschlands Aufnahmekapazitäten erschöpft

sind, kann sich Deutschland einen weiteren Mißbrauch seines Asylrechts nicht länger leisten.« Wir sind ein Volk mit wenig Raum. Und es versteht sich, wenn in die Wahrnehmung der Tatsachen, wie sie nun einmal sind, sich leicht Urteile einmischen, wie es nun einmal sein soll. Härte soll herrschen, eine Logik der Härte: Unterbringung der Asylbewerber in Sammellagern, Verkürzung der Klagezeit für Asylbewerber auf eine Woche, Abschiebung trotz drohender Folter und Todesstrafe. Soll dagegen Milde walten, so muß diese indessen die Fakten im Auge behalten. So kann man z.B. Afrikanern aus – übrigens mit westlicher Hilfe unterstützten – Diktaturen wie etwa in Malawi[1], Kenia, Togo oder Zaire mit Härte oder Milde die Anerkennung als politischen Flüchtlingen verweigern. Die Fakten des Fünfzehn-Wörter-Satzes verlangen eine Abschiebung, die Humanität vielleicht eine milde Miene dabei. Auffällig ist indessen schon der Unterschied, wie die deutsche Polizei auf Gewalt gegen Asylbewerber und wie sie gegen Pro-Asyl-Demonstranten reagiert. Bei Ausschreitungen gegen ausländische Flüchtlinge im Herbst 1991 war die Polizei oft erst nach Stunden am Tatort. Bei einer Pro-Asyl-Demonstration in Hannover am 21. 3. 1992 sprühte eine Demonstrantin »Abschiebung ist Mord« an eine Hauswand. Sechs (!) Polizeibeamte versuchten daraufhin, sie festzunehmen, wurden aber von Demonstranten daran gehindert, die – wie zu vermuten wäre – über eine offenbar andere Faktenkenntnis in Asylangelegenheiten zu verfügen scheinen als die, die von den Großparteien verbreitet werden.

Da die Fakten wahrscheinlich sonnenklar sind, scheint es müßig, länger bei ihnen zu verweilen. Weitaus interessanter ist eine zweite Gruppe von Fakten, nämlich das, was gefordert wird, d.h. bereits geschaffene Tatsachen. Es sind Tatsachen, die auf dem für eine funktionierende Demokratie lebenswichtigen Weg von *Konsens* zustandegekommen sind. Die Parteien CDU/CSU, SPD und FDP haben sich auf einen am 5. 6. 1992 im Bundestag verabschiedeten Gesetzesentwurf geeinigt, der von Herbert Prantl, einem Kritiker des Entwurfs, in der »Süddeutschen Zeitung« vom 21. 2. 92 als »straffe Verfahren, knapper Rechtsschutz, drastische Vollstreckung« charakterisiert wurde. Die neu geschaffenen Fakten besagen:

1 Die grausamste Verfolgung leistet sich im südafrikanischen Malawi seit Jahren ein Diktator namens Banda, dem westliche Wirtschaftshilfe gewährt wird. Oppositionellen drohte er über Funk an, er werde sie den Krokodilen zum Fraß vorwerfen.

Erstes Stichwort: **FLÜCHTLINGSLAGER**

- Unterbringung der Asylbewerber für sechs Wochen bis drei Monate in Lagern.
- In schnellem Verfahren Entscheidung über »unbeachtliche« oder »offensichtlich unbegründete« Anträge auf Asylgewährung.
- Abschiebung der entsprechenden Personen.

Die Reihenfolge Lagerunterbringung – Raschentscheidung über Nichtgewährung von Aslyrecht – Abschiebung soll dabei eine zweckrationale und systemfunktionale Optimierung bilden.

Zweites Stichwort: **ZUSTÄNDIGKEITSMONOPOL DES BUNDES**

- Länderzuständigkeit entfällt, Anträge auf Asylgewährung nur noch beim Bundesamt und dessen Außenstellen.
- Die Länder sind nur noch Vollzugsorgane der Abschiebung.

Es liegt damit eine zweite Optimierung vor: Vereinfachung der Entscheidung durch Monopolisierung einer Instanz und totale Instrumentalisierung einer vormals zweiten Instanz (der Länder).

Drittes Stichwort: **EILVERFAHREN**

- Nach Entscheidungen über »unbeachtliche« bzw. »offensichtlich unbegründete« Anträge trifft das Bundesamt binnen 14 Tagen seine Ablehnungsentscheidungen.
- Dem Asylbewerber bleibt ausschließlich eine Woche Zeit, gegen die Ablehnung zu klagen.
- Vermutet der Richter, daß der Fall nicht hinreichend aufgeklärt wurde, kann der Flüchtling auch noch nach Verstreichen der Wochenfrist gehört werden.
- Bei Bestätigung der Ablehnung des Asylantrags durch das Bundesamt besteht Unanfechtbarkeit. Der Flüchtling kann sofort abgeschoben werden.

Auch in diesem Zentrum der neuen Regelung herrscht wieder systemfunktionale Optimierung: Der Zweck der Beschleunigung wird durch Kurzfristen erreicht. Das Bundesamt erhält zwei Wochen, vom Richter erwartet man wenige Wochen, vom Asylbewerber eine Woche. Und selbstverständlich gehört zur Systemfunktionalität eine gewisse Fehlbarkeit samt ihrer internen Revisionsmöglichkeit. Der Richter arbeitet in einer nicht exakt vorgeschriebenen Zeit und kann den Flüchtling bei Verdacht auf nicht hinreichende Aufklärung seines Falles auch nach Verstreichen von dessen radikal verknappter Frist anhören.

Viertes Stichwort: **VERSCHÄRFUNG DES VERFAHRENS FÜR NORMALFÄLLE**

- Verkürzung von »normalen« Anträgen auf Asylrechtsgewährung von zwei Monaten auf zwei Wochen (d.h. 75 Prozent Zeitgewinn für die Behörden).
- Klage gegen Ablehnung von »normalen« Fällen innerhalb von zwei Monaten. Keine spätere Berücksichtigung von Beweismitteln.
- Keine Berufungsmöglichkeit, Ausnahme nur bei Grundsatzfragen.

Was hier vorliegt, ist eine zweite systemfunktionale Normierung dessen, was als »Normalfall« eingestuft wird. Der Optimierungsertrag ist doppelt: 75 Prozent Zeitersparnis für die Behörden und eine rasche Erzielung von Unumkehrbarkeit und Endgültigkeit.

Fünftes Stichwort: **ANWALTBEHINDERUNG**

- Die Anwälte der Bewerber um Asylrechtgewährung werden durch die Neuregelung genötigt, ihre Klage ohne Akteneinsicht und ohne Besprechung mit ihrem Mandanten zu begründen.
- Erlangen sie durch Akteneinsicht Aufschlüsse über den Fall, so können sie von Richtern nicht mehr gehört werden.

Dies bildet eine Nebenfolge der Optimierung der Verfahrensbeschleunigungen. Was für den einen eine Verbesserung darstellt – nämlich für den Staat rasche Abwicklung –, bildet für die anderen eine Verschlechterung.

Sechstes Stichwort: **ABSCHIEBUNGSHINDERNISSE**

- Abschiebung darf nicht bei politischer Verfolgung eines Bewerbers erfolgen.
- Drohende Folter oder Todesstrafe bilden u.U. ein Hindernis für die Abschiebung.

Der Flüchtling muß nachweisen, daß er von Staatsorganen gefoltert wurde, bzw. daß ihm die Gefahr von Folter oder Hinrichtung droht. Das ist insofern schwer, als die Staatsorgane z.B. einer Diktatur ihre Folter- und Hinrichtungspraktiken nicht in der Weise rationalisiert haben wollen, daß sie schriftliche Bescheinigungen darüber ausstellen, wer auf welche Weise durch Folter verfolgt wird. Nun besteht für unsere Wahrnehmung die Schwierigkeit, kaum über Kriterien zu verfügen, die die Echtheit für das Vorliegen politischer Verfolgung garantieren. Unsere Gesellschaft will sich vor dem Mißbrauch des Rechts auf Asyl schützen. Art. 16,2 unseres Grundgesetzes lautet: **»Politisch Verfolgte genießen Asylrecht.«** Das ist ein Dokument der Großzügigkeit und der Konsequenz einer Bindung unserer Verfassung an die Menschenrechte mit ihrem Zentralstück des Rechts auf individuelle Freiheit des Handelns. »Die Freiheit besteht darin, alles tun zu können, was anderen Menschen nicht schadet«, definierte Artikel 4 der französischen Menschenrechtserklärung von 1789.

Der Flüchtlingsbegriff der Genfer Flüchtlingskonvention beinhaltet das subjektive Moment der begründeten Furcht vor Verfolgung. Im Unterschied zu anderen Staaten hat das deutsche Recht den Weg gewählt, die *Motivation* des Staates bei der Verfolgung als Kriterium zu betrachten. »Entscheidend ist demnach, ob der Staat die Person durch seine Verfolgung in ihren Eigenschaften oder Überzeugungen treffen will. Nur dieses – angeblich objektiv feststellbare – finale Moment der Verfolgung, losgelöst von dem subjektiven Empfinden des betroffenen Individuums, ist letztlich entscheidungsrelevant.« (P. Nicolaus 1991, S. 273f.)

»Asyl« kommt von altgriechisch »ásylon«, das zuerst bei dem Philosophen Parmenides um 480 v.Chr. belegt ist.[2] »Ásylon« bedeutete »unversehrt«, »frei von gewaltsamer Behandlung« und besaß für die Alten den Charakter von etwas, das zu achten und das heilig zu halten ist. Die Grundgesetzformulierung »Politisch Verfolgte genießen Asylrecht« hat diese ursprüngliche Bedeutung von »Asyl« in dem bestmöglichen Sinn bewahrt und politisch-rechtlich zur Geltung gebracht.

Das also sind die anderen Fakten: »Straffe Verfahren, knapper Rechtsschutz, drastische Vollstreckung«. Je stärker die Krankheit, bestimmte einst ein Gründungsvater der Medizin, desto stärker müssen die Mittel ihrer Behandlung sein. Für die Reaktion auf die Fakten des Fünfzehn-Wörter-Satzes scheint daher jenes Hippokrates-Wort zu gelten, das der junge Schiller als Motto für sein Drama »Die Räuber« wählte: »Was Holz nicht heilt, heilt Eisen, und was Eisen nicht heilt, das heilt Feuer.« Daran dachte vielleicht auch Friedrich Bohl, der parlamentarische Geschäftsführer der Unionsfraktion im Bundestag, als er eine Grundgesetzerweiterung mit den Worten begründete: »Mit Aspirin kann man keine Lungenentzündung bekämpfen.« (Süddeutsche Zeitung vom 21.10.1991) Die Asylbewerber werden also als eine bedrohliche Krankheit empfunden, gegen die nur eine radikale Therapie hilft.

Was haben die Parteien mit der Neuregelung des Asylrechts erreicht?

2 Parmenides Fragment B 8, Z. 48.

Aus der Sicht der für die Neuregelung Verantwortlichen dürfte vor allem zweierlei Gewinn zu verbuchen sein: 1. Optimierung der Selbsterhaltung unseres politischen Systems durch Minimalisierung und Abschrekkung von Asylbewerbern. Dies wäre ein Zuwachs an objektiven Steuerungsmöglichkeiten. 2. Verstärkung des öffentlichen Bewußtseins der Bedrohung von außen und der Reaktionsfähigkeit der politisch Verantwortlichen. Dies ergäbe einen subjektiv-psychosozialen Zuwachs an Realitätsbewußtsein der Bevölkerung und an Vertrauen in die Verantwortungswahrnehmung der Regierung. Ein in der Tat beachtlicher Gewinn. Wer es erreicht, im öffentlichen Bewußtsein als entscheidungsfreudiger Staatserhaltungspraktiker dazustehen, darf auch hoffen, daß dies die Wählerstimmung günstig beeinflußt.

Es wird immer wieder behauptet, die Erörterung dieser Themen führe zur Verdrossenheit der Bürger und vor allem zu einer Haltung gegen Ausländer: »Das Asylverfahrensrecht in unserem Land funktioniert nicht. Wenn von 100 Asylbewerbern nur rund sieben anerkannt werden[3], aber auch lediglich drei Prozent abgeschoben werden, dann funktioniert unser nationales Recht nicht.

(Beifall bei der CDU/CSU sowie bei Abgeordneten der FDP).

Dies haben die Bürger längst erkannt.

Wenn eine Regierung eine derart zentrale Frage nicht löst, ist der Normalfall, daß die Wähler dann zur Opposition überlaufen und ihr bei der nächsten Wahl die Verantwortung übertragen.«

So urteilte am 20.2.1992 der Abgeordnete Johannes Gerster (CDU/CSU) vor dem Bonner Bundestag.[4] Denn wir sind ein Volk mit wenig Raum. Und wir sind menschenrechtsorientiert. Und gerecht: Wir dulden keinen Mißbrauch unserer universalistischen Offenheit gegenüber der Welt.

Wäre der erste Gewinn tatsächlich erzielbar, so dürfte sich erst im Laufe der Zeit herausstellen, welches Exempel damit statuiert werden könnte. Ein Vergleich mit unserem *Strafrecht* drängt sich auf. Es stellt bekanntlich eine Kombination zweier in früheren Zeiten getrennter Zwecke dar. Strafen dienen sowohl der Vergeltung für begangenes Unrecht als auch der Abschreckung vor neuen Verbrechen. Es wird bestraft, *weil* etwas verbrochen wurde, und es wird bestraft, *damit* keine Verbrechen began-

3 Zur Aufklärung über die sieben Prozent, vgl. S. 92ff.

4 Plenarprotokoll 12/79, 79. Sitzung, S. 6467, A/B.

gen werden. Nun ist die Effizienz der Abschreckung umstritten. Höhere Strafen bewirken nicht notwendig eine stärkere Abschreckung. Indessen könnte es einen Fall geben, wo wenig Vergeltung, verbunden mit ihrer gesetzlich fixierten Androhung, ein Maximum tatsächlicher Abschrekkung bewirkt: eben gegenüber den in Zukunft vielleicht zu erwartenden Asylbewerberströmen. Die neue Asylrechtsregelung könnte sich als ein Instrument der Optimierung von Abschreckung = Fernhaltung von Bewerbern um politisches Asyl erweisen. Was man gegenüber dem eigenen Staatsvolk nicht erzielt, ließe sich gegenüber Fremden erreichen. Diese Rechnung setzt allerdings Abschreckung mit Fernhaltung gleich und unterstellt damit mehr oder weniger deutlich noch eine ganz andere Gleichung, nämlich: Bewerbung um politisches Asyl ist gleich Verbrechen.
Bei inländischen Straftätern setzt man deren Unschuld voraus, ihre Schuld ist erst zu beweisen; bei den Asylbewerbern wird indessen von einer »Schuld« – dem »Mißbrauch« von GG Art. 16,2 – ausgegangen, und seine Unschuld hat er erst nachzuweisen. Nach dem Gesetz zur Neuregelung des Asylverfahrens werden im übrigen alle Asylbewerber ausdrücklich wie Straftäter behandelt, d.h., man fertigt von allen Lichtbildern und Fingerabdrücke an. Dagegen haben Ende April 1992 die Datenschutzbeauftragten des Bundes und der Länder protestiert. Eine Gegenstimme bildete der bayerische Datenschutzbeauftragte.
Wäre der zweite Gewinn erzielbar, so könnten die Verantwortlichen für sich verbuchen, öffentliche Aufklärung über eine Gefahr und Maßnahmen zu ihrer funktional effizienten Bekämpfung geleistet zu haben. Viele Bürger haben keine Vorstellung von den Zahlenverhältnissen, den zu erwartenden Ausländerströmen, der deutschen Raumknappheit. Jeder vermag indessen aus dem Katalog der Neuregelungen zu *schließen*, was im argen liegen dürfte. Aus dem, wie die Personen auf der Straße sich kleiden, darf auf die Außentemperatur geschlossen werden. Entsprechend scheint es legitim, aus dem Katalog der Asylrechtverschärfung auf die Auslastung der Unterbringungskapazitäten und den Mißbrauch von GG 16,2 zu schließen.
Wem kalt ist, der zieht sich vermutlich warm an. Allerdings kann man sich über die Temperatur auch getäuscht haben, und man hat unnötigerweise einen Wintermantel angezogen. Oder man wollte einfach seinen neuen Mantel vorführen. Daher darf nicht notwendig von der Kleidung auf die Außentemperatur geschlossen werden. Und es gilt nicht einmal ein Schluß auf die tatsächlichen Temperaturempfindungen von Frau X,

wenn diese bei 18 °C einen Wintermantel trägt. Wendet man dies auf das Verhältnis von Asylrecht und Fakten über Asylbewerber an, so gilt dasselbe:

- Aus der Asylrechtverschärfung läßt sich *nicht* mit Notwendigkeit schließen, daß sich die dafür Verantwortlichen tatsächlich von »Asylantenströmen« bedroht fühlen.
- Aus der Asylrechtverschärfung läßt sich ebenfalls *nicht* mit Sicherheit schließen, daß es wirklich der Fall ist, daß Deutschland von »Asylantenströmen« bedroht wird.

Nun haben wir uns offensichtlich daran gewöhnt, aus der Kleidung von Menschen auf ihre tatsächliche Temperaturempfindung zu schließen bzw. sogar auf die tatsächlich vorhandene Außentemperatur. Angenommen, es wachsen Eisblumen an meinem Fenster, und mein Thermometer zeigt +15 °C. Dann habe ich keinen Grund, ihm zu trauen. Sicherer ist in diesem Fall ein Blick auf die Straße, um zu sehen, wie man sich kleidet. Die Kleidung zeigt mir zuverlässiger, wie kalt es wirklich ist. Das ist ein schlichter Erfahrungswert. Wer eine Lederhose und ein T-Shirt trägt, fällt aus dem Rahmen. Dasselbe gilt für das Verhältnis von Asylrechtsänderung und den Fakten. Die Erfahrung, die sich einigermaßen bewährt hat, erlaubt zu sagen:

- Die politisch Verantwortlichen fühlen unseren Staat von »Asylanten« bedroht.
- Unser Gemeinwesen wird von »Asylanten« bedroht.

Selbstverständlich läßt sich darüber diskutieren, ob die beschriebenen Verschärfungen wirklich wirksam sind. Richter, Rechtsanwälte, Bürgermeister, Kirchenvertreter haben das bezweifelt. Argumente, die hier zusammenkommen, lauten etwa:

- Die Beschleunigung der Verfahren ist unter Wahrung eines Minimums von Rechtsstaatlichkeit nicht praktikabel.
- Das Eilverfahren ist verfassungsrechtlich bedenklich, weil es Berufungen ausschließt.[5]
- Das Problem der internationalen Flüchtlingsströme läßt sich nicht durch deutsche Gesetzesänderungen lösen.

Die ersten beiden Bedenken, so könnten die eiligen Asyl-Architekten der Großparteien vermuten, lassen sich auf Dauer ausräumen. Die Beschleu-

5 Die Anhörung des Änderungsentwurfs im Innenausschuß am 19. 3. 1992, Quelle: Süddeutsche Zeitung vom 19. 3. 1992.

nigung wird sich schon durchsetzen und wird praktiziert werden. Juristen wenden sich gern gegen Neuerungen. Wird man sich einmal an schnelle Entscheidungen gewöhnt haben, so wird man Asylbewerber eben als Wesen betrachten, über deren Verbleib auf deutschem Boden schnell entschieden werden muß. Und die verfassungsrechtlichen Bedenken, die sich daraus ergeben, daß Berufungen unmöglich werden? Asylbewerber sind keine deutschen Staatsbürger, müßte dann betont werden. Sie genießen eben *noch nicht* den vollen Rechtsschutz.

Gänzlich anders verhält es sich mit dem dritten Einwand: Das Problem der internationalen Flüchtlingsströme läßt sich nicht durch deutsche Gesetzesänderungen lösen. Da mag viele ein Schwindelgefühl ereilen, aber es gibt auf diesem Planeten fast 20 Millionen Flüchtlinge, also die gesamte Bevölkerung der ehemaligen DDR plus die Einwohner Hamburgs, Hannovers und Münchens. Flüchtlinge vor Gewalt, Naturkatastrophen, Hunger, Elend. Ein Bruchteil dieser Flüchtlinge klopft bei uns an, die meisten finden Aufnahme in Ländern der Dritten Welt. Was sollen wir tun? In der Logik der bezeichneten Optimierung unseres Systems gilt das bereits Gesagte, d.h. die Verschärfung der Bedingungen zur Anerkennung von Asylgesuchen. Aber es kann und muß dieser Logik der Härte noch etwas hinzugefügt werden: Wir können nichts für die riesige Masse dieser Flüchtlinge tun. Wir können sie nicht in Deutschland aufnehmen. Akzeptieren wir jedoch eine Minimallösung, gewähren wir einigen wenigen von ihnen Asyl, so begehen wir ein doppeltes Unrecht: Wir schaden unserer Bevölkerung – denn unsere Kapazitäten sind ausgelastet –, und wir behandeln die 20 Millionen Bittsteller ungerecht, von denen *alle* und nicht nur Bruchteile Recht auf menschenwürdiges Leben frei von Gewalt und Verfolgung haben. Also – so setzt sich die Logik der Härte fort –, wir müssen auf Abschreckung setzen, auf wirksame Fernhaltung von Flüchtlingen von unseren Grenzen. Wir müssen abwehren, wo wir nicht helfen können.

Fassen wir zusammen. Den Fragen des Asylrechts liegen scheinbar zwei simple Tatsachen zugrunde:

1. Da Deutschlands Aufnahmekapazitäten erschöpft sind, kann sich Deutschland einen weiteren »Mißbrauch« seines Asylrechts nicht länger leisten.
2. Da weltweit 20 Millionen Flüchtlinge sich vor Verfolgung, Hunger, Elend, Naturkatastrophen zu bergen versuchen, kann Deutschland an-

gesichts seiner Kapazitätsauslastung soundso keinen wirksamen Beitrag zur Lösung des Flüchtlingsproblems leisten.

Auf diese Fakten wurde mit der Schaffung von Tatsachen reagiert, deren Ziel eine Verbesserung der eigenen politischen und sozialen Selbsterhaltung bildet. Dazu gehören u.a. Sammellager, Monopolzuständigkeit des Bundes, Eilverfahren, Verfahrensverschärfung, Behinderungen von Anwälten. Haupteffekte dieser Optimierung wären erstens ein objektiver Zuwachs von Steuerungsmöglichkeiten. Das Asylrecht wäre ein Abwehrrecht und ließe sich als wirksame Form der Abschreckung handhaben. Für das Bewußtsein aller Bürger wäre zweitens subjektiv-psychosozial die Bedrohung durch Ausländer und die Entschlossenheit der Politiker zur Gegenreaktion gesichert.

Spätestens an dieser Stelle mögen sich Bedenken regen. Bedenken, daß alles zu glatt aufgeht. Bedenken, daß etwas übersehen und anderes in den Vordergrund geschoben wurde. Bedenken, daß gar einiges übersehen werden sollte, um anderes zur Geltung zu bringen. Diese Bedenken können genau an der Stelle ansetzen, wo bereits vor einem unzulässigen Schluß gewarnt wurde: Man kann nicht von dem, wie bestimmte Personen sich auf der Straße kleiden, auf deren tatsächliches Temperaturempfinden schließen und noch weniger auf die tatsächliche Außentemperatur. Aus der Asylrechtsänderung kann entsprechend nicht zwingend auf ein Bedrohungswissen der Verantwortlichen und noch weniger auf eine tatsächliche Bedrohung durch Asylbewerber geschlossen werden. Dieser Einwand wurde mit dem Argument übergangen, daß meistens der Schluß von Kleidung auf Temperaturempfindung bzw. auf reale Außentemperatur und damit zugleich seine Gültigkeit für das Asylrecht gilt.

Die Logik der abwehrenden und abschreckenden Härte gegenüber Flüchtlingen versteht sich als »Reaktion« auf Tatsachen. Reaktionen kennzeichnen sich dadurch, daß sie sich u.U. sehr weit von den Ereignissen entfernen, auf die sie sich beziehen.

Wenn einer mir ins Auge sieht,
Werd' ich ihm mit der Faust gleich in die Fresse fahren,
Und eine Memme, wenn sie flieht,
Fass' ich bei ihren letzten Haaren

läßt Goethe seinen »Raufbold« im »Faust« sagen (»Faust II«, V. 103331 ff.). Wie auf etwas reagiert wird, hängt somit immer auch davon ab, *wer* reagiert. Ein Angsthase erschrickt bei jedem nächtlichen Knacken seiner Wohnungsdielen; ein Schwerhöriger ist verärgert, weil Bekannte ihn nicht so grüßen, daß er es sichtbar zur Kenntnis nimmt. Vor nicht allzu langer Zeit reagierten ganze Zivilisationen auf Blitz und Donner mit Angst und Schrecken, weil sie es als hereinbrechenden Zorn der Götter interpretierten. Reaktionen können gar so angelegt, gelernt, eingeübt und tradiert werden, daß sie auf nüchterne Beobachter wahnsinnig wirken können. »Obwohl es Wahn ist, so hat es doch Methode«, heißt es kritisch dazu bei Shakespeare.

Angesichts der auf Fakten reagierenden Logik der Härte muß daher geprüft werden, ob die Reaktionen auch wirklich angemessen sind. Und die Fakten selbst? »Fakten« oder »Tatsachen« sind wahre Sachverhalte, d.h. Sachverhalte, von denen wir sagen, daß sie sich genau so verhalten, wie wir über sie sprechen. Entsprechend wäre die Aussage »Deutschlands Aufnahmekapazitäten sind erschöpft« genau dann eine Feststellung einer Tatsache, wenn es der Fall ist, daß Deutschlands Aufnahmekapazitäten erschöpft sind. Nun sind Tatsachenfeststellungen oft schwer, und sie sind nicht immer in der Realität verbürgt. Wie soll etwa mit Sicherheit festgestellt werden, ob jemand sich wirklich bedroht fühlt? Aus den Reaktionen selbst ist dies – wie der Fehlschluß von Kleidung auf Temperaturempfindung zeigt – nicht erschließbar. Leichter sind indessen Tatsachen feststellbar, wenn sie auf zählbare Fakten zurückgehen. Jeder Vater wird im nüchternen Zustand anzugeben wissen, wie viele Kinder er hat. Wo etwas gezählt werden kann, ist Tatsachenfeststellung unproblematisch. Und unproblematisch wäre es ebenfalls zu behaupten, daß eine Familie mit einer Fünfzimmerwohnung tatsächlich in der Lage wäre, ein Gästezimmer einzurichten. Für eine dreiköpfige Familie mit nur zwei Zimmern trifft es indessen nicht mehr zu, daß sie zur Einrichtung eines Gästezimmers in der Lage ist.

2. Wie man das Grundgesetz aushöhlt

Grundgesetz Art. 16,2 lautet: **Politisch Verfolgte genießen Asylrecht.**

Der neue Grundgesetzartikel 16 a,2[1] lautet: »Durch Gesetz, das der Zustimmung des Bundesrats bedarf, können Staaten bestimmt werden, bei denen (...) gewährleistet erscheint, daß in diesen Staaten politische Verfolgung oder unmenschliche (...) Bestrafung oder Behandlung nicht stattfindet. Ein Ausländer aus einem solchen Staat gilt nicht als politisch verfolgt, es sei denn, er trägt Gründe vor, aus denen sich ergibt, daß er entgegen der Vermutung in Satz 1 politisch verfolgt wird.« Hierbei wird unterstellt, der Antragsteller sei nicht verfolgt und sein Antrag sei offenkundig unbegründet. Die Abschiebung erfolgt, außer wenn der Flüchtling umgehend seine Verfolgung beweist. Wie allerdings ein Verfolgter bei mangelnden sprachlichen und juristischen Kenntnissen (ohne Geld für einen Anwalt) umgehend einen solchen Beweis führen könnte, wird nicht mitgeteilt. Mit dem hierfür konzipierten Schnellverfahren hat man den ersten Schritt zu einem halbierten Rechtsstaat getan. Zu dem verdeckten Listenvorbehalt wird von juristischer Seite kritisch angemerkt: »Aber welche Staaten sollen ausgesiebt werden? Woraus kann eine ›allgemeine Überzeugung‹ gewonnen werden, in einem Staat X gebe es (generell oder für bestimmte Gruppierungen) keine politische Verfolgung? Es drängt sich geradezu auf, zur Beantwortung dieser Fragen die ›Geschäftsstatistik‹ des Bundesamtes für die Anerkennung ausländischer Flüchtlinge der letzten Jahre heranzuziehen. Denn dessen Entscheidungen im Asylverfahren sind allgemeinverbindlich (18 AsylVfG) und dort ist der administrative Sachverstand zentral gebündelt. Bei Zugrundelegung der amtlichen Statistiken des Bundesamtes der letzten drei Jahre ergibt sich eine in quantitativer Hinsicht durchaus beeindruckende Liste von Staaten, deren Angehörige jedenfalls in diesem Zeitraum mit ihren

1 Hatten die Freien Demokraten bzw. die Sozialdemokraten sich zunächst gegen Grundgesetzänderungen ausgesprochen, so hielten sie dies spätestens ab Juni 1992 öffentlich nicht mehr für opportun.

Positivliste

Land	Asylbewerber 91	90	89	noch anhängige Fälle am 31. 12. 1991	Land	Asylbewerber 91	90	89	noch anhängige Fälle am 31. 12. 1991
Andorra	0	0	0		Malawi	7	0	0	4 (4)
Antigua	0	0	0		Malaysia	3	5	3	3 (3)
Argentinien	0	0	2		Malediven	0	0	0	
Australien	0	0	0		Mali	103	144	27	150 (151)
Bahamas	2	1	0	3 (3)	Malta	0	0	0	
Bahrain	0	0	0		Marshallinsel	0	–	–	
Bangladesch	1228	482	320	1617 (1657)	Mauretanien	63	27	12	77 (78)
Barbados	0	0	0		Mauritius	4	1	2	3 (3)
Belgien	0	0	0		Mikronesien	0	0	0	
Belize	0	0	0		Monaco	0	0	0	
Benin	188	93	54	168 (181)	Mongolei	27	4	1	23 (28)
Bhutan	2	0	0	2 (2)	Mosambik	56	60	3	107 (109)
Bophuthatswana	0	0	0		Namibia	2	0	–	2 (2)
Botswana	1	0	1	1 (1)	Nauru	0	0	0	
Brasilien	5	6	2	3 (5)	Neuseeland	0	0	0	
Brunei	0	0	0		Niederlande	0	0	0	
Burkina Faso	205	85	52	194 (194)	Niger	107	21	2	114 (115)
Burundi	2	5	7	7 (8)	Nördl. Marianen	0	0	0	
Ciskei	0	0	0		Norwegen	0	0	0	
Costa Rica	0	0	0	1 (2)	Oman	0	0	0	
Cote d'Ivoire	277	142	82	302 (307)	Österreich	0	0	0	
Dänemark	0	0	0		Palau	0	0	0	
Dominica	0	0	0		Panama	4	1	2	6 (6)
Dominikan. Rep.	2	1	0	2 (2)	Papua-Neuguinea	0	0	0	
Dschibuti	2	3	0	5 (5)	Paraguay	1	1	0	1 (1)
Ecuador	6	3	1	5 (6)	Portugal	0	0	2	
Fidschi	0	0	0		Ruanda	32	3	4	32 (37)
Finnland	1	0	0		St. Kitts/Nevis	0	0	0	
Frankreich	1	1	0		St. Lucia	1	0	0	1 (1)
Gabun	17	17	0	15 (27)	St. Vincent/Gr.	0	0	0	
Gambia	639	464	446	743 (743)	Salomonen	0	0	0	
Grenada	0	0	0		Sambia	12	4	3	15 (15)
Griechenland	5	1	9	7 (7)	San Marino	0	0	0	
Großbritannien	0	1	0		São Tomé u. Pr.	0	0	0	
Guayana	1	0	0		Schweden	0	0	0	
Guatemala	0	0	4		Schweiz	1	0	0	
Guinea	120	123	61	132 (134)	Senegal	316	312	255	293 (294)
Guinea-Bissau	243	49	55	268 (268)	Seychellen	1	0	0	1 (1)
Haiti	1	1	6	1 (1)	Simbabwe	3	1	0	4 (4)
Honduras	1	1	0	1 (1)	Singapur	1	0	0	1 (1)
Irland	0	1	0		Spanien	0	0	0	
Island	0	0	0		Surinam	0	0	1	
Israel	58	28	13	28 (52)	Swasiland	3	2	0	4 (4)
Italien	0	0	1		Tansania	4	2	1	6 (6)
Jamaika	1	0	2	1 (1)	Thailand	36	25	9	42 (42)
Japan	0	0	0		Togo	810	238	120	799 (828)
Jemen	7	5	1	9 (11)	Tonga	0	0	0	
Kamerun	377	33	20	370 (381)	Transkei	0	0	0	
Kanada	0	0	0		Trinidad/Tob.	1	0	0	1 (1)
Kap Verde	1	1	0	2 (2)	Tuvalu	0	0	0	
Katar	0	0	0		Uruguay	1	0	0	
Kiribati	0	0	0		USA	0	2	0	
Komoren	0	1	0		Vanuatu	0	0	0	
Kongo	24	27	18	27 (31)	Vatikan	0	0	0	
Korea (Nord)	6	2	1	5 (7)	Venda	0	0	0	
Kuwait	9	6	2	7 (10)	Venezuela	2	5	6	1 (1)
Lesotho	7	1	0	6 (6)	VAE	0	0	0	
Liberia	3021	598	40	2517 (2589)	Westsamoa	0	0	0	
Liechtenstein	0	0	0		Zentralafrik. Rep.	2	1	0	2 (2)
Luxemburg	0	0	0		Zypern	0	1	2	
Madagaskar	1	2	1	3 (3)					

Asylgesuchen ausnahmslos scheiterten.« (K. Schenk 1992, S. 104) Die in Klammern gesetzten Zahlen bezeichnen überhängige Fälle.

Hierzu wird mit juristischem Sachverstand kritisch bemerkt: »Schon ein Blick auf die Zahlen dieser Liste zeigt aber, daß der erwartete Sprung in der Bewältigung des Massenproblems des Asylbewerberzuzugs nicht erreicht werden kann: Bei Zugrundelegung dieser Liste wäre das Bundesamt für die Anerkennung ausländischer Flüchtlinge im Jahr 1989 nur von Verfahren für 1734 Personen, im Jahre 1990 von Verfahren für 3060 Personen und im Jahre 1991 von Verfahren für 8064 Personen ›verschont‹ geblieben, also von 1,429 Prozent bzw. 1,585 Prozent bzw. 3,149 Prozent der bei ihm anhängig gewordenen Verfahren pro Asylbewerber.« (Schenk, S. 105) Über Schenk hinausgehend, ergeben sich bei einer Durchsicht der »Positivliste« gegen folgende Länder etwa erhebliche Bedenken im Hinblick auf die bei ihnen herrschende Verfolgungsfreiheit:

1. Brasilien: Hier werden jährlich mehr als tausend Straßenkinder, Landarbeiter, Ökologen und Homosexuelle von der Polizei sowie den von Polizei und Militär unterstützten »Todesschwadronen« ermordet.

2. Burkina Faso (Westafrika): Der populäre Präsident Sankara wurde Opfer eines Militärputsches. Die derzeitigen Militärmachthaber setzen Verfolgung und Folter zur Sicherung ihrer Herrschaft ein.

3. Burundi (Afrika): Die blutigen Rassenunruhen zwischen Tutsi und Huttus haben in den letzten Jahren mehreren Tausend Menschen das Leben gekostet. Die Verantwortung für die Massaker tragen in erster Linie die Regierungstruppen.

4. Guatemala: Hier werden Indianer und Kommunisten regelmäßig von Militäreinheiten getötet.

5. Haiti: Politische Gegner werden durch eine Militärregierung gefoltert und umgebracht.

6. Israel: Obwohl Israel die einzige Demokratie des Nahen Ostens ist, fällt der Amnesty-International-Bericht über Menschenrechtsverletzungen in diesem Land relativ erschütternd aus (vgl. den Amnesty-International-Jahresbericht 1991, Frankfurt/M., S. 207–213).[2]

2 In Israel selbst werden Proteste laut. So seitens der Menschenrechtsgruppe ›Betselem‹, die auf Tötungen durch als Araber verkleidete Soldaten hinweist. Am 4. 6. 1992 forderten 36 Offiziere und Soldaten der israelischen Armee den Rückzug des Militärs aus dem Gaza-Streifen, da die Okkupation nur Nachteile bringe.

7. Liberia: In diesem Land wütet ein grausamer Bürgerkrieg, der Folter, Verfolgung, Hinrichtungen einschließt.
8. Malawi: Die derzeit vermutlich grausamste Regierung Afrikas bemüht sich erfolgreich darum, Oppositionelle zu foltern, zu liquidieren und einzukerkern.
9. Moçambique: In dem nach wie vor herrschenden Bürgerkrieg verantworten nicht nur Rebellen der »Renamo«, sondern auch Regierungskräfte Verfolgung, Folter und Hinrichtung.
10. Nordkorea: Hier scheint ein totalitäres Regime die Opposition offenbar vollständig vernichtet zu haben.
11. Thailand: In dieser vom Westen unterstützten Hochburg des Sextourismus wurden im Mai 1992 zahllose Studenten eingekerkert und Hunderte mit Maschinengewehren niedergeschossen.

Zu der großen Zahl immer noch anhängiger Verfahren bemerkt der juristische Kommentator: »Die teilweise große Zahl anhängiger Fälle muß irritieren. Im Zweifel (und erläuternde Erklärungen gibt es nicht) ist anzunehmen, daß die Entscheidungsbefugten des Bundesamtes über die eindeutigen Fälle entschieden haben, so daß unter den anhängigen sich durchaus ›Anerkennungskandidaten‹ befinden können.« (Schenk, S. 105) Angesichts der bisherigen Entscheidungspraxis des Bundesamtes ist allerdings mit negativen Entscheidungen auch in diesen Fällen zu rechnen.

Zieht man von der »Positivliste« die genannten und »alle anderen Verdächtigen« Staaten ab, so ergibt sich die folgende, stark reduzierte Liste:

Australien	Italien	Portugal
Belgien	Japan	Schweden
Dänemark	Liechtenstein	Spanien
Finnland	Luxemburg	USA (mit Einschränkung wegen Todesstrafen und Rassendiskriminierung)
Frankreich	Monaco	
Großbritannien*	Neuseeland	
Island	Niederlande	Vatican
Irland (mit Einschränkung wegen der Abtreibungspolitik)	Norwegen	
	Österreich	

* Das EG-Mitglied *Griechenland* konnte wegen seines Verhaltens gegenüber Wehrdienstverweigerern nicht in die Liste verfolgungsfreier Mitglieder aufgenommen werden.

Aus diesen Ländern suchten von 1989 bis 1991 zehn Personen in Deutschland politisches Asyl.

Es ergibt sich hinsichtlich der neuen Grundgesetzregelung eine eindeutige Konsequenz: Will man mit der Änderung des Art. 16,2 des Grundgesetzes Asylmißbrauch und Asylbewerberzahlen senken, so kann dies nur auf dem Wege einer Umdefinierung von Verfolgerstaaten gelingen. Aus menschenrechtverletzenden Verfolgerstaaten müßten durch Umdefinierung menschenrechtachtende Länder werden. Der Senkung der Asylbewerberzahlen entspräche dann direkt proportional ein Wegfall des Schutzes für Verfolgte. Selbstverständlich gäbe es dazu auch eine Alternative, nämlich Länderlisten wirklich verfolgungsfreier Staaten zu erstellen. Diese Listen liefen auf 3,33 Asylbewerber pro Jahr hinaus. Welche Vorstellungen müssen von Politikern Besitz ergreifen, um deshalb eine Änderung unseres Grundgesetzes für dringlich zu halten?

Die neue Grundgesetzänderung enthält also die Möglichkeit der schnellen Beendigung des Aufenthalts für Personen, die aus verfolgungsfreien Ländern einreisen. Hier wäre indessen einem außenpolitischen Gebrauch der Asylverweigerung Tür und Tor geöffnet. Ist Deutschland an guten Beziehungen zu dem Staat X interessiert, so impliziert dies unter Umständen dessen Einschätzung als verfolgungsfreien Staat. Diese Einschätzung kann sich über die Schutzwürdigkeit von Asylbewerbern – wie es hinsichtlich Somalias geschah – hinwegsetzen. Mit einer weiteren Einschränkung wird der individuelle Anspruch auf Asyl endgültig getilgt, auch wenn er formal und gleichsam als Alibi erhalten bleibt. Der neue Artikel 16a,3 lautet: »Asylrecht genießt nicht, wer aus einem Mitgliedstaat der Europäischen Gemeinschaft oder einem Drittland einreist, in dem die Anwendung der Genfer Flüchtlingskonvention und der Europäischen Menschenrechtskonvention sichergestellt ist. Die Staaten außerhalb der Europäischen Gemeinschaft werden durch Gesetz, das der Zustimmung des Bundesrats bedarf, bestimmt. In diesen Fällen können aufenthaltbeendende Maßnahmen unabhängig von einem hiergegen eingelegten Rechtsbehelf vollzogen werden.« Deutschland besitzt zu kaum einem Herkunftsland von Asylbewerbern eine Grenze. Die große Mehrheit der Asylbewerber ist somit von dieser Regelung betroffen und vom Asyl ausgeschlossen. Vermag ein Flüchtling keine Auskunft über ein Einreiseland zu geben, so wird er umgehend zu den offensichtlich unbegründeten Fällen gerechnet und seine Deportation im Schnellverfahren betrieben.

Deutschland befreit sich von der Verpflichtung, Flüchtlinge aufzunehmen und ihnen ein faires Verfahren zu gewähren. Diese Aufgabe wird anderen Ländern zugesprochen. Hauptbetroffene sind die beiden ehemaligen Ostblockstaaten Polen und die ehemalige ČSFR. Sieht sich die BRD außerstande, Asylverfahren in humaner Weise durchzuführen, so hält sie dies in Ländern, die erst im Begriff sind, Rechtsstaatlichkeit zu etablieren und sich zudem in einer ökonomisch prekären Situation befinden, für realisierbar. Jedoch werden keinerlei wirksame Maßnahmen getroffen, die ein humanes Verfahren für die Deportierten sicherstellen.

Die Grundgesetzänderungen stellen letztlich die Verwirklichung traditionell rechtsextremistischer Positionen dar. In diesen Kontext gehören auch die Beschlüsse zur drastischen Kürzung der Sozialhilfe für Flüchtlinge. Die Flüchtlinge werden dadurch – mitverursacht von der SPD – der Verelendung preisgegeben. Die SPD sorgt sich um die soziale Situation der Deutschen. Um die Not der Flüchtlinge sorgt sie sich nicht. Die durch Sozialdemokraten ermöglichte asylwidrige Politik kann passend durch die zitierten Worte beschrieben werden: »Ja zu den Menschenrechten, aber die da sind keine Menschen.« Die Haltung ermöglicht es der deutschen Sozialdemokratie, sich einerseits als Partei der Menschenrechte zu verstehen und andererseits eine »Verantwortungsgemeinschaft« mit Gegnern der Asylgewährung zu bilden.

Die neue Grundgesetzänderung ist ein Instrument zur Fernhaltung politisch Verfolgter von den Asylverfahren. Die daraus resultierende Massenabschiebung von Flüchtlingen birgt das Risiko des Verlustes von Menschenleben. Dem jedoch widerspricht die grundgesetzlich garantierte Würde des Menschen auf sein Recht und Leben. Eine Beschränkung des Asylrechts widerspricht, wie von juristischer und philosophischer Seite betont wird, der Garantie der Menschenwürde des Grundgesetzes. Würde der Artikel 16,2 des Grundgesetzes – »Politisch Verfolgte genießen Asylrecht« – angetastet, so wäre damit ein strikt verfassungswidriger politischer Akt vollzogen, der nach Artikel 19,2 und 79,2 unseres Grundgesetzes nicht zulässig ist (E. Tugendhat 1992, S. 72 bzw. R. Rothkegel 1992).

Nun laufen die Bestrebungen der großen Parteien auf ebendiese Antastung hinaus. Im Hintergrund steht ein Denken, das Grundrechte nach Maßgabe der verfügbaren Ressourcen vergeben will. Nicht die Verfassung soll die Situation definieren, sondern die Situationen mögen die Verfassung bestimmen. Der Zustand des Staates wird damit beständige Not. Die Asylrechtsdiskussion erscheint als Wiedergeburt eines Geredes von »Notstand« und »Ausnahmezustand«. Und dort, wo die Gewährung eines Grundrechts torpediert wird, spricht man von einem fairen Kompromiß.

3. Die vermeintliche Raumknappheit

Der Bootseigner bedauert. Das Boot sei voll. Sein Bedauernsruf ist an die Asylbewerber gerichtet, die das Boot umschwimmen. Der Bootseigner behandelt sie wie Möwen oder Enten, die nach Belieben anderswohin schwimmen können. »Das Boot ist voll!« In der Tat: Der Bootsmann findet kaum noch Platz, das Boot ist bis zum Rand gefüllt – mit Rettungsringen. Soweit die bekannte Karikatur auf der Rückseite des »taz«-Sonderheftes »Die Deutschen und die Fremden«.
Nach welchen Gesichtspunkten läßt sich die Raumknappheit eines Landes festmachen? Unabweislich dürfte sein: Keiner Bevölkerung eines Landes dürfen Vorstellungen über seine Bevölkerungsdichte diktiert werden. Dieser Satz besitzt indessen zwei Adressaten, er richtet sich an Einwanderer und Asylbewerber bzw. an deren Sprecher. Und er richtet sich an Politiker und Medien, sofern diese die »Das-Boot-ist-voll-Parole« ausgeben. Da weder Einwanderer noch Asylbewerber als Kollektiv organisiert sind, trifft die Forderung also nicht wirklich sie. Einzelne können der gesamten deutschen Bevölkerung nichts diktieren, und als eine bedrohliche Gesamtheit sind die »Fremden« nicht organisiert. Somit richtet sich der Satz an unsere eigenen Politiker und Meinungsmacher. Die Parole »Das Boot ist voll!« könnte suggerieren, daß Aufnahmekapazitäten ausgeschöpft sind, ohne daß dies tatsächlich der Fall ist. Damit läge ein *verstecktes Diktat* vor: Wir bestimmen, daß das Boot nunmehr voll ist.
Keiner Bevölkerung eines Landes dürfen Vorstellungen über seine Bevölkerungsdichte diktiert werden. Diese plausible Forderung besagt, daß die Staatsbürger einer bestehenden Gesellschaft selber darüber zu befinden haben, welche Quantitäten von Ausländern sie aufnehmen. Nach welchen Gesichtspunkten und Maßstäben die Aufnahme von Ausländern erfolgen kann, wird damit nicht gesagt. Es gehört zu den Defiziten der Debatte um die Ausländeraufnahme, daß bisher die »Das-Boot-ist-voll-Parole« nur mit Hinweisen auf Zahlen geführt wurde, die für sich wenig besagen. Die Öffentlichkeit wird auch insofern mit Zahlen getäuscht, als Zahlen erst in einem Kontext von unterschiedlichen Aspek-

ten aussagekräftig werden. Aus diesem Grund seien hier folgende Gesichtspunkte vorgeschlagen, die ausschlaggebend für die Aufnahme von Ausländern sein sollen: Reichtum des aufnehmenden Landes, seine Infrastruktur und sein technischer Versorgungsgrad, seine Zukunftsplanung, seine Bevölkerungsdichte und der internationale Vergleich.
Hinsichtlich seines *Reichtums* besteht für Deutschland kein Anlaß, sich um Einbußen durch Ausländeraufnahme zu sorgen. Gefahren für den Reichtum Deutschlands liegen vielmehr in den Folgen seiner jüngsten Geschichte, d.h. den geschätzten 900 Milliarden DM zur Sanierung der ehemaligen DDR. Sie liegen ferner in der Fortschreibung eines Verteidigungshaushalts, dessen Uhren noch weitgehend nach den NATO-Feinddoktrinen vor der Auflösung des Warschauer Paktes gehen. Der deutsche Reichtum begründet sich durch die Exporterfolge seiner Wirtschaft. Niemand hat bisher ernsthaft daran gezweifelt, daß die acht Prozent ausländischer Arbeitnehmer einen erheblichen Beitrag zur deutschen Prosperität leisten.
Hinsichtlich der *Infrastruktur und der technischen Versorgung* bestehen ausschließlich in den neuen Bundesländern Probleme. Ausländische Arbeitnehmer halten sich naheliegenderweise in der Nähe großer Produktionszentren – dem Ruhrgebiet, der Rhein/Main/Neckargegend, Hamburg, Frankfurt etc. – auf. Im Großraum Stuttgart liegt der Anteil ausländischer Arbeitnehmer an der Gesamtzahl der Beschäftigten bei über 20 Prozent. In dieser und anderen vergleichbaren Regionen besteht zugleich ein Maximum an technischer Versorgung der Bevölkerung. Hoher technischer Versorgungsstandard – Wohnraum, Wohnkomfort, Einkaufsmöglichkeiten, Nahverkehrsnetz u.a.m. – erleichtert eine Integration der »Fremden« auf der Ebene der Befriedigung elementarer Bedürfnisse. Deutschland hat seine Räume so zu nutzen verstanden, daß die Parole vom »Volk ohne Raum« allenfalls eine Reminiszenz an das agitatorische Klima vor dem Ausbruch des Dritten Reiches bilden könnte.
Häufig wird auf die Knappheit an Wohnungen hingewiesen, die durch Zuzug von »Fremden« noch bedrohlich anwachsen müßte. Dazu ist anzumerken, daß die gegenwärtige Wohnungsknappheit vor allem politisch bzw. durch Ansprüche von Einheimischen verursacht wird. In den achtziger Jahren wurde von Regierungsseite verkündet, daß Wohnungsnot nicht existiere. Den Bau von Sozialwohnungen schränkte man entsprechend ein. Wenn gegenwärtig Sozialwohnungen fehlen, so ist dies also nicht nur Folge eines Zuwanderungsdrucks. Die angespannte Lage

auf dem Wohnungsmarkt resultiert ebenfalls nicht aus der Nachfrage durch Zuwanderer, sondern zunächst aus den 300.000 Quadratmetern Wohnfläche, die von Einheimischen jährlich zusätzlich beansprucht werden. Die von Ausländern gemieteten Wohnungen stellen zudem keinerlei Objekte des Interesses für Einheimische dar: Sie sind eng, ungünstig geschnitten, dunkel und weisen oft schwere Mängel auf, wie zum Beispiel undichte Fenster.

Hinsichtlich der *Zukunftsplanung* hat sich inzwischen herumgesprochen, was im Jahr 2030 geschähe, wenn die Gegenwart fortgeschrieben würde:

»Führt man die Modellrechnung fort bis ins Jahr 2030, geht die Einwohnerzahl der Bundesrepublik auf 33,6 Millionen zurück, der Anteil der über 60jährigen Männer und Frauen steigt auf 40 Prozent. Die gegenüber 1989 fehlenden 24 Millionen Menschen in der Bundesrepublik, die dann ein ›Raum ohne Volk‹ zu werden beginnt, werden sich – zumal es sich vorwiegend um Ausfälle in den Altersgruppen 18 bis 59 handelt – auch durch weitestgehende Automatisierung nicht hinreichend ersetzen lassen. Ein Zusammenbruch von Wirtschaft und Gesellschaft der Bundesrepublik, wahrscheinlich schon vor 2010, wäre unvermeidlich.« (B. Engelmann 1991, S. 235)

Eine Art Maß für Zumutbarkeiten können die *Einwohnerzahlen und ihre Verteilung* ergeben. Immer wieder wird von denen, die eine Auslastung unserer Kapazitäten behaupten, auf den deutschen Ausländeranteil von 7,5 Prozent der Gesamtbevölkerung hingewiesen. Es handele sich um den europaweit höchsten Prozentsatz an Ausländern. Bereits diese Behauptung ist unrichtig. Denn die belgische Statistik weist ebenfalls 7,5 Prozent Ausländer auf, und Luxemburg übertrifft alle anderen europäischen Staaten mit 32,3 Prozent. Der deutsche Anteil von 7,5 Prozent relativiert sich indessen noch weiter. Denn in Frankreich (6,5 Prozent) und Belgien ist es unvergleichlich leichter, die Staatsangehörigkeit zu erwerben als in Deutschland. Der Ausländeranteil ist daher, mit deutschem Maß gemessen, in Belgien und Frankreich erheblich höher als in Deutschland, wo den im Lande geborenen Nachkommen von Zuwanderern die Staatszugehörigkeit nicht zugesprochen wird.

Ein anderes Maß ergibt den Flüchtlingsanteil an der Gesamtbevölkerung. In Deutschland leben z.Zt. 220 Menschen auf einem Quadratkilometer. Davon sind 2,8 Personen Flüchtlinge, d.h. 1,25 Prozent. Gymnasiasten im Alter zwischen 16 und 18 Jahren dagegen schätzen den Flüchtlingsan-

teil phantasievoll gern erheblich höher, d.h. zwischen fünf und zehn Prozent der Bevölkerung eines deutschen Quadratkilometers. Im angeblich so asylbedrängten München beträgt die Zahl der Asylbewerber sogar nur 0,5 Prozent der Gesamtbevölkerung. Außerdem gilt – so jedenfalls betont der niedersächsische Minister Jürgen Trittin –, daß die Zahl der Asylbewerber in Deutschland infolge der deutschen Kontrollen relativ höher erscheint als in anderen Ländern. In Italien besteht beispielsweise eine große Dunkelziffer von illegal eingereisten Flüchtlingen.
Der *internationale Vergleich* läßt sich mit einem einzigen Bild angeben: Wollte man die Flüchtlingszahlen als Pfennige auf eine Waagschale legen, so ergäbe sich, daß in der Schale der europäischen Länder fünf bis zehn Pfennige und der Schale der restlichen Länder 90 bis 95 Pfennige lägen. Die größte Last tragen dabei arme Staaten: 6,7 Millionen Flüchtlinge werden in Asien, 4,6 Millionen in Afrika, 2,4 im Mittleren Osten, 1,2 Millionen in Lateinamerika aufgenommen (Zahlen nach J.-L. Mathieu 1991, S. 9).[1] Wenn sich in Deutschland momentan – die Zahl bleibt umstritten – eine Million Flüchtlinge aufhalten, so nimmt gleichzeitig das wirtschaftlich schwache Jordanien ebenfalls eine Million Menschen auf. Jordanien zählt indessen nur vier, Deutschland dagegen 80 Millionen Einwohner. Das ergibt für Deutschland 1,2 Prozent, für Jordanien dagegen 25 Prozent.
Diese Angaben über Reichtum, Infrastruktur, Zukunftsplanung, Einwohnerdichte und internationalen Vergleich ergeben an keiner Stelle Bedingungen, die Deutschland die Aufnahme von Einwanderern und Flüchtlingen verbieten oder auch nur erschweren müßten. Mehr noch, die im ersten Kapitel bezeichnete Sicherheit über die »Tatsache« räumlicher Auslastung wird hier unter unterschiedlichen Aspekten scharf kontrastiert.
Selbstverständlich gilt der bereits formulierte Satz, daß keiner Bevölkerung eines Landes ihre Vorstellungen über die eigene Bevölkerungsdichte diktiert werden dürfen. Das liefe dem Selbstbestimmungsrecht der Völker zuwider. Nun stellen aber die Variationen der »Das-Boot-ist-voll-Parole« eine Manipulation der Selbstbestimmung dar. An die Stelle vorhandener Tatsachen sollen geschaffene Tatsachen treten. An die Stelle einer objektiven Wahrnehmung der Verhältnisse werden versteckt beeinflußte Wahrnehmungen diktiert. Zur Praxis des versteckten Dik-

1 Nordamerika nimmt 1,45 Millionen Flüchtlinge auf.

tates gehören verschiedene Register. So werden zu den Asylbewerbern die Bürgerkriegsflüchtlinge aus dem ehemaligen Jugoslawien hinzugezählt, die gleichzeitig meistens keinen Asylantrag bewilligt bekommen. Ferner werden keine Statistiken veröffentlicht, die diejenigen Ausländer erfassen, die die Bundesrepublik wieder verlassen. Die Zahl der Abwanderer dürfte jedoch relativ hoch und steigend sein. Peter Koepf nennt für 1990 die Zahl von »rund 400.000 Menschen« (P. Koepf 1992, S. 12).

Gegen die hier verfolgte Argumentation ließe sich sicherlich folgender Einwand formulieren: Es wird nur mit Durchschnittszahlen operiert, und lokale Bedingungen, aus denen u.U. Gewalttätigkeit resultiert, bleiben unberücksichtigt. Trifft es jedoch zu, daß Quantitäten irgendwann zur Qualität werden? Daß ein Hirsekorn kein, viele dagegen ein Geräusch verursachen, wenn sie auf eine Tischplatte fallen? Wie viele Ausländer, wie viele Asylbewerber müssen durchschnittlich zusammenkommen, damit Gewalttätigkeit – von welcher Seite auch immer – droht? In Hoyerswerda richteten sich die Gewaltakte gegen 230 Menschen in einer Stadt von 70.000 Einwohnern, d.h. gegen eine kaum 0,5-Prozent-Minorität. Ein Gegenbeispiel scheint die Situation in München zu Beginn des Jahres 1992 zu sein. Der Oberbürgermeister dieser Stadt klagte gegenüber dem »Spiegel«, daß in München »jedes Loch besetzt« sei (2. 3. 1992, S. 61). Gleichwohl ist auch dieses Beispiel falsch gewählt. Was sich in München tatsächlich abspielte, war eine »Zunahme von Asylbewerbern« aufgrund eines schweren Verwaltungsfehlers:

Das Sozialreferat hatte nämlich gegen den Freistaat mit dem Ziel geklagt, keine Asylbewerber in der nächsten Zeit mehr aufnehmen zu müssen. Und so war der Zustrom der Asylanten für die Dauer des Verfahrens gestoppt. Allen mußte klar sein, dieser Prozeß werde verloren. Doch die Stadt steckte den Kopf in den Sand und bereitete sich in keiner Weise auf eine verstärkte Unterbringung vor. Nach dem Richterspruch hatten sich inzwischen mehr als 1000 Asylbewerber aufgestaut. Kronawitter redete nicht von diesem schlimmen Verwaltungsfehler, sondern von einer neuen Asylantenflut. (S. Lebert, Süddeutsche Zeitung vom 13. 4. 1992, S. 3)

Anhand des Beispiels von München wird deutlich, wie subtil mittlerweile der deutschen Bevölkerung Vorstellungen über Aufnahmekapazitäten diktiert werden: Man erlaubt, daß plötzlich mehr Asylbewerber als bisher aufgenommen werden. Man nimmt offenbar das Eintreten aller Ereignisse in Kauf, die sich mit Bildern wie »Asylantenströme«, »Asylantenflut«, »Wellen« benennen lassen.

Unser Boot ist nicht voll. Unsere Luft ist voll von »Das-Boot-ist-voll-Parolen«. Deutschland, längst ein Einwanderungsland und historisch stets ein Ort der Zusammenführung von Menschen aus unterschiedlichen Kulturen, wird zur Zeit bei der elementaren Wahrnehmung seiner Wirklichkeiten und seiner Möglichkeiten irritiert, gestört und am Ende fehlgeleitet.

4. Der wahre Mißbrauch des Asylrechts

Politiker weisen mit Nachdruck darauf hin, es handele sich bei dem größten Teil der Asylbewerber lediglich um Wirtschaftsflüchtlinge, die sich als Scheinasylanten auf Kosten des deutschen Volkes bereichern wollen. Man nutze die Großzügigkeit der deutschen Asylpraxis aus. Die Beweisführung zu diesen Behauptungen lautet: Von allen Asylanträgen werden nur etwa sieben Prozent positiv beschieden.[1] Folglich sind 93 Prozent aller Asylbewerber Scheinasylanten. Scheinasylanten mißbrauchen also deutsches Asylrecht.

Diese leicht eingängige Argumentation geht indessen nicht auf. Zunächst bilden die sieben Prozent der anerkannten Fälle nur die in erster Instanz anerkannten Asylgesuche. Letztlich werden durch gerichtliche Entscheidungen ca. 15 Prozent aller Flüchtlinge als politisch Verfolgte anerkannt. Weiterhin ist es unzulässig, aus einem abgelehnten Asylantrag auf »Mißbrauch« von Asyl zu schließen, weil:

- ein abgelehnter Asylantrag lediglich bedeutet, daß ein Antragsteller die Verfolgung seiner Person durch die Regierungsbehörden seines Landes nicht ausreichend beweisen konnte;
- Folter und Hinrichtung nicht als Asylgrund gelten;
- Krieg und Bürgerkrieg nicht als Asylgrund gelten, die betroffenen Personen aber dennoch einen Asylantrag stellen müssen;
- Antragstellern, die sich vor ihrer Flucht nach Deutschland in einem »sicheren« Drittland aufgehalten haben, auch bei vorliegender Verfolgung kein Asyl genehmigt wird;
- Nachfluchtgründe nicht als Asylgrund gelten.

Wozu die deutsche Asylgewährungspraxis führen kann, zeigen immer wieder die Schicksale einzelner Antragssteller. So hatte etwa ein Wehrdienstverweigerer aus dem Irak, wie das Gericht selbst feststellt, mit der Todesstrafe zu rechnen. Eine politische Verfolgung liegt jedoch nach An-

1 1992 wird die Anerkennungsquote auf ca. vier Prozent absinken. Im August 1992 werden 4,3 Prozent gemeldet. Die Flüchtlingssituation rechtfertigt dies nicht, aber es wird durch Politik bewirkt.

sicht des Gerichts nicht vor, denn es sei nicht davon auszugehen, daß die Todesstrafe in diesem Fall übermäßig hart oder unerträglich sei (!). Es gehe nämlich darum, so das Gericht weiter, Wehrdienstentziehung als ein Verhalten zu ahnden, wodurch ein kriegführender Staat in seiner Struktur erschüttert würde (Urteil Verwaltungsgerichtshof Baden-Württemberg 11. 8. 1988).

Ein anderes Beispiel: Eine Tamilin wurde durch Sicherheitskräfte ihres Landes vergewaltigt und verließ danach ihr Land. Die Vergewaltigung wird gerichtlich als wahr unterstellt, und trotzdem wird kein Asyl gewährt. Denn, so das Oberverwaltungsgericht Nordrhein-Westfalen, diese Art der Verfolgung gehe als typische Maßnahme im Rahmen eines Bürgerkrieges nicht über das hinaus, was die Bevölkerung eines Landes allgemein hinzunehmen habe (18. 9. 1986).[2]

Menschen, die vor Krieg oder Bürgerkrieg fliehen, finden sich ebenfalls in der Statistik unter den 93 Prozent »Scheinasylanten« wieder. Dies gilt für kurdische Flüchtlinge aus der Türkei oder für Bürgerkriegsflüchtlinge aus dem ehemaligen Jugoslawien, die 1991 etwa ein Drittel der deutschen Asylbewerber ausmachten. Diese Flüchtlinge werden nach der Genfer Flüchtlingskonvention als Flüchtlinge anerkannt. Man akzeptiert auch ihre Fluchtgründe, scheut allerdings nicht vor dem bewußtseinsspaltenden Urteil zurück, daß es sich bei ihnen um »Scheinasylanten« handele.

Als »Scheinasylanten« gelten in Deutschland besonders die Roma bzw. die Nigerianer. *Nigerianer* werden als prototypische Scheinasylanten betrachtet, denn in Nigeria existiert ja keinerlei politische Verfolgung, jedenfalls nicht in jenem von den Medien geförderten Durchschnittsbewußtsein. Ganz anders hört sich dies laut Berichterstattung der angesehenen Zeitschrift »New African« (Augustheft 1992) an: Dort nämlich wird unter der Überschrift »The Human Rights Debacle« von erheblichen Menschenrechtsverletzungen in diesem Staat Afrikas berichtet.

Hinsichtlich der *Roma* fällt es in Deutschland schwer, keinen Verdacht zu hegen, daß ihnen ein weiteres Mal Unrecht geschieht. Die Nationalsozialisten haben dieses Volk zu großen Teilen liquidiert. Unbestritten ist, daß die Roma in Rumänien zur Zeit drangsaliert werden. Statt vergangenes Unrecht durch gegenwärtige Unterstützung ein wenig auszuglei-

2 Amnesty-International-Flüchtlingsmappe.

chen, wird versucht, die Zahl der Roma in Deutschland möglichst gering zu halten. Die nordrhein-westfälische Landesregierung wurde sogar wortbrüchig und erfüllte ein »Nicht-Abschiebe-Versprechen« nicht. Nun fehlt es in Deutschland keineswegs an Normen und auch an einer Praxis, die vergangenes Unrecht durch Einwanderungserleichterungen gegenüber einst verfolgten ethnischen Gruppen sühnt: Was verhindert, daß die Roma nicht wie die jüdischen Emigranten aus der ehemaligen Sowjetunion auch aufgenommen werden? Die gegenwärtige Mißachtung der Roma durch deutsche Behörden erweckt den Eindruck einer nachträglichen Rechtfertigung ihrer einstigen Ausrottung.

Die Aufnahme von 5000 bis 10.000 Bürgerkriegsflüchtlingen aus *Bosnien* läßt sich als Geste äußerster Großzügigkeit nämlich kaum rechtfertigen. Auch hier erweist sich, daß arme Nachbarländer weitaus solidarischer handeln: Kroatien und die ehemalige CFSR nehmen große Massen von Flüchtlingen auf.

Die Flüchtlingsfolgen des Bürgerkriegs aus dem ehemaligen Jugoslawien haben in Deutschland dem Gerede von »Scheinasylanten« neue Nahrung gegeben. So wurden Flüchtlinge aus Kosovo und Serbien zu »Scheinasylanten« gerechnet, obwohl im Kosovo Albaner unterdrückt, gefoltert, getötet und ihre öffentlichen Institutionen aufgelöst werden. Überdies beschämt der Widerspruch, Serbien als Aggressor und KZ-Staat zu verurteilen, zugleich aber seine Wehrdienstverweigerer als »Scheinasylanten« mit der Rechtfertigung zu behandeln, sie stammten schließlich nicht aus Bürgerkriegsgebieten. Man scheint sich darüber im unklaren zu sein, daß ein Zurückweisen von Wehrdienstverweigerern in diesem Fall die militärische Schlagkraft des verurteilten Aggressors stärken müßte.

Der Logik der bezeichneten Bewußtseinsspaltung entspricht auch jene Liste von verfolgungsfreien Staaten, von denen bekannt ist, daß in ihnen die ärgsten Menschenrechtsverletzungen stattfinden (vgl. S. 80ff.). Ähnlich sind die äußerst geringen Anerkennungszahlen im Bereich einer Länderliste, die ausdrücklich als »Negativliste« geführt wird, zu interpretieren.

Diese Zahlen dokumentieren eine Mentalität, wonach es besser scheint, einem Flüchtling das Asylrecht zu verweigern und ihn lieber zu gefährden, als ihm Asyl zu gewähren mit dem Irrtumsrisiko, daß ihm in seinem Heimatland keine Lebensgefahr droht.

Zur künftigen Vermeidung dieser Ungerechtigkeiten ist dreierlei zu fordern:

Negativliste

Land	Asylbewerber 91	90	89	anerkannt 91	90	89
Ägypten	1.514	620	372	14	9	5
Albanien	4.227	1.032	37	1.632	671	1
Algerien	1.388	1.035	292	3	0	0
Angola	1.875	2.817	1.093	61	18	13
Äquatorialguinea	5	2	3	0	1	0
Äthiopien	3.096	2.068	1.077	632	125	120
Bolivien	4	15	5	3	1	4
Bulgarien	12.056	8.341	429	14	37	33
Chile	46	114	196	14	12	76
China	784	574	209	83	60	4
CSFR	1.546	781	2.388	5	113	236
El Salvador	1	7	5	0	6	1
Ghana	4.541	3.786	3.178	23	4	3
Indien	5.523	5.612	3.137	5	0	0
Indonesien	2	1	6	1	0	0
Irak	1.384	707	354	224	112	287
Iran	8.643	7.271	5.768	3.577	1.990	3.262
Jordanien	215	226	120	8	1	0
Jugoslawien	74.854	22.114	19.423	556	171	98
Kambodscha	33	395	12	11	0	0
Kenia	51	11	3	0	0	1
Kolumbien	87	62	26	3	1	3
Korea (Süd)	1	3	3	0	3	1
Kuba	54	120	13	2	2	2
Laos	93	46	9	2	0	1
Libanon	4.887	16.229	6.240	56	19	27
Libyen	18	22	15	0	1	0
Marokko	2.099	827	457	9	2	1
Mexiko	1	1	0	1	0	0
Myanmar	20	10	9	2	9	4
Nepal	567	170	28	0	0	1
Nicaragua	2	7	4	0	0	4
Nigeria	8.358	5.399	1.676	0	1	0
Pakistan	4.364	3.983	2.673	551	963	255
Peru	68	54	45	42	7	0
Philippinen	38	48	64	1	0	0
Polen	3.448	9.155	26.092	22	120	394
Rumänien	40.504	35.345	3.121	116	52	46
Saudi Arabien	0	18	0	11	0	0
Sierra Leone	423	41	33	2	0	0
Somalia	1.934	3.019	1.926	84	172	6
Sowjetunion	5.690	2.337	280	127	68	39
Sri Lanka	5.623	4.361	7.758	114	23	4
Sudan	287	384	63	10	0	0
Süd-Afrika	1.074	44	51	1	1	0
Syrien	1.588	3.913	1.332	256	118	85
Tschad	892	10	7	0	1	0
Türkei	23.877	22.082	20.020	1.669	1.283	664
Tunesien	416	231	113	1	0	0
Uganda	130	45	56	1	2	0
Ungarn	396	439	1.583	4	22	17
Vietnam	8.133	9.428	984	41	52	1
Zaire	2.134	1.389	798	6	7	6

1. Folter und Hinrichtung werden als Asylgründe anerkannt.
2. Entscheidungsrelevant ist der alte Rechtsgrundsatz: im Zweifelsfall für den Antragsteller (nach: in dubio pro reo).
3. Für Flüchtlinge vor Krieg, Bürgerkrieg oder bürgerkriegsähnlichen Zuständen gilt: Sie erhalten Asyl oder einen Sonderstatus, wodurch ihnen ein Aufenthalt bis zur Beendigung aller Kämpfe gewährt wird. (Dies wurde inzwischen verwirklicht, jedoch im Kontext einer faktischen Destruktion der Asylgewährung.)

Ähnliche Vorschläge werden auch von juristischer Seite geliefert (Hohmann 1992), wo indessen die 2. Forderung fehlt, die jedoch den Lebensanspruch von Asylbewerbern rechtlich garantiert.

Abgesehen von den soeben angesprochenen Ungerechtigkeiten beruht das politische Kampfwort »Asylmißbrauch« seinerseits auf einem Mißbrauch des Begriffs »Mißbrauch von Recht«. Es hat sich ein denunziatorischer Gebrauch von »Asylmißbrauch« herausgebildet, der bisher noch nicht hinlänglich offengelegt wurde. Geht man ihm nach, so stößt man am Ende sogar auf ein paradoxes Votum für Asyl bei dessen Gegnern.
Wird ein nach §7,1 des Asylverfahrensgesetzes gestellter Asylrechtsantrag nach Auffassung deutscher Behörden als »offensichtlich unbegründet« abgelehnt, so liegt kein Mißbrauch vor. Denn es kann nur dasjenige Recht mißbraucht werden, das man in Anspruch nimmt (O. Kimminich 1992, S. 11 und U. Münch 1992, S. 148–156). Ein Mißbrauch des Asylrechts läge erst dann vor, wenn ein Asylakzeptierter das ihm zuerkannte Recht auf Asyl etwa verwendet, um als Mitglied einer terroristischen Vereinigung gegen die deutsche Verfassung tätig zu werden. Ein Mißbrauch läge auch dann vor, wenn er die Verfolgerregierung unterstützt, vor der das Asyl ihn schützt. Die als politische Kampfvokabel in Umlauf gebrachte Vokabel »Asylmißbrauch« ist also gegenstandslos. Wer um eine Rechtsgewährung überhaupt erst ersucht, ist gar nicht in der Lage, dadurch bereits ein Recht zu mißbrauchen. Der Mißbrauch eines noch nicht gewährten Rechts ist logisch-semantisch und realiter einfach nicht möglich. Was indessen durchaus möglich wird, ist ein denunziatorischer Gebrauch von »Asylmißbrauch«. In dem Maße, wie das Asylrecht vor seiner rechtswirksamen Gewährung nicht mißbraucht werden kann, vermag sich ein *Mißbrauch* von »Asylmißbrauch« öffentlich auszubreiten.
Der denunziatorische Mißbrauch von »Asylmißbrauch« soll ein Klima

der Ausländerablehnung erzeugen. Er ist bisher erfolgreich gewesen. Asylbewerber stehen durchweg im Verdacht, unser Recht zu mißbrauchen. Nun arbeitet der denunziatorische Mißbrauch mit einer Voraussetzung, die seine Betreiber nicht wollen und gleichwohl benötigen: Wenn Asylbewerber Asylrecht mißbrauchen, so wird unterstellt, daß sie bereits *von sich aus* mit einem Recht auf Asylgewährung ausgestattet sind (vgl. S. 145). Daraus ergibt sich, daß in diesem Fall auch nicht mehr grundsätzlich von einem »denunziatorischen« Mißbrauch von »Asylmißbrauch« gesprochen werden kann. Denn wenn die Asylbewerber bereits ein Asylrecht mitbringen, dann ist es auch möglich, daß einzelne dieses Recht mißbrauchen. Es ist an der Zeit, daß die Kampfvokabel »Asylmißbrauch« entweder aus dem Verkehr gezogen oder daß sie auf diejenigen beschränkt wird, die ein mitgebrachtes Asylrecht mißbräuchlich nutzen. Es ist der Sache nach nicht möglich, den Asylbewerbern ein mitgebrachtes Asylrecht abzusprechen und zugleich Asylrechtsmißbrauch zu behaupten. Wer Asylrechtsmißbrauch unterstellt, hat dagegen den Asylbewerbern bereits ein Recht zugesprochen: Es wird ihnen nicht von uns gewährt, sondern sie bringen es mit wie ihre eigene Haut. Daher wurde mit der Kampfvokabel »Asylmißbrauch« gegen die Absicht derjenigen, die die Meinungen zu manipulieren suchen, eine wichtige Rechtsvoraussetzung für die Schaffung einer kulturverbindenden Gesellschaft paradox gefordert: die Voraussetzung, daß die Asylbewerber ein Recht bereits mitbringen. Die Kampfvokabel »Asylmißbrauch« ist entweder leer, oder sie ist der erste, noch ungewollte Akt, Asylrecht als Menschenrecht zu betrachten. Es käme darauf an, der Kampfvokabel ihren denunziatorischen Gehalt zu nehmen und sie als Kampfwort für Asylgewährung darzustellen. Statt von »Asylmißbrauch« wäre dann vom »Mißbrauch des Menschenrechts auf Asyl« zu sprechen. Dann würde jedermann sofort begreifen, daß dieser Mißbrauch selten und daß das Menschenrecht auf Asyl etwas ist, das wir vor allen Verdächtigungen zunächst zu achten haben.

Im Umkreis des denunziatorischen Geredes vom »Asylmißbrauch« wird häufig auch kritisch auf das Phänomen der Mehrfachanträge und auf die illegale Einwanderung durch Schlepperorganisationen hingewiesen. In der Tat gibt es Asylbewerber, die mit mehrfachen Anträgen unter verschiedenen Namen mehrfache Sozialhilfe kassieren. Auch hier liegt kein Asylrechtsmißbrauch vor, solange kein Asyl gewährt wurde. Es handelt *sich um Fälle von Täuschungen, zu deren Ahndung das bestehende Strafrecht* zuständig und geeignet ist. Indessen werden Fälle von Mehrfachantragstellung sowohl in ihrer Qualität als auch in ihrer Quantität überbewertet. Auch Studierende kassieren gern Wohngeld, selbst wenn sie in Wohngemeinschaften mit Lebensgemeinschaftscharakter wohnen, und vielleicht läßt sich sogar generell von einer Tendenz zum Mißbrauch bei Anträgen auf staatliche Unterstützung reden (vgl. auch G. Schröder 1992, S. 59). In keinem Fall besitzen viele politische Parteien angesichts des eigenen massiven Mißbrauchs öffentlicher Gelder die moralische Rechtfertigung, Mehrfachanträge von Asylbewerbern zu brandmarken.

Hinsichtlich der illegalen Einwanderung durch Schlepperorganisationen ist zu beobachten, daß nicht nur die Schlepper als Kriminelle betrachtet werden, sondern ebenso die illegal einreisenden Flüchtlinge. Angesichts einer deutschen Vier-Prozent-Anerkennungsquote für Asylbewerber und der Visumspflicht gegenüber Dritte-Welt-Ländern bleibt vielen Flüchtlingen nur die Alternative, ein Opfer der Gewalt zu werden oder illegitim einzuwandern. Eine Politik der dichten Grenzen wird Ursache für organisierte illegale Einwanderung.

Ein scheinbar starkes Argument enthält schließlich die von Wolfgang Schäuble und vielen anderen vertretene These, daß zahllose Asylbewerber nicht wegen politischer Verfolgung, sondern in Wirklichkeit wegen wirtschaftlicher Vorteile zu uns kommen. Scheinasylanten sind »Wirtschaftsasylanten«. Dieses Argument wiegt allem Anschein nach so schwer, daß unser Staat tatsächlich in Gefahr zu geraten droht, unnötig Riesensummen für »Parasiten« auszugeben, die zudem noch deutsche Arbeitsplätze rauben. Träfen diese Unterstellungen zu, so gäbe es Menschen, die in anderen Ländern zu wenig verdienen und daher über den Weg des Asylantrages nach Deutschland kämen, um ihr Einkommen aufzubessern. Ein »Wirtschaftsasylant« wäre dann z.B. ein Farbiger aus den USA, der in Deutschland 300 Dollar plus Sozialleistungen mehr verdienen könnte. Derartige Asylbewerber sind bisher noch nicht registriert worden. Der Farbige hätte sich im übrigen, wenn er mehr verdienen will als in seinem Land, vertan: Er hätte einen Antrag auf ein Arbeitsvisum mit einem Asylantrag verwechselt.

Die Probe aufs Exempel steht noch aus. Es gibt noch keine Statistiken über echte »Wirtschaftsflüchtlinge«. Um diese zu ermitteln, müßten Asylbewerber folgende Frage beantworten: »Erwarten Sie von der Asylgewährung auch wirtschaftliche Vorteile für sich?« Würde mit »Ja« geantwortet, so handelte es sich jedoch nicht um einen »Wirtschaftsasylanten«, sondern um einen Flüchtling, der ein *zusätzliches* Motiv zu seiner Flucht vor Verfolgung besitzt. Wer wollte ihm dies verübeln? Die deutsche Wirtschaft sicherlich nicht. Produktion und Konsum werden von ausländischen Arbeitnehmern wesentlich mitgetragen. Echte »Wirtschaftsasylanten« dagegen müßten folgende Frage bejahen: »Fliehen Sie ausschließlich aus wirtschaftlichen Gründen?« Allerdings wurden, wie bemerkt, derartige Asylbewerber noch nicht festgestellt. Aber selbst in dem irrealen Fall, in dem man auch sie entdeckte, brächten sie nicht notwendig den gefürchteten Schaden. Denn sie kämen zu uns, um zu arbeiten. Wer arbeitet, muß Steuern zahlen. Je mehr echte »Wirtschaftsasylanten« zu uns kämen, desto mehr Geld besäße der Staat. Immerhin addiert sich faktisch der Nettogewinn Deutschlands durch seine arbeitenden Zuwanderer auf etwa 41 Milliarden Mark. Es besteht auch keinerlei negative Gegenbilanz: Die zugewanderten Arbeitnehmer rauben nicht deutsche Arbeitsplätze, sondern sie bewirken, daß es zahllose neue Arbeitsplätze gibt, tatsächlich rund eine Million. Denn die Zuwanderer übernehmen schlecht bezahlte Jobs, so daß deutsche Arbeitnehmer jeweils in höher dotierte Posten aufsteigen können.

Staat und Gesellschaft hätten also Grund, sich einen Zustrom von »Wirtschaftsasylanten« zu wünschen. Nur müßte man die Zuwanderer darüber informieren, daß ihr Weg ins Asylverfahren überflüssig ist. Es bleibt jedoch noch eine Restgruppe: Asylbewerber, die wegen Armut zu uns kommen, aber nicht arbeiten, sondern nur Sozialhilfe kassieren wollen. Solche Fälle werden bisher nicht statistisch erfaßt. Bekannt ist von einzelnen jungen Deutschen, daß sie z.B. in England vorgeben, ihr Geld verloren zu haben und wochenlang staatliche Hilfe beanspruchen. Jedoch ist dieser Fall von Ferien auf Staatskosten nicht auf Asylbewerber übertragbar: Ihre kasernierte Existenz und die Sozialhilfe bilden keine ökonomischen Anreize, um aus der Heimat zu fliehen. Der Fall von Asylbewerbern, die weder arbeiten wollen, noch auch verfolgt werden, bleibt irreal. Wer in Deutschland um politisches Asyl nachsucht, kommt nachweislich aus Kriegs- und Krisengebieten.

Die Hetzrede von »Wirtschaftsasylanten« entpuppt sich daher ebenso wie die vom »Asylmißbrauch« als Bumerang. Eine Kombination von »Asylbewerbern« und »Wirtschaft« ist ein hölzernes Eisen: Entweder hätten sich zuwandernde Arbeitnehmer, die die öffentlichen Kassen füllen und Arbeitsplätze für Deutsche schaffen, fälschlich ins Asylverfahren begeben, oder man müßte nachweisen, daß ein kaserniertes Leben mit Sozialhilfe und ohne Arbeit einen ökonomischen Anreiz darstellt. Daß auch im letzteren Fall von »Bereicherung« gesprochen wird, muß in einem Land verwundern, dessen Maßstäbe für Einkommen und Besitz u.a. infolge des Beitrags ausländischer Arbeitnehmer im Durchschnitt erheblich höher angesetzt werden.

5. Gefahr: Enge Auslegungen der Genfer Flüchtlingskonvention

Der neue Grundgesetzartikel 16a nimmt Bezug auf die Genfer Flüchtlingskonvention. Gefordert wird auch, die Bundesrepublik solle Asyl gemäß der Genfer Flüchtlingskonvention gewähren. Angesichts der allgemein unterstellten Bedeutungsgleichheit zwischen deutschem Asylrecht im Grundgesetz und der Genfer Flüchtlingskonvention scheint dieser Änderungsvorschlag auf eine Optimierung des bestehenden Asylrechts hinauszulaufen. Da die Genfer Flüchtlingskonvention ausführlicher ausfällt als der Asyl-Passus des Grundgesetzes, scheint sie besser praktizierbar zu sein. Der Schein trügt jedoch. Die Öffentlichkeit, die eine fundamentale Gleichheit beider Texte unterstellt, täuscht sich erheblich. Es ist nicht der Fall, daß die Genfer Flüchtlingskonvention ein besseres Asylrecht als die fortschrittliche deutsche Grundgesetzgebung bietet. Das ist auch gar nicht anders zu erwarten, stellt das Genfer Vertragswerk doch eine internationale Vereinbarung dar, die den Einzelstaaten Spielräume der Interpretation lassen muß, um überhaupt ratifizierbar zu sein.

Die Genfer Konvention besitzt den ethisch-moralischen Vorteil, daß die »begründete Furcht vor Verfolgung« zur Definition des Flüchtlings reicht. Sie enthält allerdings auch erhebliche Nachteile für Menschen, deren Leben davon abhängt, als Asylbewerber anerkannt zu werden. Generell besteht der Mangel, daß sie extrem gegensätzlich ausgelegt werden kann. Die CDU erhofft sich von der Konvention eine effektive Senkung der Asylbewerberzahlen. Der Hohe Flüchtlingskommissar der UNO für Deutschland dagegen bemerkt: »Die Streichung des Artikels 16 und seine Ersetzung durch die Flüchtlingskonvention wäre kein Mittel zur Drosselung der Flüchtlingszahlen« (In: Süddeutsche Zeitung vom 11.9.1992, S. 8).

Die Konvention enthält keine Bemerkung, die die Staaten verpflichtet, Asylbewerbern Asyl zu gewähren. Denn wenn die Verfolgten von sich aus mit einem Recht auf Schutz ausgestattet wären, so widerspräche dies der geheiligten Staatssouveränität (J.-L. Mathieu 1991, S. 88).

Für Staaten, die zur Asylgewährung kaum gewillt sind, enthält die Genfer Flüchtlingskonvention folgende Ansatzpunkte zur Interpretation:

1. Europäische Asylminimierung: Dazu kann die Formulierung der Präambel benutzt werden, in der bemerkt wird, »daß sich aus der Gewährung des Asylrechts nicht zumutbare schwere Belastungen für einzelne Länder ergeben können und daß eine befriedigende Lösung des Problems (...) ohne internationale Zusammenarbeit unter diesen Umständen nicht erreicht werden kann«.
2. Länderlisten verfolgungsfreier Staaten: Dazu kann die Bemerkung aus Artikel 1, C, 5 dienen, wonach eine Person nicht als Flüchtling gilt, »wenn sie nach Wegfall der Umstände, aufgrund deren sie als Flüchtling anerkannt worden ist, es nicht mehr ablehnen kann, den Schutz des Landes in Anspruch zu nehmen, dessen Staatsbürgerschaft sie besitzt«. Sicherlich können verfolgungsfreie Länder durch »Wegfall der Umstände« entstehen. Wer aber will aus deutscher Sicht die Gewähr dafür übernehmen?
3. Beschränkung des Kreises der Verfolgten: Laut Artikel 1, F (a) muß gesichert sein, daß die Verfolgten u.a. kein »Verbrechen gegen den Frieden« begangen haben. Daraus ließe sich folgern, daß Verfolgten, die Diktatoren bewaffnet bekämpfen und daher verfolgt werden, nicht notwendig politisches Asyl gewährt wird. Es würden also diejenigen vom Asyl ausgeschlossen, denen es unter Umständen zu verdanken ist, daß Diktaturen zu Fall gebracht werden. Den jährlich in Deutschland öffentlich geehrten Widerstandskämpfern gegen die nationalsozialistische Diktatur hätte nach diesem Grundsatz kein politisches Asyl gewährt werden können.

   Aber auch die Formulierung von Artikel 1, F (b) ist problematisch, wonach nicht als Flüchtling anerkannt werden muß, wer außerhalb des Aufnahmelands »ein schweres nichtpolitisches Verbrechen« begangen hat. Natürlich ist die Aufnahme gewöhnlicher Schwerverbrecher abzulehnen. Es gehört jedoch zur Strategie der Diktatoren, politische Widerstandsbewegungen in bloß gewöhnliches Verbrechertum umzudeuten. Wie verkündete doch Hitler nach dem Bombenattentat vom 20. Juli über alle Radiosender: »Eine ganz kleine Clique ehrgeiziger, gewissenloser und zugleich verbrecherischer, dummer Offiziere hat ein Komplott geschmiedet, um mich zu beseitigen.«
4. Ausweisung von Flüchtlingen nach der politischen Opportunität: Dies scheint nach Artikel 32, 2 der Konvention möglich, der lautet: »Die vertragschließenden Staaten werden einen Flüchtling, der sich rechtmäßig in ihrem Gebiet befindet, nur aus Gründen der öffentlichen

Sicherheit oder Ordnung ausweisen.« Zwar formuliert die Konvention in Artikel 31 und 33 deutliche Abschiebehindernisse: Weder dürfen unrechtmäßig sich aufhaltende Flüchtlinge noch auch im Sinn der Flüchtlingsdefinition bedrohte Menschen ausgewiesen werden. Im Kontrast dazu scheint der Artikel 32, 1 Ausweisung nach Maßgabe der politischen Opportunität zu erlauben. In einer Situation wie der Pogrome von Rostock, Cottbus, Quedlinburg könnte sich eine asylfeindliche Regierung fragen: Sind es nicht die Asylbewerber, deren Anwesenheit die öffentliche Sicherheit und Ordnung bedroht?

Die erwähnten engen Auslegungen der Genfer Flüchtlingskonvention bilden keine bloß theoretische Spekulation. Die CDU ließ im September 1992 deutlich erkennen, daß sie den Grundgesetzartikel 16,2 durch restriktive Auslegungen der Konvention zu ersetzen gewillt ist, wonach es kein individuell einklagbares Recht auf Asyl mehr geben soll; wonach es verfolgungsfreie Länder gibt; wonach »Verbrechern« der Asylweg versperrt wird.

Die Genfer Konvention von 1951 und die Aufhebung ihrer zeitlichen Befristung durch das Zusatzprotokoll von 1967 konnte die Zunahme der weltweiten Flüchtlingszahlen nicht vorwegnehmen. 1970 gab es etwa 2,5 Millionen, 1980 8,2 Millionen und 1990 ca. 17 Millionen Flüchtlinge. Wünschenswert wäre, wenn diese Lage und die Auflösung des Ostblocks zu einer verbesserten, modernisierten Fassung der Konvention führen. Angesichts der Weltflüchtlingszahlen ist die extrem enge Auslegungsmöglichkeit der Konvention anachronistisch.

Zur Zeit besteht in Deutschland eine *paradoxe* Situation: Die Grundgesetzbestimmung **Politisch Verfolgte genießen Asylrecht** müßte eigentlich zu einer hohen Anerkennungsquote bei Asylsuchenden führen. Anerkannt werden jedoch nur noch etwa vier Prozent. Die Genfer Flüchtlingskonvention kann asylbehindernd ausgelegt werden. Gegenwärtig sorgt sie jedoch dafür, daß 40 bis 60 Prozent der nicht anerkannten Asylbewerber nicht abgeschoben werden. Eine restriktive Deutung der Konvention steht im Widerspruch zu ihrer Auslegung durch den Hohen Flüchtlingskommissar und zur Praxis vieler europäischer Staaten. Es fehlt allerdings eine internationale Instanz, vor der eine großzügige Interpretation eingeklagt werden könnte.

Eine Ersetzung der Grundgesetzformel **Politisch Verfolgte genießen Asylrecht** durch eine Asylgewährung nach Grundsätzen der Flüchtlingskonvention liefe – bei ihrer von den Großparteien angestrebten re-

striktiven Auslegung – auf eine Minderung des Rechts der Asylbewerber hinaus. Dagegen könnte es hilfreich sein, wenn statt: **Politisch Verfolgte genießen Asylrecht** unter Hinweis auf die Genfer Konvention formuliert würde: Flüchtlinge im Sinn der Genfer Flüchtlingskonvention (Artikel 1, A, 2) genießen Asylrecht (R. Rothkegel 1992, S. 299).
Gegen einen deutschen Sonderweg der Asylgewährung richtet sich mehr und mehr das öffentliche Bewußtsein. Die deutsche Asylrechtsvorstellung erscheint als übermäßig großzügig. Man hat begonnen, sich darüber zu ärgern und zu schämen. Vor 50 Jahren herrschten in Deutschland diskriminierende Rassengesetze. Über sie schämte und ärgerte man sich hierzulande nicht.
Der Passus **Politisch Verfolgte genießen Asylrecht** mag im europäischen und nordamerikanischen Vergleich einen asylpositiven Außenposten bilden: Im Vergleich mit den Asylvorstellungen und der Asylpraxis der Organisation der Afrikanischen Einheit (OAU) ist er es nicht. »Die Mitgliedstaaten der OAU verpflichten sich, alles in ihrer Macht und Gesetzgebung Stehende zu tun, um die Flüchtlinge aufzunehmen und den Aufenthalt derer sicherzustellen, die aus ernsthaften Gründen nicht in ihre Ursprungsländer zurückkehren können oder wollen«, heißt es in einer Erklärung von 1969 (J.-L. Mathieu 1991, S. 88). Die wirtschaftliche Armut der Afrikaner hat riesige Ausmaße angenommen. Ihre Solidarität mit Verfolgten ebenfalls.

6. Unterwegs zu inhaltsreichen Vorstellungen vom anderen Menschen

Die Asyldebatte erweckt den Eindruck kalkulierter Hysterie. Geschaffene Tatsachen werden an die Stelle von vorhandenen Realitäten gesetzt, die eine Wahrnehmung provoziert, die sich davon überzeugen könnte, daß weder Raumknappheit noch Mißbrauch des Asylrechts vorliegen. Statt dessen zirkuliert das Parolenpaar »Das-Boot-ist-voll« und »Asylmißbrauch«. Gleichwohl treibt die Debatte deswegen paradox über sich hinaus, weil gleichzeitig, unbeabsichtigt Asyl als Menschenrecht unterstellt wird. Hoffnung auf »Dialektik«, auf einen Gesamtfortschritt über Widersprüche, ist hier jedoch nicht berechtigt. »Dialektische« Argumente haben nicht nur allzu lange getrogen, sie sind auch begrifflich und logisch unklar geblieben. Trotzdem bringt die Asyldebatte mit ihrem paradoxen Zug vom Asyl als Menschenrecht etwas zum Vorschein, was diskussionswürdig wäre: Wenn die Asylbewerber bereits von sich aus ein Recht auf Asyl mitbringen, so bildet sich in unserer Gesellschaft eine Vorstellung vom anderen Menschen aus, die nicht mehr leer ist. Denn solange wir meinen, daß »Fremde« erst durch Akte von unserer Seite ein Recht auf Schutz vor Strafverfolgung erhalten, solange gelten uns die »Fremden« gleichsam als unbeschriftete Warensendungen, die erst durch uns so werden, wie wir wollen, daß sie zu sein haben. Es könnte sich also die Möglichkeit ergeben, daß unsere deutsche bzw. europäische Gesellschaft konkrete Vorstellungen vom anderen erlangt. So könnte eine Gesellschaft entstehen, die auch verschieden-kulturelle Menschengruppen so zwanglos zusammenfügt, daß sich eine kulturintegrative Gesellschaft bilden könnte.

Theoretische Vorarbeit für nicht-leere, inhaltsreiche Vorstellungen vom anderen haben der französische Philosoph Emmanuel Lévinas sowie die französische Psychoanalytikerin Julia Kristeva geleistet. Lévinas spricht von einer »Nicht-Indifferenz« gegenüber dem anderen Menschen. Unabhängig davon hatte die Psychoanalyse längst Modelle vorgelegt, um Fremdenhaß erklären zu können. Fremdenhaß und Rassismus beruhen demzufolge auf dem Phänomen, »etwas nach außen zu werfen, was in sich selbst zu erkennen oder selbst zu sein man sich weigert«. Dieses

Phänomen hat Sigmund Freud als »Projektion« bezeichnet. Der Rassist »projiziert seine Fehler und seine uneingestandenen Neigungen auf die verachtete Gruppe«.[1]

Julia Kristeva hat versucht, diese Erklärung auszubauen und ethisch zu begründen: Wenn Fremdenhaß auf Projektion eigener Fehler oder eigener »Andersheit« auf andere beruht, so könnte ihm wirksam nur dadurch begegnet werden, daß man die *eigene* Fremdheit akzeptiert und praktiziert. »Leben mit dem anderen, mit dem Fremden, konfrontiert uns mit der Möglichkeit, kein oder ein *anderer zu sein*. Es handelt sich nicht einfach – d.h. humanistisch – um unsere Bereitschaft, den anderen zu akzeptieren, sondern *an seiner Stelle zu sein*, was darauf hinausläuft, sich für sich anders zu machen.« Die Akzeptierung unserer eigenen Fremdheit könnte zum Garanten demokratischer Freiheit werden (J. Kristeva 1988, S. 25 und 289, eigene Übersetzung).

Indessen reicht ein Akzeptieren der eigenen Andersheit nicht aus, um unser Sozialgebilde in Richtung kultureller Integration zu verändern. Das Selbstverständnis eines jeden, die Artikulation eigener Differenzen und Übereinstimmungen bleiben so lange privat, als sie nicht an soziale Praktiken angeschlossen werden, in welchen sich kulturelle Prozesse abspielen. Selbst wenn es gelänge, daß sich dadurch, daß man eigene Differenzen akzeptiert, individuelle Stabilisierungen ergäben, so müßten diese privaten Vorteile immer noch öffentlich gemacht werden. Und wenn wir uns darüber verständigen, daß jeder zuerst in seinen eigenen Zusammenhängen mit der Etablierung einer »kulturintegrativen Gesellschaft« beginnen soll, so setzt dies voraus, daß bekannt ist, was für alle Mitglieder auf einer überindividuellen Ebene damit gemeint ist. Aus diesem Grund sollen im folgenden die überindividuellen Konturen einer kulturintegrativen Gesellschaft skizziert werden.

1 Laplanche/Pontalis, Das Vokabular der Psychoanalyse. Frankfurt/M. 1989, S. 401 und 406. Ferner im Kontext der aktuellen Ausländerfeindschaft: Th. Krauß, Die Angst vor Fremden aus psychoanalytischer Sicht. In: taz-Journal, Die Deutschen und die Fremden 1992, S. 74–75. Zur Weiterführung der Freudschen Aggressionstheorie bei J. Lacan vgl. Bernhard H. F. Taureck (Hg.), Psychoanalyse und Philosophie. Lacan in der Diskussion. Frankfurt/M. 1992.

Dritter Teil

Zur ethischen Rechtfertigung einer kulturintegrativen Gesellschaft

1. Definitionen: Kultur, kulturintegrative Gesellschaft, ethischer Relativismus

Kulturintegrative Gesellschaften gibt es noch nicht. Sie sollen erst entstehen. Inwiefern es gerechtfertigt ist, daß sie Wirklichkeit werden sollen, wird zu zeigen sein. Zuvor jedoch ist eine Verständigung über drei Grundbegriffe erforderlich: Kultur, kulturintegrative Gesellschaft, ethischer Relativismus.

Kultur

Eine erste Definition von »Kultur« lautet: »Kultur ist eine erzeugte Gesamtheit von Bedeutungen und Werten, die die Mehrzahl unserer Handlungen leitet und uns in großem Ausmaß das Verhalten anderer Individuen vorherzusagen erlaubt.« Diese Angabe ist symbolisch-interaktionistisch. Menschliches Handeln vollzieht sich zwischen Individuen und benötigt stets eine Artikulation von Absichten, Bedürfnissen im Medium von Zeichen (Symbolen), die etwas bedeuten. Umfassendes Medium ist hierbei die menschliche Sprache, die keine bloße Signalsprache, sondern eine Aussagensprache ist, die zwischen Beschreiben (»Da ist ein Feuer«) und Vorschreiben (»Vorsicht vor dem Feuer!«) unterscheiden kann. Dazu werden Regelmäßigkeiten der Verwendung der Wortbedeutungen benötigt.
Eine zweite Definition von »Kultur« lautet: »Kultur ist die Gesamtheit materieller und intellektueller Ausrüstung, wodurch ein Volk seine biologischen und sozialen Bedürfnisse befriedigt und sich seiner Umgebung anpaßt.« Diese Angabe ist funktionalistisch-anthropologisch. Die menschliche Wirklichkeit wird hier durch eine Reihe von Funktionen definiert – biologische und soziale Bedürfnisse, Anpassung an die natürliche Umwelt und die Gegebenheiten anderer Kulturen – die von der kulturellen Praxis erfüllt werden.[1]

1 Zur ersten Definition die Arbeiten von G. H. Mead. Dazu A. M. Rose, A Systematic Summary of Symbolic Interaction Theory. In: A. M. Rose (1962): Human Behavior and Social Process. An

Wie verhalten sich beide Definitionen zueinander? Sind sie kombinierbar oder nicht? Vereinbar sind beide Angaben zunächst auf einer abstrakten Ebene, denn für beide gilt eine generelle und generell akzeptierte Kennzeichnung von Kultur als »Totalität menschlicher Lebenswelt« (H. Schnädelbach 1991, S. 511). Die Leistungen von »Kultur« sind:

– Vorhersagbarkeit des Verhaltens der anderen (1. Definition);
– Bedürfnisbefriedigung und Umgebungsanpassung (2. Definition).

Nun scheint die Leistung der Kultur im ersten Sinn weitaus geringer zu sein als die der Kultur im zweiten Verständnis, die alle Ebenen der Bedürfnisse und zusätzlich noch die System-Umwelt-Differenz umfaßt. Dieser Schein trügt indessen. Es ist vielmehr die symbolisch-interaktionistische Kulturdefinition, die umfassender ist als die zweite funktionalistisch-anthropologische. Entsprechend sind beide Angaben so kombinierbar, daß Bedürfnisbefriedigungen und Umgebungsanpassung sich auf dem Boden einer Vergesellschaftung vollziehen, die ohne gemeinsame Benutzung gemeinsam festgelegter Zeichenbedeutungen nicht vorstellbar ist. Andernfalls stieße Gesellschaften, die im Besitz von Hochtechnologien sind, das zu, was in der Sage den Erbauern des Turms von Babel passierte: Mit dem Verlust einer gemeinsamen Sprache verlöre sie auch ihre Hochtechnologie.

Die symbolisch-interaktionistische Kulturdefinition bildet daher, als *soziale Symbolteilhabe* verstanden, die relativ umfassendste Kulturdefinition, die andere kulturelle Leistungen ermöglicht. Sie mag daher auch noch einschließen, was neuerdings als Besonderheit der Kultur bezeichnet wurde: Inschutznahme der Individuen vor Erscheinungen, die sie ursprünglich ängstigten, d.h. der Angst für das Leben und vor dem Leben, Angst vor der Sexualität, Furcht vor dem Tod (S. Abou 1992, S. 22).

Kultur als soziale Symbolteilhabe schließt weiterhin die Möglichkeit der Ausdifferenzierung von Kulturen innerhalb einer Gesamtkultur ein: »Oper, Theater, Literatur, aber auch die Jugend- und Popkultur, die Stadtteil- und Subkulturen – kurz das, woran der Staat immer zuerst spart, wenn er sparen muß, und dessen Kommerzialisierung die Kulturkonservativen bedauern.« (H. Schnädelbach 1991)

Interactionist Approach. Boston, MA S. 3–19. Dazu auch: A. Coulon (1992): L'école de Chicago. Paris, S. 13–16.

Zur zweiten Definition vgl. F. Naylor: Freedom and Respect in a Multicultural Society. In: Journal of Applied Philosophy 8,2, 1991, S. 230, Anm. 3.

»Kultur« bedeutet somit primär soziale Symbolteilhabe mit verschiedenen Leistungen: Vorhersagbarkeit von Handlungen, Bedürfnisbefriedigung, Umgebungsanpassung, Inschutznahme vor Ängsten. Sie ermöglicht – in modernen Gesellschaften – die Ausdifferenzierung von Kultursektoren innerhalb einer Gesamtkultur.
»Soziale Symbolteilhabe« ist ein Kürzel für den Austausch von Informationen, Einstellungen, Gefühlen, Werten zwischen vergesellschafteten Menschen im Medium ihrer natürlichen, sich weiter entwickelnden Sprachen. In den zwischen Beschreiben und Vorschreiben unterscheidenden Sprachen wird es auch möglich, Bedeutungen religiöser und künstlerischer Symbole festzulegen. Symbolische Handlungen können von anderen Kulturen übernommen werden. So bedeutete der altrömische Brauch des Ringwechsels bei der Eheschließung eine magische Fessel für die Partner. Dieser Brauch ist einst vom christlichen Hochzeitsritus übernommen worden.

Kulturintegrative Gesellschaft

Die Bezeichnung »kulturintegrative Gesellschaft« wird hier geprägt, um gleichen Abstand von zwei Extremen zu gewinnen. Erstens wird Distanz gesucht zu »monokulturellen Gesellschaften«, die festschreiben, daß alle symbolischen Bedeutungen nur verschiedene Arten darstellen, einen und denselben Wert zu bezeichnen. Beispiele aus der Vergangenheit sind dafür die katholischen Staaten des Mittelalters oder der Staatssozialismus der einstigen Ostblockländer. Gegenwartsbeispiel bilden die diffusen nationalistischen Voten für ein deutsches Deutschland. Abstand soll zweitens auch gehalten werden zu einem Verständnis von »multikultureller« Gesellschaft, verstanden als ein Nebeneinander verschiedener Kulturen in einem Land, einschließlich autonomer politischer Institutionen der gruppenförmig organisierten Kulturen. Die bisherige Verwendung von »multikulturelle Gesellschaft« schließt in ihrer Vagheit ein Votum für politisch autonome Institutionen der Kulturgruppen – z.B. autonomes Bildungswesen, autonomes Rechts- und Gerichtswesen – weder ausdrücklich ein noch ausdrücklich aus.
Eine kulturintegrative Gesellschaft wäre demgegenüber eine Gesellschaft, die unter Voraussetzung gemeinsamer politischer Institutionen für alle Mitglieder soziale Symbolteilhabe zwischen verschiedenkultu-

rellen Gesellschaftsmitgliedern klärt, ausdifferenziert und unter Umständen ständig erweitert.

In kulinarischer Hinsicht hat sich in Europa längst ein hoher kulturintegrativer Standard ergeben. Man kennt griechische, türkische, asiatische, südamerikanische Gerichte, nimmt sie in den jeweils eigenen Kochkanon auf und erweitert zunehmend das Repertoire. In der bildenden Kunst ist die Klärung, Ausdifferenzierung und Erweiterung der Symbolteilhabe zwischen verschiedenen Kulturen in Europa nach der produktiven Rezeption fernöstlicher und afrikanischer Kunst vertraute ästhetische Realität. Die europäische Instrumentalmusik öffnete sich mit Dvořáks Symphonie »Aus der neuen Welt« anderskultureller Musik. Und schließlich endet eine der bedeutendsten Dichtungen des 20. Jahrhunderts, T. S. Eliots *Das wüste Land* mit im Kontext gewichtigen Zeilen aus den altindischen Upanishaden.

Eine kulturintegrative Gesellschaft meint nicht eine kulturintegrierte Gesellschaft. Kulturintegrative Gesellschaften bezeichnen keinen Zustand, sondern Prozesse. »Kulturintegrativ« ist daher am ehesten bedeutungsähnlich mit »kulturell integrierend«.

Drei Schlagwörter markieren die Diskussion um den kulturellen Status unserer Gesellschaft: Assimilation, Integration und Insertion. *Assimilation*, Angleichung der Anderskulturellen an die Kultur des Aufnahmelandes bis hin zur Gleichwerdung mit ihr gilt als für Deutschland und Europa überholtes Modell. Die theoretischen Beschreibungs- und Deutungsmuster für Assimilation lieferten die Vertreter der Chicago-Schule der amerikanischen Soziologen in den zwanziger Jahren dieses Jahrhunderts (A. Coulon 1992). Eigentliches Streitobjekt ist gegenwärtig Integration bzw. Insertion. Der Streit verdankt sich einer noch nicht fest konturierten Bedeutung zweier Ausdrücke. Die Position der derzeitigen Bundesregierung besteht darin, *Insertion* als kollektive Autonomie in einer Gesellschaft zu deuten, die zu feindseligen Abgrenzungen der verschiedenen Kulturen führen kann. Die favorisierte *Integration* räumt den verschieden-kulturellen Bürgern eine private und individuelle Autonomie ihrer sozialen Symbolteilhabe ein (E. Schiffer 1991).

Die Unschärfe der Begriffe »Integration« bzw. »Insertion« hat zu zwei Resultaten geführt, die bisher kaum bedacht wurden: 1. Auf der einen Seite ist eine Polarisierung zwischen Integration und Insertion erkennbar. Folgt man der Position der Bundesregierung, so gilt ein Tertium non datur, d.h., es gibt entweder Integration oder Insertion, entweder staatlich garantierte private Kulturautonomie oder aber tendenziell anarchische Insertion. 2. Seitens der Befürworter multikultureller Gesellschaften ist bisher nicht verdeutlicht worden, daß dieses Entweder-Oder einer falschen Logik folgt. Vielmehr scheint es, als lasse man sich von der staatlichen Sozialplanung eine falsche Polarisierung aufdrängen. Man nimmt offenbar in Kauf, als tendenziell anarchistisch zu gelten, um keinesfalls potentiell der Linie der staatlichen Integrationspolitik zugerechnet zu werden. Was damit erreicht wird, ist nicht etwa eine Alternative zur staatlichen Sozialplanung. Vollzogen wird vielmehr eine Unterwerfung unter die Strategie einer logikverletzenden Polarisierung.

Im Rahmen unseres alternativen Vorschlags möchten wir jedoch darauf hinweisen, daß Insertion und Integration keineswegs einen kontradiktorischen, sondern nur einen *konträren* Gegensatz bilden, der ein *Drittes* nicht ausschließt, sondern *zuläßt*. Dieses Dritte ist der Ort einer kulturintegrativen Gesellschaft. Das Dritte teilt mit der Integration die Akzeptierung gleicher Rechte und Pflichten sowie gemeinsamer politischer Institutionen für alle Mitglieder. Und sie teilt mit der Insertion eine nicht nur privat-individuelle, sondern die soziale Differenzierung und Interpenetration verschiedenkultureller Menschen. Die Funktion kultureller Differenzierung und Wechseldurchdringung muß auf der Ebene politischer Institutionen seine Entsprechung finden. In Übereinstimmung mit einer Position der neueren amerikanischen Sozialphilosophie geht es darum, das liberalistische Modell nicht bloß, wie üblich, individualisierend und gesellschaftlich atomisierend auszulegen, sondern darum, »verschiedene Gruppen von Menschen dazu fähig werden zu lassen, ihre gemeinsamen politischen und kulturellen Ziele frei zu verfolgen und voranzutreiben« (W. Kymlicka 1991, S. 254).

Selbstverständlich ist eine kulturintegrative Gesellschaft mit dem traditionellen Dilemma konfrontiert, das sich aus dem Widerstreit von Freiheit und Gleichheit ergibt. Je gleichgestellter alle Mitglieder sind, desto geringer ist ihr Freiheitsspielraum, und je größer ihr Freiheitsspielraum ist, desto geringer wird ihre Gleichstellung sein. Um diesem Dilemma zu entgehen, muß eine kulturintegrative Gesellschaft die Register der Wahrnehmung, Ausdifferenzierung und Erweiterung sozialer Symbolteilhabe benutzen. Dadurch werden die Menschen symbolisch anders

besetzt, bleiben keine leeren Hüllen mehr. Auf diese Weise könnte das, was in der Antike und den Freiheitskämpfen der Neuzeit »Brüderlichkeit« genannt wurde, eine neue Bedeutung erlangen.
Die hier vertretene Idee einer kulturintegrativen Gesellschaft könnte als Form von »internem Kolonialismus« oder von »Neo-Neo-Kolonialismus« eingestuft und abgelehnt werden (vgl. die Beiträge in E. J. Dittrich und F.-O. Radtke 1990). Derartige Urteile verdanken sich jedoch einem Kulturrelativismus, der sich wiederum in selbsterzeugte Totalitarismen verstrickt (vgl. dazu das übernächste Kapitel). Um zu verdeutlichen, daß die erfolgte Bestimmung einer kulturintegrativen Gesellschaft eine Wahl zwischen mehreren Möglichkeiten darstellt, läßt sich selbstverständlich zwischen verschiedenen Optionen unterscheiden. Schematisch ergibt sich: Präferenzen für das linke Modell ergeben sich weder durch liberali-

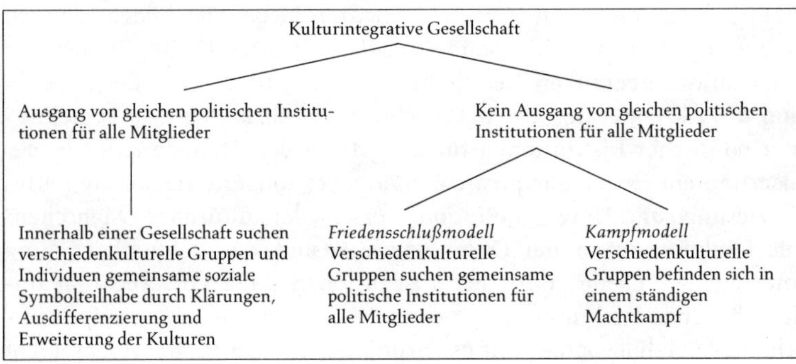

stische noch durch monokulturalistische Vorurteile, sondern durch eine Einordnung der Prämissen. Entweder nämlich steht zur Diskussion, wie bestehende Gesellschaften »Auswärtige« zu ihren Mitgliedern werden lassen. Oder es fragt sich, wie verschiedene kulturelle Gruppen einen Staat gründen (Friedensschlußmodell) oder ohne Staat auskommen und sich statt dessen in beständigen Machtkämpfen miteinander befinden (Kampfmodell). Für uns steht ausschließlich die Frage im Vordergrund, wie bestehende Gesellschaften Auswärtige und Anderskulturelle integrieren. Dies hat der amerikanische Sozialphilosoph Michael Walzer nachdrücklich herausgestellt: »Wir als bereits vorhandene Mitglieder entscheiden nach Maßgabe unseres eigenen Verständnisses von Mitgliedschaft in unserer Gemeinschaft und nach der Gemeinschaft, die wir haben möchten.« (M. Walzer 1983, S. 32, eigene Übersetzung) Walzer votiert allerdings für eine restriktive Asylgewährungspolitik bei steigender Bewerberzahl. Gleichzeitig bleibt für ihn die Spezifizierung der Begrenzung jedoch eine offene Frage (ebd., S. 51).

Das hier vertretene Votum für eine kulturintegrative Gesellschaft geht also von bestehenden Gesellschaften aus, in denen Anderskulturelle als Mitglieder aufgenommen werden und in denen gleiche Rechte und Pflichten für alle im Rahmen gleicher politischer Institutionen zugrundeliegen.[2] Im allgemeinen benötigt eine Gesellschaft, um kulturintegrativ zu sein, dreierlei:

1. Obernormakzeptierung: Alle Mitglieder akzeptieren gemeinsame politische Institutionen und gleiche Rechte und Pflichten für alle.
2. Kulturerzeugung: Die Mehrzahl der Mitglieder (ggf. alle) betreibt eine Klärung, Ausdifferenzierung und Erweiterung sozialer Symbolteilhabe.
3. Ästhetik des Perspektivenwechsels: Die Mehrzahl der Mitglieder (ggf. alle) praktizieren die Rollen nicht nur von Beobachtern, sondern auch von Teilnehmern bei kulturellen Prozessen.

Für die Schaffung von kulturintegrativen Gesellschaften sind mit diesen drei Bestimmungen verschiedene konkrete Modelle vereinbar. Quasimonokulturelle bzw. quasi-heterokulturelle Gesellschaften sollten dabei jedoch vermieden werden. Eine quasi-monokulturelle Gesellschaft liefe darauf hinaus, daß verschiedene andere Kulturen von der herrschenden an den Rand gedrängt würden, absterben müßten und am Ende nur noch im Museum sichtbar wären. Dagegen läge eine quasi-heterokulturelle Gesellschaft vor, wenn verschiedene Kulturen sich gruppenförmig voneinander isolierten, einander nur Beobachterstatus gewährten und die gemeinsame(n) Sprache(n) nur als Verkehrssprache benutzten. Zwischen beiden Modellen spannen sich Möglichkeiten, die Friedrich Nietzsche vor 120 Jahren aus kritischer Distanz so beschrieb:

»Je weniger die Menschen durch das Herkommen gebunden sind, um so größer wird die innere Bewegung der Motive, um so größer wiederum, dementsprechend, die äußere Unruhe, das Durcheinanderfluten der Menschen, die Polyphonie der Bestrebungen. Für wen gibt es jetzt noch einen strengen Zwang, an einen Ort sich und seine Nachbarn anzubinden?

2 Bestehende Gleichheit der Rechte und Pflichten aller Gesellschaftsmitglieder schließt nicht aus, daß dieser Zustand einst mühsam erkämpft wurde. Der Gleichheitszustand schließt auch nicht aus, daß er – wie Michel Foucaults Analysen in »Überwachen und Strafen« nahelegen – aus Disziplinarpraktiken hervorgeht, die eine homogene Gesellschaft erzeugt haben.

Für wen gibt es überhaupt noch etwas streng Bindendes? Wie alle Stilarten der Künste nebeneinander nachgebildet werden, so auch alle Stufen und Arten der Moralität, der Sitten, der Kulturen. – Ein solches Zeitalter bekommt seine Bedeutung dadurch, daß in ihm die verschiedenen Weltbetrachtungen, Sitten, Kulturen verglichen und nebeneinander durchlebt werden können; was früher, bei der immer lokalisierten Herrschaft jeder Kultur, nicht möglich war, entsprechend der Gebundenheit aller künstlerischen Stilarten an Ort und Zeit.« (Menschliches, allzu Menschliches I, Nr. 23)

Nietzsches Aphorismus endigt mit dem Ausblick auf einen Zustand jenseits der simultanen Erlebbarkeit aller Kulturen: Eines Tages wird es geschehen, daß man sich darüber »hinaus weiß«. Was klingt hier an? Denkbar wäre ein Zustand, der von einem Philosophen gegenwärtig als »Transkulturalität« diagnostiziert bzw. gefordert wird (W. Welsch 1992). Der bisherige romantisch geprägte Kulturbegriff enthalte, so Welsch, eine Zentrierung aufs Eigene und ziele auch als Multikulturalität nicht auf Wechseldurchdringungen, sondern auf Separatismen. Dagegen sei eine Vernetzung zu setzen, eine Transkulturalität, deren Anzeichen schon jetzt entzifferbar sind, z.B. in der Umbewertung des »Mischlings«, den der französische Denker Michel Serres als Helden aufbaut: »da ist er eine Vielfalt. Quelle und Vermittler des Sinns, die linke Hand für immer relativierend, die rechte und die Erde, aus der diese Richtungen stammen, hat er seinem flüssigen Leib einen Kompaß einverleibt. Haltet ihr ihn für einen Konvertiten, einen Verdreher, einen Verwirrten? Gewiß. Mehr noch: es ist universell. (...) Universell meist: was, obwohl einzigartig, dennoch in alle Richtungen läuft.« (M. Serres 1991, S. 26f.)

Wir teilen mit Wolfgang Welschs Votum für Transkulturalität zweierlei: die Ablehnung starrer Kulturidentitäten und die rassistischen Konsequenzen von Kulturrelativismus. Ferner ist dem Plädoyer für Transkulturalität insofern zuzustimmen, als damit Wechseldurchdringungen von Kulturen bezeichnet werden. Sie nämlich realisieren die hier geforderte Wahrnehmung, Ausdifferenzierung und Ermöglichung sozialer Symbolteilhabe.

Problematisch erscheint an dem Konzept von »Transkulturalität« indessen seine utopische Konnotation. Transkulturelle Ereignisse, wie sie von Welsch z.B. in der »Weder-europäischen-noch-asiatischen Musik« bei John Cage bezeichnet werden, erscheinen der Bezeichnung nach *jenseits* von Kultur zu liegen (d.h. u.U. der Nietzscheschen Zukunftsvision zu entsprechen). In Wirklichkeit sind sie selber Ereignisse von Kultur. Entweder also gibt es eine Vorhersage künftiger Kulturtranszendenz oder aber die Forderung nach einer Transkulturalität, die selber eine transkulturalistische *Kultur* bildet. Welsch meint letzteres. Wir reservieren dafür die Bezeichnung »kulturintegrative Gesellschaft«.

Ethischer Relativismus

Ethischer Relativismus ist eine Theorie, derzufolge moralisch Richtiges als solches relativ zu dem gilt, was weder moralisch richtig noch falsch zu sein vermag: Traditionen, Sprachen, Überzeugungen, Übereinkünfte. So kann etwa die Behauptung »Es ist moralisch richtig, niemanden zu belügen« relativ zu den Überzeugungen einer Gruppe sein.

Ethischer Relativismus kann dazu benutzt werden, moralische Normen zu relativieren. Er demonstriert dann, daß keine Norm objektiv richtig sein kann, bzw. daß alle moralischen Normen gleichermaßen gültig sind. Ein solcher ethischer Relativismus hieße »relativierender Relativismus«. Er erzeugt zwei Probleme: 1. Indem er aufzeigt, daß keine beliebige Moralnorm objektiv richtig sein kann, muß er einen Maßstab angeben, demzufolge die nicht vorhandene »Objektivität« begriffen werden kann. In dieser Hinsicht wird der Relativist nicht um eine Antwort verlegen sein: Er kann nämlich zeigen, daß es für den Ausdruck »moralische Tatsachen« keine akzeptierbare Bedeutung von »Tatsache« gibt. Denn Tatsachen sind wahre Sachverhalte und lassen sich empirisch beweisen. Das gilt nicht für die Moral. Keine Stimme Gottes, des Gewissens, der Vernunft, der Vorsehung, des Glaubens, der Reflexion flüstert dem Menschen moralische Tatsachen zu. Was zugeflüstert wird, sind eher gefährliche Wünsche und Einfälle, die der Beratung mit anderen bedürfen und die erst relativ zu den Präferenzen von Gruppen und Gemeinschaften als moralisch richtig gelten. 2. Der relativierende Relativismus läßt alle moralischen Normen in gleichem Maße gelten. Er bevorzugt beispielsweise weder Monogamie noch Polygamie. Es fehlt eine übergeordnete Moralnorm, die über Monogamie bzw. Polygamie moralisch zu urteilen erlaubte. Nun nimmt der relativierende Relativist hierbei bereits eine übergeordnete Moralnorm in Anspruch. Denn er *toleriert* ja Monogamie und Polygamie. Somit widerspricht er durch seine Tolerierung von Monogamie und Polygamie seiner Behauptung, es könne keine Obernorm zur Beurteilung beider geben. Toleranz *ist* eine solche Obernorm.

Ist es nun unausweichlich, daß ethischer Relativismus diesen Selbstwiderspruch zwischen Bestreitung von Obernormen und deren gleichzeitige Benutzung begeht? Die Gegner von ethischem Relativismus behaupten dies bis heute. Sie übersehen dabei, daß ethischer Relativismus keineswegs auf die beschriebene tolerierende Relativierung beliebiger moralischer Normen fixiert ist. Die Aufgabe des ethischen Relativismus ist jedoch nicht ausschließlich und nicht primär eine Relativierung, sondern eher eine *Regelung* moralischer Normen. Somit besteht auch ein *regelnder* ethischer Relativismus, dessen Anspruch an zwei Beispielen erläutert werden soll.

Angenommen, ein ethischer Relativist soll Stellung beziehen zu einer Sklavenhaltergesellschaft. Ein relativierender Relativist müßte diese akzeptieren. Damit kommt allerdings auf den ethischen Relativisten das Problem zu, auch faschistische, tyrannische, menschenverachtende, gewalttätige Gesellschaften zu akzeptieren. Gleichwohl ist diese Argumentation nicht korrekt. Sie vermischt zwei Bedeutungen von »akzeptieren«. Der Relativist urteilt, daß von der bezeichneten Gesellschaft Sklavenhaltung als moralisch richtig beurteilt wird. Er »akzeptiert« dies für diese Gesellschaft, d.h., er nimmt dies zur Kenntnis. Hingegen »akzeptiert« er Sklaverei weder für sich noch für eine von ihm vertretene Moral. Der erste Sinn von »akzeptieren« ist nur ein beschreibender. Er käme weniger einem ethischen Relativisten als einem Kulturanthropologen zu, der Sklaverei als kulturelles Faktum akzeptiert. Die zweite Bedeutung von »akzeptieren« ist eine ethisch-moralische. Der ethische Relativist *regelt* mit ihr, was er selbst für moralisch richtig hält. Dazu gehört nicht Sklaverei. Sklaverei kann also beschreibend »akzeptiert«, d.h. *als Tatsache hingenommen werden*. Sie wird aber damit nicht zugleich auch als moralische Norm »akzeptiert«, d.h. *als richtig erachtet* und ausgeübt.

Einen anderen Fall bildet das Respektieren. Müssen z.B. Christen und Muslime ihre Religionen gegenseitig respektieren? Der relativierende und tolerierende Relativismus müßte dies bejahen. Dieses »Ja« zu einem gegenseitigen Respekt verschiedener und in vielen Zügen einander ausschließender Religionen bzw. Kulturen oder Religionskulturen stiftet wiederum Verwirrung oder beruht bereits auf einer Verwirrung. Denn wenn ein Muslim einen Christen »respektiert« und umgekehrt ein Christ einen Muslim, so widerspricht jeder von ihnen seinen wesentlichen Glaubensnormen. Folglich können sie einander nicht »respektieren«, jedenfalls nicht im Sinn von »verehren«. Dagegen können sie sich in einem anderen Sinn respektieren, nämlich als »Zugeständnis des Rechts auf frei bestimmte Glaubensnormen« (F. Naylor 1991). Ein regelnder ethischer Relativismus kann hier ansetzen und festlegen, daß verschiedene Moralen gemeinsamen Obernormen unterstehen, die ihrerseits nicht absolut gelten. Entsprechend können Christen und Muslime genau dann in einer Gemeinschaft zusammenleben, wenn beide die Obernorm des »Rechts auf frei gewählte Glaubensnormen« anerkennen. Ein regelnder ethischer Relativismus wäre also diejenige Ethik, die eine kulturintegrative Gesellschaft ethisch rechtfertigen könnte. Zwei Probleme stehen dabei noch aus: Worauf läuft die Asyldebatte in Deutschland hinaus, sofern sie ethisch reflektiert wird? Und: Inwiefern gefährdet der gewöhnliche *Kulturrelativismus* die Möglichkeit einer kulturintegrativen Gesellschaft?

2. Was die inkonsequente Asyldebatte verbirgt

Die Debatte und die Öffentlichkeitstäuschungen laufen, ethisch betrachtet, auf zwei Möglichkeiten hinaus: Entweder vertritt man die Auffassung, daß *bestehende Normen ausreichen*, um das »Ausländerproblem« zu lösen. Oder man ist der Ansicht, diese Frage bedürfe einer *Revision* bestehender Normen. Die Ereignisse erlauben kein eindeutiges Urteil darüber, welche Auffassung wirklich vertreten oder angestrebt wird. Vielmehr wurde eine Undurchsichtigkeit über die bezeichnete Alternative erzeugt, die am Ende beunruhigender ist als die beschriebenen Öffentlichkeitstäuschungen. Will man existierende Normen nur zur Geltung bringen? Oder soll eine Normenrevision erfolgen?

Bei jedem beliebigen moralischen Problem stellt sich die Doppelfrage, ob bestehende Normen nur zu praktizieren oder ob Normen zu ändern sind. Hinsichtlich der ökologischen Zerstörungen etwa kann man nach neuen Normen – z.B. der Verankerung des Umweltschutzes als Staatsziel – rufen oder aber behaupten, bestehende Normen reichen aus, um ökologische Zerstörung zu verhindern. In diesem Fall könnte die Argumentation so lauten: Ökologische Zerstörungen implizieren, daß Menschen geschadet wird. Es gilt aber eine Obernorm, die fordert, daß niemandem geschadet werde. Folglich widerspricht ein ökologisches Handeln, das Schaden bewirkt, einer geltenden Obernorm. Um der Norm des »niemandem soll geschadet werden« zur Anwendung zu verhelfen, müßten also *technisch-praktische Maßnahmen* ergriffen werden, damit jene Norm auch wirklich befolgt werden würde. Allerdings kann eine weitere Überlegung hinzugefügt werden, die die Art des Geltens der Obernorm betrifft. Denn sie kann das Handeln unmittelbar oder mittelbar betreffen. Mittelbar geltende Normen benötigen noch Zwischennormen: Schematisch ergibt sich folgendes Modell (s. S. 121).

In diesem Modell wird das Recht vom Grundgesetz Art. 16,2 hypothetisch in eine moralische Norm übersetzt. Damit soll jedoch kein moralischer Begründungsanspruch für Art. 16,2 erhoben werden. Welche Möglichkeiten für eine Debatte um die Asylrechtgewährung bestehen

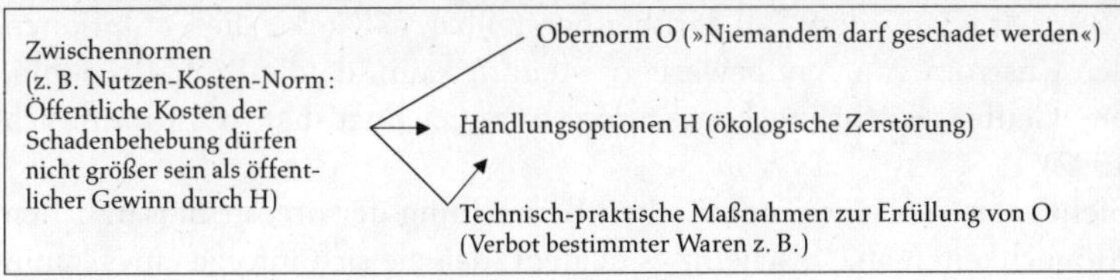

Hier wird O mit Hilfe von Zwischennormen und technisch-praktischen Maßnahmen zur Geltung gebracht. Auf die Asyldebatte übertragen, ergibt sich:

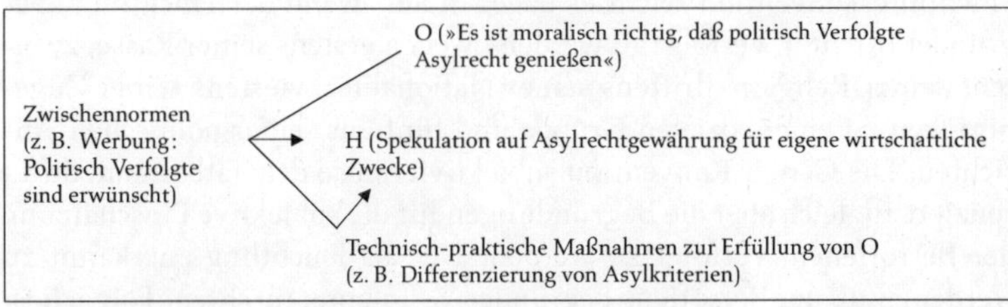

nun – abgesehen von der faktischen Debatte in Deutschland – generell? Offenbar bieten sich grundsätzlich drei Möglichkeiten:

1. Belassung eines Status quo: Asylgewährung bzw. Nichtgewährung bei unbegründeten Anträgen.
2. Verschärfung der technisch-praktischen Maßnahmen zur Erfüllung der Obernorm, z. B. Erweiterung der nachzuweisenden Merkmale von Verfolgung.
3. Änderung der Obernormen: Einschränkung oder Streichung der Asylrechtgewährung.

Die juristische Situation des Asylrechts weist eine Spannung zwischen Völkerrecht, Verfassungsrecht und Verfahrensrecht auf. Vier Optionen einer Änderung zeichnen sich ab:

1. die Null-Lösung, d.h. ersatzlose Streichung von Grundgesetz Art. 16,2 = Streichung des Asylrechts;
2. ein Gesetzesvorbehalt: das Asylrecht wird durch ein spezielles Bundesrecht geregelt;
3. Definitionsverengung politisch Verfolgter;
4. Länderlisten mit bzw. ohne politische Verfolgung.

Einigkeit ist in jedem Fall darüber herstellbar, daß keine dieser Optionen den Zustrom von Asylbewerbern steuern kann, da die Bundesrepublik die Genfer Flüchtlingskonvention unterzeichnet hat (O. Kimminich 1992).

Sieht man von einer moralischen Beurteilung der drei grundsätzlichen Möglichkeiten ab, so scheint es evident, daß sie sich infolge eines kaum vermeidlichen Scheiterns der zweiten Möglichkeit polarisieren. Es kommt zu einer Entgegensetzung zwischen Beibehaltung und Änderung der grundlegenden Obernorm. Der Grund dafür wurde oben bereits angedeutet: Auf welche Weise kann politische Verfolgung als objektiver Tatbestand überhaupt nachgewiesen werden? Im Rahmen der Genfer Flüchtlingskonvention reicht es dagegen aus, wenn der Flüchtling »begründet fürchtet, verfolgt zu werden« wegen erstens seiner Rasse, zweitens seiner Religion, drittens seiner Nationalität, viertens seiner Zugehörigkeit zu einer sozialen Gruppe und fünftens seiner politischen Ansichten. Die Genfer Konvention subjektiviert also den Tatbestand, differenziert zugleich aber die Begründungen für die subjektive Einschätzung der Betroffenen, verfolgt zu werden. Um als Flüchtling anerkannt zu werden, muß der Betroffene begründet Verfolgung fürchten. Folglich ist es nicht notwendig, daß er bereits verfolgt worden ist, die »künftigen Verfolgungsrisiken reichen zu dieser Anerkennung« aus (C. Norek/ F. Doumic-Doublet 1989, S. 54). In Deutschland herrscht eine restriktive Auslegung der Genfer Flüchtlingskonvention (vgl. auch U. Münch 1992). Die Polarisierung in Änderungsunwillige und Änderungswillige könnte also vermieden werden, wenn als mittlere Position die Veränderung der technisch-praktischen Erfüllung in einer Übernahme der Genfer Flüchtlingskonvention (Flüchtlingsdefinition) bestünde.

Welcher Gebrauch der drei Möglichkeiten wird nun faktisch in der deutschen Asyldebatte angestrebt? Der eingangs beschriebene Parteienkompromiß der Asylverfahrensverschärfung stellt sich öffentlich bloß als systemfunktionale Optimierung der Asylgewährung dar. Die Obernorm der moralischen bzw. juristischen Richtigkeit von Asylgewährung wird nicht bestritten. Es geht, so jedenfalls stellen die Parteien die Gesetzesänderung dar, um eine technisch-praktische Optimierung der Durchführung des Asylrechts. Genutzt werden somit bloß die erste und die zweite Möglichkeit, d.h. die Beibehaltung des Status quo (O), kombiniert mit der zweiten Möglichkeit, d.h. einer Verschärfung der technisch-praktischen Anwendung der Obernorm.

Angesichts der Öffentlichkeitstäuschungen stellt sich indessen die Frage, ob diese Selbstdarstellung den tatsächlichen Intentionen entspricht. Es ist bekannt, daß man etwas versprechen kann in der ebenso heimlichen wie festen Absicht, es nicht zu halten. Ebenfalls ist es möglich – der stalinistische Totalitarismus zeigte das –, in einer Verfassung Obernormen zu verankern und zugleich deren Geltung durch versteckte Klauseln zu verhindern. Ein deutsches Beispiel liefert der Versuch der C-Parteien, die Verankerung von Umweltschutz als Staatsziel im Grundgesetz mit einer Klausel zu verbinden, derzufolge spezielle Gesetze das »Nähere regeln« sollen. Weitere Gesetze können nämlich die Praktizierung der ökologischen Norm dann nach Belieben verhindern.
In der Asyldebatte sind die ethisch-normativen Verhältnisse noch verwickelter. Eigentlich müßte sich infolge der beanspruchten Kombination der ersten mit der zweiten Möglichkeit eine Polarisierung zwischen Status-quo-Konzepten und Änderungskonzepten ergeben. Denn die Verschärfung im technisch-praktischen Bereich ist leer, solange nicht die Verfolgungsfurcht zusammen mit den Verfolgungskennzeichen nach der Genfer Flüchtlingskonvention in das Asylrecht aufgenommen werden. Asylverfahrensbeschleunigung ersetzt die strukturell nicht lieferbaren objektiven Verfolgungskriterien durch bloße Hastigkeit, die u.a. zur Anwaltbehinderung führt (vgl. S. 70ff.). Eine Kombination der Status-quo-Beibehaltung mit einer Radikalisierung der Verfahrensverschärfung ergibt bei folgerichtiger Betrachtung eine Polarisierung der Absichten: Die einen könnten auf diese Weise wollen, daß möglichst O (Asyl) praktiziert wird. Die anderen könnten auf diese Weise wollen, daß möglichst kein Asyl mehr gewährt wird. Eine Polarisierungsvermeidung ist die Folge. Wie soll sie beurteilt werden? Drei Gesichtspunkte bieten sich an:

1. Mögliche strategische Vorteile
2. realistische Gegenrechnungen und
3. eine Vermutung, welche ethisch-politische Polarisierung sich hinter der Polarisierungsvermeidung verbergen könnte.

1. Mögliche strategische Vorteile könnten darin gesucht werden, daß beide vordergründig vereinte Lager auf Umschwünge der öffentlichen Meinung setzen. Ein Kritiker der Asyldebatte sprach in diesem Zusammenhang nicht unpassend von einem »Zirkus Pragmatikus« (W. Prantl, Süddeutsche Zeitung 30. 4. 1992). Es muß nicht unterstellt werden, daß

strategische Vorteile hier ausdrücklich geplant werden. Worum es geht, ist allein die Bezeichnung von Möglichkeiten, unabhängig davon, ob sie nun beabsichtigt oder genutzt werden.
Die Status-quo-Befürworter könnten das Ziel verfolgen, daß durch die Verschärfung des Asylverfahrensrechts sich die technisch-praktische Handhabung des Asylrechts ad absurdum führt und daß deshalb die Zeit für Neudefinitionen von Asylbewerbern als Flüchtlinge im Sinn der Genfer Konvention reift. Damit würde sich eine erhebliche Erleichterung der Asylrechtsbewilligung erzielen lassen. Die Befürworter grundlegender Obernorm-Veränderungen könnten ebenfalls darauf setzen, daß die Asylrechtspraxis sich ad absurdum führt. In der Optik der Gegenseite besäße die Absurdität jedoch die entgegengesetzte Konsequenz, d.h., sie bewiese die Fragwürdigkeit von Asylbegehren und von Asyl. Laut dieser Strategie müßte die Zeit reifen für eine Asyleliminierung.
Beide Strategien enthalten insofern ein hohes Risiko zu scheitern, als sie auf Meinungsumschwünge setzen, die nicht berechenbar sind. Risikomildernd kann für Zwischennormen geworben werden, etwa – von seiten der Asylfreunde – in folgendem Sinn: »Asylgewährung ist mehr als bisher erwünscht, weil Deutschland nunmehr ein Einwanderungsland ist.« Die Asylgegner könnten gerade entgegengesetzt argumentieren: »Asylbewerbung ist überflüssig, weil Deutschland ein Einwanderungsland ist.«

2. Realistische Gegenrechnungen ergeben sich gegen beide möglichen Strategien aus zwei bereits jetzt ablesbaren Entwicklungen. Zunächst ist fast allgemein bekannt, daß sich tatsächlich Meinungsänderungen ergeben im Gefolge der Asyldebatte. Sie bemessen sich u.a. nach der Zahl der Wählerstimmen, die für rechtsradikale Parteien abgegeben werden. Weiterhin ist ebenfalls fast allgemein bekannt, daß keine Verschärfung des Asylverfahrensrechts, keine Grundgesetzänderung, keine Streichung des Asylrechts zugleich zwei Ziele zu erreichen vermag: Asylbewerber abzuwehren *und* eine menschenrechtskonforme Politik zu praktizieren.
In Deutschland herrschen zwei Extreme: Auf der einen Seite gibt es den Grundgesetzartikel 16,2 mit einem als Menschenrecht angedeuteten Asylrecht; auf der anderen Seite ein Flüchtlingsverständnis, das die Darlegung der Motive des Verfolgerstaates erfordert. Wozu das führt, beschreibt ein Völkerrechtler so:

In anderen Staaten, die ihren Flüchtlingsbegriff nach Art. 1 GFK ausgerichtet haben, ergänzen sich hingegen Asyl- und Auslieferungsrecht. Ein Asylberechtigter darf dort nicht ausgeliefert werden und derjenige, der Schutz vor Auslieferung erhält, bekommt auch das Asylrecht zugesprochen. So sah es auch der Parlamentarische Rat, als er den Kreis der politischen Straftäter in den Kernbereich des grundgesetzlichen Asylrechts aufnahm. Erst die Motivationslehre des Bundesverwaltungsgericht brach mit diesem international anerkannten Prinzip und zeitigt bis heute unbefriedigende Ergebnisse. So ergibt sich in der Regel meist eine der beiden im folgenden kurz erläuterten Konstellationen: Ein Staat begehrt die Auslieferung eines politischen Straftäters, die konsequent von dem zuständigen Oberlandesgericht abgelehnt wird. Die betreffende Person erhält Auslieferungsschutz und kann im Bundesgebiet verbleiben. Ihr aufenthaltsrechtlicher Status wird aber meist über den eines geduldeten Ausländers nicht hinausgehen. Da politische Straftäter – wie oben gezeigt – meist nicht nach Art. 16 Abs. 2 Satz 2 GG als Asylberechtigte anerkannt werden, ist es der betroffenen Person kaum möglich, ihren aufenthaltsrechtlichen Status zu verbessern und die vollen Rechte eines Flüchtlings zugesprochen zu erhalten. Stellt der Verfolgerstaat – beispielsweise weil er die Asylrechtsprechung in der Bundesrepublik Deutschland in bezug auf seine Staatsangehörigen genau verfolgt – keinen Auslieferungsantrag, so wird ihm der politische Straftäter, den er zu verfolgen beabsichtigt, nach negativem Ausgang des Asylverfahrens sozusagen auf »einem silbernen Tablett« im Rahmen der Abschiebung überreicht. Würde das Asylrecht – wie in den anderen Signatarstaaten der Genfer Flüchtlingskonvention – mit dem Auslieferungsrecht korrespondieren, so träten diese Problemfälle erst gar nicht auf. Der politische Straftäter erhielte den aufenthaltsrechtlichen Status eines Flüchtlings und wäre – im Falle eines Auslieferungsantrags – vor Auslieferung geschützt. (P. Nicolaus 1991, S. 277f.)

Dem ist nichts hinzuzufügen, außer: Es würde zu der Asylrechtsregelung einer kulturintegrativen Gesellschaft gehören, daß Asylrecht und Auslieferungsrecht einander entsprechen statt einander zu widersprechen.

3. Welche ethisch-politische Polarisierung könnte sich hinter der Polarisierungsvermeidung verbergen? Zunächst sollte den Politikern nicht einfach Unehrlichkeit unterstellt werden. Das setzt zu viel Selbsttransparenz, zu viel Wissen von Handlungen und Handlungsfolgen voraus auf Seiten der Entscheidungsträger. Wer unehrlich handelt, weicht bewußt von dem ab, was er weiß. Angemessener und vorsichtiger wäre von »Inkonsequenz« zu sprechen. Die Polarisierungsvermeidung ist also inkonsequent. Bei konsequentem Verhalten müßte eine Polarisierung zwischen Asylfreunden und Asylgegnern auftreten. Folgerichtig gelangte man zur Artikulation sehr verschiedener Grundwerte im Hinblick auf die Aufnahme von Ausländern.

Die **Asylfreunde** könnten dabei etwa folgende Grundwerte benennen:

G 1: Die Deutschen haben ein Recht auf Wahrung ihres Gemeinwesens.

G 2: Staat und Gesellschaft in Deutschland sind nur unter der Voraussetzung des Funktionierens ihrer Institutionen zu einer Aufnahme neuer Mitglieder in der Lage.

G 3: Für alte und neue Gesellschaftsmitglieder gelten Grundsätze rechtlicher und moralischer Gleichbehandlung.

Die **Asylgegner** dagegen könnten vertreten:

G I: Das deutsche Gemeinwesen soll eine Gemeinschaft aus weitestgehend deutschen Elementen sein.

G II: Deutschland soll fremde, ethnische Elemente gar nicht oder nur in Ausnahmefällen aufnehmen.

G III: Um einer unvermeidbaren moralischen und rechtlichen Ungleichbehandlung von Ausländern auf deutschem Boden zuvorzukommen, sind Ausländer nach Möglichkeit und unter Zwang an der Grenze abzuweisen.

Es ist ersichtlich, daß die Forderungen G I, G II und G III weder mit der Genfer Flüchtlingskonvention noch mit dem Grundgesetz noch auch mit den Menschenrechtsbestimmungen harmonieren. Ferner sprechen diese Grundsätze für eine realitäts- und geschichtsblinde Wahrnehmung, die eine traditionelle Vielvölkerverbindung in eine einzige deutsche Identität umdeuten möchten. Es gibt keine deutsche Identität, sofern man diese als eine im wesentlichen unteilbare monadische Einheit einer Kultur, Seele, eines Volkscharakters, Volksgeistes, Denkens, Fühlens, Wollens auffassen wollte. Deutschland war stets Vielheit, Mischung, Wechseldurchdringung verschiedener Völker und kultureller Lebensformen. Bernt Engelmann hat dies mit aller wünschenswerten Anschaulichkeit dargelegt. Laut Engelmann sollten »wir« Deutsche »uns zunächst daran erinnern, daß alle, die heute Deutschland als ihre angestammte Heimat ansehen, von Menschen abstammen, die aus fremden Ländern herbeigekommen sind – als Flüchtlinge, als Vertriebene, als umworbene Einwohner, mitunter auch als Feinde und Eroberer, die einen schon vor vielen, die anderen erst vor wenigen Jahrhunderten und nicht wenige erst in den letzten fünfzig Jahren« (B. Engelmann 1991, S. 229).

3. Rassistische Konsequenzen des Kulturrelativismus

Auf den ersten Blick wirkt es paradox: Die drei Grundwerte G I, G II und G III der Asylgegner sind, obwohl sie nicht zu den Menschenrechten passen, durchaus vereinbar mit derjenigen Auffassung, die traditionell zur Rechtfertigung von Multikulturalität dient, nämlich dem Kulturrelativismus. Denn wenn jedes Volk Recht auf seine Kultur besitzt, so scheint das darauf hinauszulaufen, daß sich alle Kulturen zueinander verhalten wie Magnetpole, d.h., daß sie einander abstoßen. Kulturrelativismus, beseelt von maximaler Zuwendung zur Andersartigkeit anderer sozialer Symbolteilhabe, führt zu einer politischen Praxis, in der verschiedene Kulturen sich wechselseitig abstoßen. Ist dies notwendig oder vermeidbar? Enthält nicht insbesondere der Kulturrelativismus begriffliche Instrumente zur Beschreibung kulturintegrativer Gesellschaften?

Gehen wir probeweise von einer multikulturellen Erziehung aus, so zeigt sich alsbald das kulturrelativistische Problem. Erziehung zur Multikulturalität ist in gewissem Sinn bereits europäische Realität, was insbesondere in der britischen Gesellschaft zu beobachten ist: »Wir werden es konsensfähig finden, daß England in gewissem Sinn eine multikulturelle Gesellschaft darstellt; das Erziehungssystem muß dem irgendwie Rechnung tragen.« (F. Naylor 1991, S. 226)[1] Die Zahl der Londoner Moscheen – es sind über 800 – spricht auch für die Existenz einer Gesellschaft in London, die zumindest mehrere ethnische Gruppen umfaßt. Was besagt nun Erziehung zur Multikulturalität? In einem schwachen Sinn ginge es darum, daß Schülerinnen und Schüler lernen, die Gefüge anderer sozialer Symbolteilhabe wahrzunehmen und zu erkennen. Die Wertung – auch die eigene Sozialisation – bleibt dabei ausgeklammert. Monogamie wäre in diesem Kontext nicht »besser« und nicht »schlechter« als Polygamie, und Polytheismus besäße keine Vorzüge oder Nachteile gegenüber Monotheismus. Erziehung zum Wahrnehmen und Kennenlernen fremder sozialer Symbolteilhabe beschränkt sich auf Be-

1 Vgl. dagegen: Démocratie et les minorités ethniques. Le cas anglais. In: Les temps modernes, Nr. 540–541, Juni–August 1991.

schreibung. Das ist ihre Stärke und zugleich ihre Schwäche. Ihre Stärke: Da jede Beschreibung Bereitschaft zur Sachlichkeit voraussetzt, trägt sie zum Abbau von Vorurteilen bei, die sich mangelnder Information verdanken. Die Schwäche einer solchen Erziehung besteht darin, darauf zu verzichten, moralische Gefühle, Urteile oder Strebungen zu erzielen, die nicht bloß bei einer Kenntnisnahme stehenbleiben, sondern zur Schätzung fremder Lebensformen und, damit verbunden, zu Wertungen der eigenen Symbolteilhabe vordringen. Bestünde Erziehung zur Multikulturalität nur als Stufe des Kennenlernens, so bleiben alle Formen der Wertung bloß individueller Willkür ausgesetzt. Das Sozialverhalten, das entsprechend zu erwarten wäre, läge bestenfalls in indifferenter Koexistenz. Erziehung zur Multikulturalität sollte also zweistufig verfahren: Wertschätzung der anderen sozialen Symbolteilhabeformen, aber auch wertschätzende Reflexion der anderen Kultur.

Die zweite Stufe (Wertschätzung) hat eine verbale Selbstverständlichkeit erlangt. Sie kann sich mit Klassiker-Zitaten wie dem folgenden Goethe-Aperçu schmücken: »Toleranz sollte eigentlich nur eine vorübergehende Gesinnung sein: sie muß zur Anerkennung führen. Dulden heißt beleidigen.« (W. Goethe, Maximen und Reflexionen Nr. 875) Susan Mendus hat vor kurzem gezeigt, daß die drei klassischen Begründungen für politische Toleranz – moralischer und religiöser Skeptizismus, Neutralität des Staates gegenüber den gegensätzlichen individuellen Vorstellungen vom Guten und Achtung vor der Autonomie der Personen – argumentativ nicht unbedingt überzeugen (S. Mendus 1989). Wenn Toleranz zu Anerkennung führen soll, so fragt sich: »Anerkennung« in welchem Sinn? Hegel hat Anerkennung zwischen Menschen im Naturzustand als einen Kampf um Leben und Tod beschrieben, aus dem der eine als Sklave, der andere als Herrscher hervorgeht. Ähnliches wiederholt sich, um ein Beispiel anzuführen, täglich in Prestigekämpfen zwischen Jugendlichen. Nochmals also: Anerkennung – in welchem Sinn? Es zeichnet sich für eine Erziehung zur Multikulturalität ein Dilemma ab: Wird erstens auf ein bloßes Kennenlernen anderer Kulturen hin erzogen, so verantwortet diese Erziehung, daß intersubjektiv diskutierbare moralisch-ethische Bezüge zu Anderskulturellen nicht erlernt werden. Wird über das Kennenlernen hinaus zweitens noch auf die Anerkennung fremder Kulturen hin erzogen, dann ist weder die Art der Anerkennung noch die Stellung des Anzuerkennenden klar und eindeutig.

Das zweite Horn des Dilemmas führt zu den Problemen des Kulturrelativismus. Das erste Horn steht so lange nicht zur Diskussion, als die Erziehung sich nicht auf bloßes Kennenlernen anderer Kulturen beschränkt. Angenommen also, es werde zur Anerkennung Anderskultureller erzogen, und »Anerkennung« bestimme sich zunächst von den »Objekten« her als Gleichwertigkeit, Unterlegenheit, Höherwertigkeit. Wenn die fremde Kultur gleichviel wert sein soll wie die eigene, dann ist nicht einsehbar, weshalb man überhaupt eine der beiden Kulturen vertreten soll. Gleichwertigkeit zweier Kulturen x und y besagt, daß Vertreter beider Kulturen beide vertreten können, ohne daß mit dem Vertreten von Kultur x etwas fehlt, was y enthält und umgekehrt. Dies ist indessen nicht generell möglich: Monotheismus und Polytheismus lassen sich ebensowenig als gleichwertig einschätzen wie Polygamie und Monogamie. Diese Schwierigkeit führt jedoch zu zwei Auswegen. Einmal könnte man von einer Gleichwertigkeit von x und y in dem Sinn sprechen, daß sie letztlich zu universalistischen Werten führt, die alle Menschen teilen. Würde sich multikulturelle Erziehung hierauf beschränken, so würde kulturelle Begegnung nur dazu dienen, überkulturelle moralische Tatsachen zu entdecken, d.h., sie besäße keinen Eigenwert.[2] Eine zweite Lösung wäre: Die Gleichwertigkeit der beiden Kulturen würde so genutzt, daß man sich einmal als Teilnehmer und zum anderen als Beobachter bezüglich der Kultur x und der Kultur y verhalten könnte. Auf diese Weise könnte Kulturgleichwertigkeit erlebbar werden. So würden Chancen für eine kulturverbindende Gesellschaft bestehen. Sie müssen jedoch erst ausdifferenziert und erprobt werden.

Wenn es daher zutrifft, daß ein kultureller Gleichwertigkeitsfall zu einer kulturintegrativen Lösung führen würde, so ist damit noch ungeklärt, was passiert, wenn die fremde Kultur als höher bzw. als niedriger gilt. »Höher« heißt: Es entsteht eine moralische Forderung, der anderen, höheren Kultur beizutreten. »Niedriger« heißt: Die andere Kultur berechtigt zur Diskriminierung.

Nun scheint sich das gesamte Dilemma einer Erziehung zur Multikulturalität dadurch zu entschärfen, daß man behauptet, es gebe nun einmal eine Vielheit von Kulturen mit einem eigenen Wahrheitsverständnis, ohne daß es transkulturelle Wahrheit gäbe. Jede Kultur ist danach wahr für ihre Mitglieder; es gibt keine übergeordneten Wahrheiten. Diese

2 F. Hamburger: Der Kulturkonflikt und seine pädagogische Kompensation. In: E. J. Dittrich und F.-O. Radtke (1990), S. 313.

Auffassung führt zu kulturellem Relativismus. Daraus würde folgen, daß Anerkennung fremder Kulturen davon auszugehen hätte, die Wahrheit der eigenen Kultur auf die eigene Kultur zu beschränken. Bewertungen anderer Kulturen können sich nicht auf Wahrheiten stützen, die außerhalb kultureller Wahrheiten liegen. Damit werden kulturelle Bewertungen überhaupt problematisch.
Gegen Kulturrelativismus wurden vier Einwände formuliert, die sich in zwei Gruppen – erkenntnisbezogene / handlungsbezogene – unterscheiden lassen.

Erkenntnisbezogene Einwände:

1. Kulturrelativismus ist trivial. Er liefert nicht, was er beansprucht, nämlich authentische Darstellungen der anderen Kultur. Vielmehr läuft er auf die Trivialität hinaus: Für uns ist es wahr, daß etwas für eine andere Kultur wahr ist.
2. Kulturrelativismus besteht nur an der Oberfläche. In tieferen Schichten von Regeln, Werten, Normen lassen sich jedoch Ähnlichkeiten und Übereinstimmungen zwischen vordergründig verschiedenen Kulturen aufzeigen.

Handlungsbezogene Einwände:

3. Kulturrelativismus ist angesichts weltweiter Nivellierungen kultureller Besonderheiten nur »eine beschwichtigende Komplementärideologie«.
4. Wenn der Kulturrelativismus ein »Recht auf Differenz« proklamiert, dann führt er zur »Herrschaftsideologie«, ersetzt Recht durch Macht und gebiert drei andere Rechte: das Recht zur Kasernierung, zur Unterdrückung und zur Tötung.[3]

Läßt sich Kulturrelativismus dennoch nicht rechtfertigen? Die Motive für einen Kulturrelativismus liegen in der Befreiung anderer Zivilisationen von den Verwüstungen, die ihnen westliche Zivilisation gebracht hat. Claude Lévi-Strauss notierte 1955, andere Zivilisationen »sind zerschmettert worden durch jenen ungeheuren und unverständlichen Umsturz, der sich für einen so großen und so unschuldigen Teil der Menschheit als Entwicklung der westlichen Zivilisation ereignete«

3 Zum ersten und zweiten Einwand vgl.: B. H. F. Taureck (1992): Ethikkrise, Krisenethik, S. 219f. Zum dritten und vierten Einwand: H. Schnädelbach 1991, S. 542ff., S. Abou 1992 S. 23ff. (mit positiver Bezugnahme auf A. Finkielkraut, P. Bruckner, G. Devreux u.a.m.).

(C. Lévi-Strauss 1984, S. 388). »Wo sie eine Verwüstung stiften, nennen sie es Frieden«, hatte einst der römische Historiker Tacitus zur Entlarvung kolonialistischer Praktiken vermerkt.
Die neueste Veröffentlichung des Kulturanthropologen Lévi-Strauss, eine Studie über die Mythologie nordamerikanischer Indianer, läßt vermuten und hoffen, daß der Kulturrelativismus anders ist, als die vier Einwände unterstellen, und daß er am Ende eine Stütze für den Gedanken einer kulturintegrativen Gesellschaft bietet. Kulturrelativismus, verstanden als Theorie kulturinterner Wahrheitsbildungen bei gleichzeitiger Abwesenheit des Anspruches auf transkulturelle Wahrheit, legt das Urteil nahe, daß die diversen Kulturen im Kern monadisch sind, d.h. andere Symbolteilhabe als fremd betrachten und ausschließen. Nun zeigt Lévi-Strauss an den Mythen nordamerikanischer Indianer, daß dort die Existenz anderer Menschen, eben Nicht-Indianer, vorgesehen war. Ähnlich wie jene Weissagungen der Inkas und Azteken über künftig kommende Götter, mit denen dann die Spanier identifiziert wurden, erklärt sich auf diese Weise die nicht selbstverständliche freundliche Aufnahme der Weißen in Nordamerika. Ebenso nahmen die Indianer Elemente franko-kanadischer Folklore in ihre Mythen auf, da diese auf Integration anderer Elemente angelegt war. Lévi-Strauss weist mit bitterer Kritik darauf hin, daß die Weißen keine ähnlichen Muster ausgeprägt hatten, um auf unbekannte anderskulturelle Menschen zu treffen: Die Indianer waren bereits im Rückgriff auf antike Klassifikationen »bekannt«, ohne daß man ihnen realiter zu begegnen brauchte. Diese »absichtliche Blindheit war die erste Replik einer sich voll und ganz dünkenden Menschheit, die von heute auf morgen vor diese Offenkundigkeit gestellt wurde, daß sie von der Menschengattung nur eine Hälfte darstellte« (C. Lévi-Strauss 1991, S. 291). Was Lévi-Strauss nahelegt, ist daher zunächst ein wie folgt schematisierbarer Unterschied:

Nordamerikanische Indianer		*Europäer*
Mythologie, in der die Möglichkeit wirklicher und unbekannter anderskultureller Menschen vorgesehen ist.	→	Praxis der freundlichen Aufnahme
Praxis eines Rechts auf Zurückdrängung und Kulturzerstörung.	←	Diskurse, in denen mögliche Anderskulturelle schon als bekannt strukturiert sind.

Der einzige Europäer, Lévi-Strauss zufolge, der sich diesen Diskursen verweigerte, war der französische Philosoph Michel de Montaigne (1533–1592). Montaigne schrieb in seinem Essay über die Kannibalen: »Jeder nennt Barbarei, was nicht zu seinen Bräuchen gehört; und tatsächlich scheint es, daß wir kein anderes Maß für Wahrheit und Vernunft haben als das Beispiel und die Vorstellungen der Ansichten und Bräuche des Landes, wo wir uns aufhalten.« (M. de Montaigne I, 30 und C. Lévi-Strauss 1984, S. 280) Damit war der Sache nach der Kulturrelativismus als europäische Antwort auf die Entdeckung der Neuen Welt geboren: Kulturrelativismus, verstanden als eine Art Realitätsprinzip, das anderskulturelle Realität uneingeschränkt zugesteht.
Zu erwähnen ist in diesem Zusammenhang der Spielfilm des australischen Regisseurs Bruce Beresford »Black Robe – Am Fluß der Irokesen« (1991) nach dem Drehbuch von Brian Moore, dem seinerseits Moores Roman zugrunde liegt. In diesem Film gerät der missionsbesessene Jesuitenpater Laforgue 1634 u.a. in die Hände kriegerischer Irokesen, die ihn, seinen europäischen und seine indianischen Begleiter foltern und durch Abziehen der Haut zu Tode martern wollen. Die Grausamkeit der Irokesen *spiegelt* indessen die Besessenheit des französischen Jesuiten, der die »Wilden« missionieren, d.h. dekulturalisieren will. »Was wird aus diesen Menschen, wenn wir sie ändern?«, fragt der Laienbegleiter Daniel den Pater. Der Jesuit mokiert sich über den indianischen Glauben an das irdische Weiterleben der Seelen der Verstorbenen, vermag den Landesbewohnern aber nicht mehr zu verheißen als ein phantasieloses Paradies.
Berücksichtigt man den von Lévi-Strauss intendierten neuen Status von kulturellem Relativismus, so können wir zwei verschiedene Kulturrelativismen unterscheiden. Ein erster Typus wäre der Relativismus, dem die vier Einwände gelten. Er hieße Kulturrelativismus eins und besagt: Alle Kulturen sind gleich wahr und gleichwertig. Dies beinhaltet, daß sie als monadisch abgeschlossene für sich bestehen und als solche zu achten sind. Kulturrelativismus eins enthält zwei Fehler. Erstens verdanken sich die gleiche Wahrheit und Wertigkeit der Kulturen in ihm bloß der Optik der Kulturforscher. Die Kulturforschung nivelliert. Kulturen, die sich nicht monadisch verschließen, erscheinen nicht in der nivellierenden Gesamtangabe. Zweitens wird unzulässig von Ist auf Soll geschlossen: Die diversen monadisch abgeschlossenen Kulturen *sollen* als solche geachtet werden.

Gegenüber diesem unhaltbaren Kulturrelativismus eins besteht nunmehr offenbar die Möglichkeit zu einem »Kulturrelativismus zwei«, der besagt: Bei der Kulturbeschreibung zeigen sich zwei Typen, monadisch geschlossene bzw. nicht-geschlossene Kulturen. Nicht-geschlossene Kulturen sind besser als geschlossene. Alle Kulturen sollen nach Möglichkeit nicht geschlossen sein. Auch wenn man dieser Einschätzung zustimmen würde, wäre der Fehlschluß von Ist auf Soll nicht überwunden. Dieser Schluß besitzt unter Umständen fatale Konsequenzen derart, daß er Pseudolegitimierungen für imperialistische Eingriffe bereit stellen könnte, sei es auch nur jener Zwang zum Handel wie etwa die gewaltsame Öffnung japanischer Häfen durch die USA im 19. Jahrhundert.
Auch ein reformulierter Kulturrelativismus – »Kulturrelativismus zwei« – bleibt inakzeptabel. Trotzdem lassen sich Bedingungen nennen, die jeder Kulturrelativismus erfüllen müßte, um nicht selber imperialistisch zu werden. Sie lauten: 1. Jede Basisaussage, die zur *Identifikation* von Kulturen führt, ist als bloß *methodische* Annahme der Klassifikation zu markieren, die nichts über reale Existenzweisen kultureller Identität enthält. 2. Aussagen empirischer Kulturforschung erlauben *keinen* Schluß auf *Soll-Aussagen*. Ein Kulturrelativismus, der diese Forderungen erfüllen würde, wäre zu einem *Kulturforschungsrelativismus* geworden, der sich abstinent gegenüber Aussagen über »alle« Kulturen und deren Rechte verhielte. Wird dagegen Kulturerforschungsrelativismus zum Kulturrelativismus hin erweitert, so mag darin zwar ein öffentlicher Gewinn durch Abbau von »Langweiligkeit« von Kulturforschung liegen; in der Sache indessen würde anspruchsloser Kulturerforschungsrelativismus seine Widerspruchsfreiheit und seine politische Unschuld verlieren.
Der Schritt zu jenen im vierten Einwand gegen kulturellen Relativismus formulierten Auswüchsen ist getan, wenn man, wie Lévi-Strauss (allerdings mit gleichzeitiger persönlicher Beunruhigung) nicht-okzidentalen Ethnozentrismus für legitim hält, okzidentalen Ethnozentrismus dagegen verdammt (vgl. dazu S. Abou 1992, S. 30).
Diskursive und quasi-diskursive antirassistische Rassismen werden auch im sozialen Binnenraum möglich und vergiften den Boden für kulturverbindende Gesellschaften. In den USA hat sich mit der Forderung nach »Politicaly Correctness« (PC) im universitären Bereich eine Art Rassismus des Antirassismus etabliert. Hochschullehrer werden mittlerweile des Rassismus verdächtigt, auch wenn sie durch ihre Veröffentlichungen dokumentiert haben, daß sie das Gegenteil vertreten. Auf der Basis von

Kulturrelativismus besteht im Binnenraum der Gesellschaften die Möglichkeit zu einem McCarthyismus antirassistischer Couleur. Diskursive antirassistische Rassismen des Kulturrelativismus klingen im Rahmen der Ethnizitätsforschung an, sofern sie »Integration« als »neo-neo-kolonialistisches« Konzept ablehnen (vgl. S. 114).

Kulturrelativismus, obwohl gegen den westlichen Imperialismus formuliert, legitimiert also tatsächlich alle Spielarten kultureller Gewaltsamkeit. Dem Anschein zum Trotz vermag der kulturelle Relativismus nicht als Folie für eine kulturintegrative Gesellschaft dienen, bzw. kann die Schwierigkeiten einer »multikulturellen« Erziehung nicht lösen. Ein Kulturerforschungsrelativismus dagegen wäre von den imperialistischen Konsequenzen des Kulturrelativismus befreit, besäße aber keine normative Orientierungskraft für die Erziehung oder eine kulturverbindende Gesellschaft. Was tun? Der französische Soziologe Raymond Aron hat Lévi-Strauss gefragt, ob universalistische Normen mit kulturellem Relativismus unvereinbar seien. Wenn wir diese Frage von Aron etwas modifizieren, könnte man in Richtung einer Rechtfertigung kulturintegrativer Gesellschaft auf einen regelnden ethischen Relativismus verweisen. Die Frage lautet: Müssen moralische Normen auf eine Kultur beschränkt sein, um für eine Kultur verbindlich zu sein?

4. Versuch einer ethischen Rechtfertigung einer kulturintegrativen Gesellschaft

Um die zuletzt gestellte Frage vorweg zu beantworten: Die Normen, die eine kulturintegrative Gesellschaft rechtfertigen, können besagen, daß Gesellschaften auch gegeneinander kulturintegrativ sind. Dieser Prozeß vollzieht sich gegenwärtig in Europa. Selbst wenn die politischen Institutionen der EG-Staaten miteinander verschmelzen würden, so müßte dies nicht zur generellen Vereinheitlichung führen: Es wäre z.B. eine Mehrsprachigkeit aller beteiligten Europäer denkbar (vgl. auch S. 187ff.).
Eine ethische Rechtfertigung kulturintegrativer Gesellschaften ist, um dies vorwegzunehmen, nur in einem *hypothetischen*, nicht absoluten Sinn möglich. Das ist weniger, als jenen vorschwebt, die von unveränderlichen Werten träumen, und mehr, als diejenigen verkünden, für die alles auf beliebig wechselnder Willkür beruht.
Bevor die Möglichkeit kulturintegrativer Gesellschaften hypothetisch legitimiert wird, soll zunächst auf andere Rechtfertigungsformen eingegangen werden. Auf diese Weise wird sich zeigen, daß wenig Aussicht besteht, eine andere als die bescheidene Argumentation des Hypothetischen erfolgreich zu verwenden.
Einc crstc Möglichkeit besagt: Kulturintegrative Gesellschaften haben vor allem drei Merkmale: 1. Gemeinsame Rechte und Pflichten für alle wie auch gemeinsame politische Institutionen (Parlament, repräsentative Regierung, unabhängige Rechtsprechung usw.), 2. Kulturerzeugung und 3. Ästhetik des Perspektivenwechsels (vgl. S. 115). Wann ist eine so bestimmte kulturintegrative Gesellschaft ethisch gerechtfertigt? Genau dann, lautet die Antwort, wenn so gehandelt wird, daß diese Merkmale in die Realität umgesetzt werden. Es ist moralisch richtig, daß so gehandelt wird. Vergleichbare Argumentationen sind häufig zu hören. »Das Trinkwasser und die Luft sind rein zu halten. Es ist gut, wenn das geschieht.« »Organisiertes Verbrechen ist hart zu bestrafen. Es ist gut, wenn das geschieht.« »Kriege sind zu vermeiden. Es ist gut, wenn das geschieht.«
Folgt man diesen Argumentationen, so scheint mit theoretischen Überlegungen, wie sich eine kulturintegrative Gesellschaft ethisch begründen ließe, nichts gewonnen. »Es gibt«, wie Erich Kästner schrieb, »nichts

Gutes / Außer man tut es.« Die erste Begründung einer kulturintegrativen Gesellschaft muß daher auf eine Ersetzung ihrer Rechtfertigung durch ihre Realisierung hinauslaufen. Das Gute zeigt sich, sofern es tatsächlich verwirklicht wird.

Eine solche Lösung wird jedoch kaum befriedigen. Daß sich das »Gute« einer Handlung oder eines Handlungsziels in seiner Verwirklichung »zeigt«, wird niemand bestreiten. Wenn ein Lehrer etwa davon überzeugt ist, daß intellektuelle Untätigkeit »gut« für ihn ist, so mag sich das nach zehn Jahren Nichtstun durchaus zeigen. Er könnte unter geistiger Erstarrung leiden oder auch unter den Folgen von selbst herbeigeführten Schlaganfällen. Das »Gute« der intellektuellen Untätigkeit *zeigt sich* als etwas, das nicht gut ist. Indessen trifft es nicht zu, daß das Gute einer Handlung ausschließlich darin *besteht*, was jeweils verwirklicht wird. Es kann durchaus sein, daß Handlungen wie intellektuelle Untätigkeit, Sucht, Betrügerei sich in unterschiedlichen Situationen als verschieden »gut« zeigen. Die Gesamtheit von Handlungsweisen kann vielleicht nie gelebt, vielleicht nie vollständig ausgelebt und ausprobiert werden. Was dagegen als ein Ganzes von Handlungsweisen für die Beteiligten angegeben werden kann, sind Pläne und ihre Begründungen im Hinblick auf ethische Vertretbarkeit.

Somit: Wenn kulturintegrative Gesellschaften etabliert werden sollen, so vermag niemand zu wissen, ob es irgendwann möglich sein wird, Gesellschaften im Hinblick auf ihre vollständige bzw. weitestgehende kulturintegrative Realisierung zu beurteilen. Hier können demnach nur Gründe angegeben werden, die so für eine kulturintegrative Gesellschaft sprechen, daß sie ethisch vertretbar würde? In einem sehr starken Sinn könnte man sagen: Daß Vergemeinschaftung und Vergesellschaftung als Wechseldurchdringung von verschiedenkultureller Bevölkerung stattfinde, ist ein fester moralischer Wert W, von dem man nicht durch Gefühl, durch Reflexion oder durch Tradition weiß. Denn Gefühle sind instabil und werden zudem über die Medien manipuliert. Wenn »kulturintegrative Gesellschaften« heute in Mode wären, so könnte morgen ein Umschwung kommen, der Monokulturalität bevorzugen würde. Reflexion dagegen, verstanden als Überlegen und Entdecken verschiedener Möglichkeiten des Handelns, ist gewiß unumgänglich für den menschengerechten Vollzug des Lebens. Indessen schafft Reflexion auch Unsicherheit. »Bewußtsein macht Feige aus uns allen«, monologisierte Shakespeares Hamlet, und die »Blässe des Gedankens« schwächt die vitale Kraft von Entschlüssen. Reflexion erschließt nicht mit Gewißheit den Wert W. Und falls sie auf ihn stößt, so umgibt sie ihn mit einem Kranz von »Wenn« und »Aber«. Kurz, Reflexion kann mehr Unsicherheiten als nötig schaffen und mehr Alternativen, als zu berücksichtigen möglich ist.

Dieser zweite Versuch einer Rechtfertigung kulturintegrativer Gesellschaften mißtraut neben dem »Gefühl« und der »Reflexion« auch noch der »Tradition«. »Tradition«, verstanden als kollektive Handlungsgewohnheiten, enthält den Wert W nicht unbedingt. Deutschland ist, wie oben unter Berufung auf Bernt Engelmann angedeutet wurde, stets ein Land gewesen, dessen Bevölkerung sich aus sehr verschiedenen Völkern zusammensetzte. Trotzdem: Die Statistiken sprechen dafür, daß zur Zeit weitaus mehr als die Hälfte der Deutschen ausländerabweisend sind. Das Sein, die polyethnische Tradition, scheint nicht das Bewußtsein zu bestimmen. Außerdem können neue Traditionen geschaffen werden. W selber könnte eine neue Tradition begründen. Zunächst aber müßte W erkannt und in die Realität umgesetzt werden. Die Tradition kommt später.

Dies etwa ergibt den negativen Teil der zweiten Rechtfertigung von kulturintegrativer Gesellschaft. Positiv kann festgehalten werden: Wenn der Wert W, auf den sich die Etablierung einer kulturintegrativen Gesellschaft stützt, weder durch Gefühl noch durch Reflexion noch durch Tradition erkannt und gesichert werden kann, so vermag dies offensichtlich nur eine *Intuition*. Man ist befähigt, Werte unmittelbar anzublicken, anzuschauen.

Zu schön, um wahr zu sein? Jedenfalls fällt es schwer, zu erkennen, daß die derzeitige bayrische Staatsregierung, die spanische Verfassung oder Jean-Marie Le Pen intuitiv vom Wert der Kulturintegration überzeugt sind. Die spanische Verfassung beispielsweise kennt im Unterschied zu Deutschland oder Frankreich kein allgemeines Asylrecht. Art. 13, Abs. 4 der spanischen Verfassung von 1978 lautet: »Das Gesetz legt die Bedingungen fest, nach denen Bürger anderer Länder und Staaten Asylrecht in Spanien genießen können.« Ähnliches fordern unterdessen auch deutsche Politiker. Der Ausländeranteil der spanischen Bevölkerung – wie übrigens auch der in Italien oder Portugal – liegt dementsprechend bei dem europäischen Minimum von 0,7 Prozent (nach I. Louviot 1991, S. 62).

Könnte es nicht sein, daß den spanischen Entscheidungsträgern die

Wert-Intuition fehlt? Daß in dieser Hinsicht ebenfalls die bayrische Staatsregierung und ihre Partei, die weitreichende Grundgesetzänderungen zur deutschen Abschottung zu planen scheint, unter einer bestimmten Blindheit leidet?
Nun werden diese Einwände Verfechter der Wert-Intuition kaum beeindrucken. Daß bei einigen oder auch bei vielen eine Art Blindheit für Werte besteht, machen sie einem Faktum ähnlich, das aus dem Mathematik-Unterricht bekannt ist: Nur wenige besitzen einen Blick für mathematische Strukturen. Die meisten schaffen es nur mit Mühe, mathematisch zu denken. Auch intensive Belehrung ist nur bedingt erfolgreich. Doch obwohl das Begreifen mathematischer Strukturen nicht sehr verbreitet ist, gibt es mathematische Strukturen. Es gibt Mathematik und ebenso Physik, Logik, Philosophie, obwohl vielleicht nur wenige diese Fächer beherrschen. Weshalb, so folgern die Intuitions-Verfechter, sollte es bei den moralischen Werten anders sein?
Eine solche Verteidigung des Wert-Intuitionismus kann allerdings nicht überzeugen. Denn in der Mathematik herrschen, von ihren ungeklärten Grundlagen abgesehen, eindeutige und konkurrenzlose Lösungen. Bei moralischen Werten hingegen ist das nicht der Fall. Kaum daß ein Wert verkündigt wird, werden andere proklamiert. Wer die kulturintegrative Gesellschaft in Deutschland als Wert verficht, muß feststellen, daß die bayrische Staatsregierung etwa diesen Wert nicht akzeptiert. Nun bliebe den Wert-Intuitionisten noch ein letzter Ausweg: Sie könnten nämlich zugestehen, daß sich Kontroversen um Werte einstellen. In ihren Augen wäre das jedoch kein Beweis gegen die Objektivität bestimmter Werte. Ebensowenig wie Gold durch die Existenz von Falschgold oder wie Recht durch Unrecht widerlegt wird, werden echte Werte durch Berufung auf Scheinwerte widerlegt. Echte Werte setzen Menschen voraus, die sie intellektuell erfassen und praktisch anwenden. Da dies aber nur von einem Teil der Menschheit praktiziert werden kann, kommt es leider dann und wann dazu, daß sich »Führergestalten« aufgefordert fühlen, Werte zu proklamieren, die moralisch nicht begründet sind.
Es ist also nicht eindeutig, daß der zweite Ansatz weiterhilft. Er könnte mit Voten für Diktaturen enden. Denn er vermag nicht zu sagen, weshalb W, weshalb die Wertgrundlage für kulturintegrative Gesellschaften dadurch die gesuchte Objektivität gewinnt, daß »Führergestalten« Wertobjektivität *beanspruchen*. Wir können also auch den ethischen Intuitionismus verabschieden und uns einer dritten Möglichkeit der Rechtfer-

tigung zuwenden, die auf Immanuel Kant zurückgeht. Kant hatte als Handlungsregel, die uneingeschränkt gilt, formuliert: »Handele so, daß die Maxime deines Willens jederzeit zugleich als das Prinzip einer allgemeinen Gesetzgebung gelten könne.« Wie ließe sich diese Formulierung des »kategorischen Imperativs« für die Zwecke der Rechtfertigung kulturintegrativer Gesellschaften nutzen?

Folgende Möglichkeit liegt nahe: Kant hat die Bedeutung des kategorischen Imperativs u.a. anhand des Beispiels vom lügenhaften Versprechen erläutert. Dieses Beispiel läuft darauf hinaus, daß es kein Versprechen mehr gäbe, wenn »Versprechen« Betrug einschließen würde. Wenn Person A der Person B Geld leiht auf Bs Versprechen hin, es zurückzuzahlen, so vertraut A der Person B und einer Konvention, nämlich dem Versprechen. Versprechen ist eine Konvention oder »Institution«, derzufolge fremdes Handeln dadurch beschreibbar wird, daß es eine Selbstverpflichtung eingeht und ausdrückt. »Ich verspreche die Rückzahlung«, heißt: »Du kannst davon ausgehen, daß ich das Geld zurückzahlen werde, da ich mich hiermit dazu verpflichte.« Würde es nun zu einer allgemeinen Regel des Handelns, daß man dies sagen und das Gegenteil beabsichtigen darf, so hätte es keinen Zweck mehr, überhaupt »Versprechungen« zu geben und anzunehmen. Diese Art lügenhaften Versprechens würde ein Verlust des Versprechens als Institution zur Folge haben. Es gibt also offenbar eine Art Testverfahren für Handlungen, d.h. einen Verallgemeinerungstest. Wenn Staaten nun speziell das Asylrecht abschaffen würden, so ergeht es ihnen nicht wie mit der Institution des Versprechens. Staaten bleiben auch dann erhalten, wenn es allgemeine Regel würde, Asyl und Einwanderung abzuschaffen. Leider. Mehr noch: Auch wenn Asyl in Aussicht gestellt, aber nicht gewährt würde, würden weiterhin Ströme von Verfolgten zu den Grenzen fremder Staaten fließen. Ein weiterer, speziell deutscher Aspekt kommt hinzu. Von deutscher Seite könnte etwa die Institution des Asyls nicht mehr als ein öffentliches Gut eingeschätzt werden, da der Aspekt der Gegenseitigkeit entfällt und damit ein Motiv der Asylgewährung. In der Tat müssen viele Deutsche sich heute einfach nicht vorstellen können, anderswo in der Welt um Asyl zu bitten. Wir leben im Wohlstand, kennen dessen Bedingungen und wissen sie zu erhalten. Daß vor 50 Jahren Deutsche von Deutschen bedroht und verfolgt wurden, ist Geschichte, aus der man gelernt hat. Wohlstandssicherung scheint es also überflüssig zu machen, über Asylmöglichkeiten für Deutsche nachzudenken. Wenn folglich die Abschaffung von Asyl verallgemeinert werden würde, so erscheint es schwer vorstellbar, daß sich daraus in deutscher Optik Nachteile ergäben.

Es bleibt eine vierte Rechtfertigungsmöglichkeit zu erwägen, die von dem oben bereits ausgeführten ethischen Relativismus ausgeht. Ethischer Relativismus steht im politischen Kontext nicht in dem besten Ruf. Offenbar weckt man Schreckgespenster, wenn man Politik und ethischen Relativismus zusammenbringt. Der Grund ist leicht nachvollziehbar. Es war der Faschismus, der sich des Relativismus sehr früh bemächtigte. Schlüsselfunktion kommt dabei einer Äußerung Mussolinis zu, der 1921 schrieb: »Wenn unter Relativismus die Verachtung fixer Kategorien verstanden werden muß, Verachtung der Menschen, die sich für Träger einer unsterblichen und objektiven Wahrheit halten (...), dann ist nichts relativistischer als die faschistische Mentalität und Aktivität. Wenn Relativismus und universeller Mobilismus bedeutungsgleich sind, dann sind wir Faschisten (...) wahrhaft die Relativisten par excellence. (...) Und wenn sich (...) der Relativismus mit Nietzsche und seinem *Willen zur Macht* verknüpft, dann war der italienische Faschismus und ist immer noch die großartigste Schöpfung eines individuellen und nationalen ›Willens zur Macht‹.«[1]

Das Schreckgespenst vertreibt sich jedoch selbst. Eine genauere Lektüre der Äußerung belehrt darüber, daß der Faschismus von einem »universellen Mobilismus« zwar spricht, eine metaphysische Grundlage aber meint, nämlich etwas Verborgenes, was allem Geschehen letztlich zugrunde liegen soll: ein »Wille zur Macht«. Mussolini und die Faschisten verherrlichten Gefahr und Gewalt, indem sie sich auf die – dort unklar gebliebene – »Metaphysik« eines »Willens zur Macht« bei Nietzsche beriefen. Der faschistische Relativismus relativiert die Menschenrechte, Demokratie, Rechtsstaat zugunsten einer absolut gesetzten, ebenso diffusen wie verborgenen Weltstruktur eines »Willens zur Macht«. Faschismus hat deshalb mit ethischem Relativismus nur den Namen gemeinsam, den Mussolini zu Zwecken seines Herrschaftsabsolutismus mißbraucht. Ethischer Relativismus ist keine Maske für Faschismus, sondern Faschismus ist eine Maskierung diffuser herrschaftsabsolutistisch-metaphysischer Ansprüche auf den »Willen zur Macht«, der »Vorsehung« u.a.m.

1 B. H. F. Taureck (1992): Ethikkrise, Krisenethik, S. 251. Auch ders. (1989) Nietzsche und der Faschismus. Eine Studie über Nietzsches politische Philosophie und ihre Folgen. Hamburg.

Bei unserem Vorschlag einer ethischen Rechtfertigung kulturintegrativer Gesellschaft gehen wir davon aus, daß sie zwei verschiedene Vorstellungen miteinander koppelt, nämlich erstens die Vorstellung eines selbstbestimmten Willens von Mehrheiten mit zweitens Obernormen von der Art der Menschenrechtstradition, d.h. das Recht auf individuelle Handlungsfreiheit und individuelles Wohl. Jede Koppelung dieser beiden Bereiche ergibt eine Praxis repräsentativer liberaler Demokratie (D. Robertson 1985, S. 186f.). In der Diskussion über Demokratie hat sich bisher kein umfassender Demokratie-Begriff ergeben, der nicht nichtssagend wäre. Die einen verfielen daher darauf, von »Republik« statt von »Demokratie« zu sprechen (z.B. D. Oberndörfer in: P. Braitling/W. Reese-Schäfer 1991). Die anderen schlagen vor, das Demokratieverständnis mit Adjektiven wie »repräsentative«, »direkte« oder »parlamentarische« zu präzisieren (D. Robertson 1985, S. 80f.). Da »Republik« weder notwendig Monarchie ausschließt noch notwendig liberale Demokratie einschließt, verfehlt die teilweise zu beobachtende Wahl von »Republik« statt »Demokratie« das Thema der »Demokratie«. Um zu einer ethischen Rechtfertigung kulturintegrativer Gesellschaft zu gelangen, wird hier von einer liberalen Demokratie ausgegangen, deren Mitglieder zugleich um die Probleme demokratischer Verfassung wissen und ein *demokratieorientiertes* politisches Bewußtsein besitzen, das in der Fähigkeit und Bereitschaft zur Reflexion besteht über (a) die Verbindung von Mehrheitsrepräsentation und Grundwerten der Menschenrechtstradition. Die Reflexion richtet sich (b) auf Probleme des Repräsentationsbegriffs selbst, d.h., unterscheidet Arten der Ausführung des Volkswillens durch seine gewählten Repräsentanten. Und schließlich (c) gehört zu dieser Reflexion die Differenzierung, Gewichtung, Begründung und Modifizierung der Grundwerte selbst. Die Tätigkeit eines demokratieorientierten Bewußtseins geht von der Möglichkeit moralisch bedenklicher Mehrheitsentscheidungen wie Krieg oder gegenwartszentrischer Ressourcenvernutzung unter Ausschluß künftiger Generationen aus und erblickt in der Bindung an Obernormen ein Sperrpotential für beliebige Mehrheitsentscheidungen. Weder die liberale repräsentative Demokratie des Gemeinwesens noch das demokratieorientierte politische Bewußtsein seiner Mitglieder sagt etwas über Entscheidungen seiner Mitglieder im Hinblick auf eine Etablierung einer kulturintegrativen Gesellschaft aus. Beide stellen nur Rahmenbedingungen bereit. Es ist nicht erkennbar, daß aus liberal-demokratischer Verfassung und aus demokratieorientiertem politischem Bewußtsein seiner Mitglieder Voten für die Aufnahme Verfolgter, von Einwanderern oder Aussiedlern folgen oder folgen müssen. Über die Etablierung einer kulturintegrativen Gesellschaft hat eine Demokratie mit ihrer Liberalität noch nicht automatisch mitentschieden.

Nun zur eigentlich ethischen Rechtfertigung einer kulturintegrativen Gesellschaft. Ausgangspunkt ist der Wille der Mitglieder bestehender Gesellschaften, da es nicht um eine Staatsgründung geht (vgl. das Friedensschlußmodell), noch um eine »Verbindung aller mit allen durch Kampf« (Kampfmodell). Eine kulturintegrative Gesellschaft existiert relativ zu der Sicht der Mitglieder einer bestehenden Gesellschaft. Diese Sicht ist geprägt von Traditionen und Überzeugungen. Jedes urteilsfähige Mitglied ist fähig zu Entscheidungen über die Gestaltung seines Gemeinwesens. Entsprechend vermögen sie hypothetische Wahlentscheidungen zu fällen. Hypothetische Wahlentscheidungen bestehen darin, daß auf selbst formulierte hypothetische Entscheidungsfragen mit »Ja« oder »Nein« geantwortet wird. Was würde ich tun, wenn ich Millionär wäre? Sparen? (Ja/Nein). Spenden (Ja/Nein). Entsprechend können aus dem Kreis der Mitglieder zwei Fragen gestellt werden:

1. Strebt man eine Entfaltung kultureller Eigenschaften und Eigenheiten in unserer Gesellschaft an?
2. Strebt man die Erhaltung gemeinsamer Grundwerte mit gleichen Rechten und Pflichten für alle Mitglieder an?

Beide Fragen können relativ zur Sicht der Mitglieder bejaht oder verneint werden. Ein »Ja« zur ersten und zur zweiten Frage ergibt ein »Ja« zu einer kulturintegrativen Gesellschaft. Es wird die Erhaltung kultureller Eigenschaften und Eigenheiten, verbunden mit gemeinsamen Obernormen gewollt. Selbstverständlich sind andere Antworten möglich: Ein Nein zu erstens und ein Ja zu zweitens ergibt eine monokulturelle Assimilationsgesellschaft. Ein Ja zur ersten und ein Nein zur zweiten Frage bedeutet ein Votum für die politische Auflösung der Gesellschaft zugunsten einer Kulturassoziation. Ein Nein zu erstens und zu zweitens ergibt eine Verweigerung von Kulturentfaltung und von politischer Organisation und könnte unter Umständen als ein Votum für eine Selbstzerstörung interpretiert werden.

Die hypothetische Wahlentscheidung für eine kulturintegrative Gesellschaft (Ja zu erstens und zu zweitens) wäre mit der Sicht der demokratieorientierten Mitglieder vereinbar. Sie würde indessen nicht aus ihr herleitbar sein und auch keinen Vorzug vor den anderen hypothetischen Wahlentscheidungen aufweisen. Hypothetische Wahlentscheidungen besitzen die Eigentümlichkeit, nicht von sich aus begründet zu sein. Man handelt relativ zu der eigenen Tradition und zu dem, wovon man im allgemeinen überzeugt ist. Wenn ich Millionär wäre: Würde ich zehn Prozent meiner Zinsen an Arme spenden oder nicht? Die Frage verlangt keine Begründungen, sondern nur ein hypothetisches Ja oder Nein. Sie ist so formuliert, daß sie an mir vertraute Formulierungen, Traditionen und Überzeugungen anknüpft. Ist dies nicht der Fall, so können keine hypothetischen Wahlentscheidungen erfolgen. Würde z.B. ein Mann gefragt, ob er ein fünfgeschlechtliches Lebewesen heiraten wolle, so kann er keine hypothetische Wahlentscheidung treffen, weil ein solches surrealistisches Lebewesen an nichts anknüpfbar ist, was er kennt. Einem »Ja« oder »Nein« müßte er vielmehr eine Bedingung hinzufügen wie »Ja, wenn ich selber auch ein fünfgeschlechtliches Lebewesen wäre«. Dann aber könnte er sich nicht mehr auf die vertraute Welt verlassen, die zu hypothetischen Wahlentscheidungen gehört.

Hypothetische Wahlentscheidungen sind infolge ihrer Einbindung in Traditionen und Überzeugungen nicht irrational. Sie sind willkürlich. Die Möglichkeit einer kulturintegrativen Gesellschaft beruht dennoch auch auf einer hypothetischen Wahlentscheidung von Gesellschaftsmitgliedern, die willkürlich ist. *Ohne* eine solche Wahlentscheidung kommt ethische Rechtfertigung kulturintegrativer Gesellschaft nicht aus, und *mit* ihr ist sie noch nicht hinreichend.

Auch wenn alle Handlungen auf der Willkür hypothetischer Wahlentscheidungen beruhen, kann zusätzlich gefragt werden, welches ihre Begründungen sind. Angenommen, jemand will Rauschmittel nehmen. Dann wird er, sofern er diesen Entschluß zu begründen versucht, auf starke Gründe stoßen, die ihn davon abhalten könnten. Die Kosten, der gesundheitliche und berufliche Ruin sind etwa starke Gegengründe. Trotzdem kann er, wie es oft geschieht, gegen diese Gegengründe sich für den Rauschmittelkonsum entscheiden. Willkür und Begründungen müssen also nicht übereinstimmen. Indessen läßt sich die Forderung aufstellen, daß zu einem moralischen Handeln in einem spezifischen Sinn nicht nur die Willkür, sondern auch die Begründung gehört. Wer handelt und nach Begründungen seines Handelns sucht, erfüllt die Bedingungen moralischen Handelns. Wer Egoismus wählt, würde entsprechend moralisch handeln, wenn dies Begründungen einschließt. Begründungen für

Egoismus lauten in der Regel: »Weil man durch Egoismus am meisten Vorteile für sich erzielt.« Das allerdings ist keine echte Begründung. Denn »Egoismus« definiert sich bereits als Handlungsweise, durch welche der Handelnde am meisten Vorteile für sich erzielt. Eine andere Begründung lautet: »Egoismus ist gut.« Aber auch das liefert keine echte Begründung, weil »gut« hier unbestimmt bleibt. Es besagt kaum mehr als »richtig«. Egoismus ist dann richtig, weil er richtig, d.h., weil er Egoismus ist.

Echte Begründungen enthalten zusätzliche Argumente für eine Handlung. Wer Rauschmittel wählt, könnte als echte Begründung z.B. anführen, daß er Rauschmittelsüchtige besser verstehen möchte. Dieser Wunsch könnte sich seinerseits wiederum dadurch begründen, daß er angesichts der Rauschmittelprobleme nach wirkungsvolleren Bekämpfungen sucht. Und dies unternimmt er wiederum deshalb, weil er es für richtig hält, Notleidenden zu helfen. Begründungen führen also zu Ketten und Verkettungen von Gründen. Wann die Verkettung abgeschlossen ist, hängt vom Ermessen der Betroffenen ab. Daraus ergibt sich, daß sich Handlungen in zweifacher Hinsicht ethisch rechtfertigen: 1. im Hinblick auf hypothetische Wahlentscheidungen und 2. im Hinblick auf Begründungen. Beide Bezüge kreuzen sich in der Sicht und dem Ermessen der Betroffenen. Damit spezifisch moralisch gehandelt wird, reichen hypothetische Wahlentscheidungen nicht aus. Vielmehr müssen sich echte Begründungen an die hypothetischen Wahlentscheidungen anschließen. Die Forderung »Begründe deine hypothetischen Wahlentscheidungen!« selber ist jedoch nur hypothetisch, d.h., sie kann selber weiteren Begründungen ausgesetzt werden. Es gibt, mit anderen Worten, keine Notwendigkeit, moralisch zu sein. Gleichwohl hat es durchaus *Sinn*, moralisch zu handeln: Man entgeht auf diese Weise der relativen Blindheit hypothetischer Wahlentscheidungen. Begründungen klären Handlungsmöglichkeiten.

Angenommen, eine Gesellschaft von demokratieorientierten Mitgliedern trifft mehrheitlich die hypothetischen Wahlentscheidungen und antwortet mit »Ja« auf:

1. Wird die Entfaltung kultureller Eigenschaften und Eigenheiten in der eigenen Gesellschaft angestrebt?
2. Wird die Erhaltung gemeinsamer Grundwerte einschließlich gleicher Rechte und Pflichten für alle Mitglieder angestrebt?

Diese hypothetischen Wahlentscheidungen bilden dann eine Grundlage zur Etablierung einer kulturintegrativen Gesellschaft. Zur spezifisch moralischen Handlungsweise müssen nun echte Begründungen hinzutreten. Drei echte Begründungen lassen sich benennen:

1. Die bezeichneten hypothetischen Wahlentscheidungen bilden einen Beitrag der bestehenden Gesellschaft zur Linderung der globalen Bedrohungen verschiedenkultureller Menschengruppen. (Dagegen verweigert eine monokulturelle Gesellschaft derartige Beiträge.)
2. Die Wahlentscheidungen dienen dazu, Pluralismus nicht nur als individuelle, sondern als soziale und kulturspezifische Selbstentfaltung zu ermöglichen. (Monokulturelle Gesellschaften lassen dagegen nur individuellen Pluralismus zu, W. Kymlicka 1991.)
3. Die hypothetischen Wahlentscheidungen bilden einen Beitrag zur Selbsterhaltung der eigenen Kultur. (Monokulturelle Gesellschaften setzen sich dagegen nicht der Begegnung und Veränderung durch andere Kulturen aus und laufen Gefahr zu erstarren.)

Eine kulturintegrative Gesellschaft kann ethisch hinreichend gerechtfertigt heißen, wenn ihre demokratieorientierten Mitglieder die bezeichneten beiden hypothetischen Wahlentscheidungen, verbunden mit den drei erwähnten oder vergleichbaren Begründungen, treffen. Es existieren keine ewigen Werte und keine moralischen Tatsachen, durch die bestehende Gesellschaften zur Etablierung kulturintegrativer Gesellschaften gezwungen oder verpflichtet werden können. Relativ zum Spielraum der hypothetischen Wahlentscheidungen und den Begründungsmöglichkeiten ist diese Rechtfertigung jedoch anschlußfähig an Traditionen demokratischer Grundwerte, d.h. an die um Sicherung von Handlungsfreiheit und Wohl der Menschen zentrierten Menschenrechte.[2]

Zu betonen ist, daß wir von Asyl als einem überstaatlich gültigen Recht sprechen, das die Verfolgten von sich aus besitzen. Ein solches Recht widerspricht zwar dem Prinzip der Staatssouveränität, wird aber im Grundgesetzartikel 16,2 zugrundegelegt. Wichtig ist auch, zwischen Asyl und Einwanderung zu unterscheiden. Eine kulturintegrative Gesellschaft ist auf Einwanderer angewiesen, aber sie wird *Quoten* aufstellen müssen, um für die Zuwanderer geregelte Eingliederungen zu gewährleisten. Quoten für die Einwanderung können jedoch nicht auf

2 Zum Thema der Menschenrechte im Kontext ethischen Relativismus, B. H. F. Taureck (1992): Ethikkrise, Krisenethik. Reinbek.

Schutzsuchende angewandt werden, die vor Verfolgung fliehen. Denn Verfolgung in einem Land steht in keinem Bewirkungszusammenhang mit dem, was in einem anderen Land als Einwanderungsquote aufgestellt wird. Eine Quotierung für 1.000 Einwanderer und Asylsuchende würde dem 1.001. Einwanderer, der Asyl benötigt, diese Möglichkeit verwehren. Die derzeitigen Tendenzen, Asyl über Einwanderung zu regeln, beruhen auf der traditionellen Unfähigkeit, *inhaltsreiche* Vorstellungen vom anderen zu bilden und zu praktizieren. Asylsuchende sind andere mit dem Eigenrecht auf Schutz. Diese Andersartigkeit der anderen darf nicht über Einwanderungsquoten hinwegnivelliert werden.

Die Mitglieder einer kulturintegrativen Gesellschaft würden vor allem drei Normen vertreten:

1. Es ist moralisch richtig, für alle Mitglieder gemeinsame politische Institutionen vorauszusetzen, die gleiche Rechte und Pflichten für alle Mitglieder garantieren.
2. Es ist moralisch richtig, daß alle Mitglieder an der kulturellen Produktivität der Gesellschaft teilhaben können.
3. Es ist moralisch richtig, daß alle Mitglieder an einer Ästhetik des kulturellen Perspektivenwechsels teilhaben können.

Diese Normen schließen verschiedene Forderungen wie kommunales Wahlrecht für Ausländer, Arbeits- und Bewegungsmöglichkeiten von Asylbewerbern und den Schulbesuch ihrer Kinder ein. *Kommunales Wahlrecht* für »Ausländer« bildet eine – in Frankreich und den Niederlanden längst bestehende – Minimaleinrichtung, die neuen Mitgliedern eine politische Teilhabe ermöglicht, solange sie noch nicht die eigentliche Staatsbürgerschaft erworben haben. Ein *Arbeits-* und *Bewegungsverbot* für Asylbewerber verhindert jede Art von Integration und ist mit der Idee einer kulturintegrativen Gesellschaft unvereinbar. Würde man Asylbewerber nur als potentielle Gesellschaftsmitglieder betrachten, so würden sie zu »inexistenten Menschen«, die nur in Registern bestehen, aus denen sie jederzeit wieder gestrichen werden können. Schließt man Kinder von Asylbewerbern vom *Schulbesuch* aus – und dies ist die derzeitige Praxis in Deutschland –, so schafft man ein kulturelles Vakuum.

Vielleicht erscheint die Etablierung kulturintegrativer Gesellschaften trotz ihrer Rechtfertigungsmöglichkeiten immer noch als eine Art Luxus, der sich übertriebener moralischer Hinwendung zu Anderskulturellen verdankt. Wer so urteilt, möge die Welt einmal aus der Sicht eines Flüchtlings betrachten,

»d.h. des Menschen, der keine Heimat mehr hat, der in der Fremde ist, der von einer politischen Gewalt bedroht wird und außerhalb der Gemeinschaft, in die er hineingeboren wurde, Schutz und Hilfe sucht. Aus dieser Perspektive bietet unsere Welt einen erschreckenden Anblick. Der Fortschritt zur Weltinnenpolitik, die Globalisierung des Völkerrechts, die Tendenzen zur übernationalen Integration, die Überwindung des nationalstaatlichen Souveränitätsdenkens, die Entfaltung der Menschenrechte, die Ächtung der Gewalt auf der internationalen Ebene – große Gedanken, die seit dem Inkrafttreten der Satzung der Vereinten Nationen unsere Phantasie beflügelt und in uns die Vorstellung von einem ständigen Fortschreiten zu einer besseren und schöneren Welt erweckt haben – treten in den Hintergrund. Statt dessen sehen wir, daß das internationale System der Gegenwart noch immer etatozentrisch ist. Noch immer steht der Staat im Mittelpunkt des Rechts wie des politischen Denkens. Der aus seiner Gemeinschaft ausgestoßene einzelne hat in dieser Welt, in der sich Massenströme von Touristen in Düsenflugzeugen und Luxusdampfern quer über den ganzen Erdball bewegen und uns die Illusion einer unbeschränkten Mobilität und Freiheit vorgaukeln, kaum eine bessere Stellung als der unglückliche Friedlose, den eine Horde von Steinzeitmenschen, vielleicht nur wegen eines körperlichen Fehlers oder weil er ein Tabu gebrochen hatte, aus der Sippe ausschloß. Gewiß: der moderne Flüchtling wird in der Regel nicht den wilden Tieren ausgeliefert, er sitzt nicht in der Wildnis. Aber sind die Piraten im Gelben Meer, die über die Bootsflüchtlinge aus Vietnam herfallen, besser als die wilden Tiere? Sind die Flüchtlingslager in Thailand, Pakistan, Somalia und an vielen anderen Orten der Welt soviel besser als die steinzeitlichen Höhlen? Und gibt es in der modernen Welt nicht Zurücksetzungen, Benachteiligungen und Leiden des nicht mehr seinen Fähigkeiten entsprechend tätigen Flüchtlings, die viel qualvoller sind als die Leiden des in der Wildnis lebenden, von der Sippe ausgestoßenen Steinzeitmenschen?« (O. Kimminich [1991], S. 262)

Vierter Teil

Unterwegs zur kulturintegrativen Gesellschaft: Hindernisse, Chancen und offene Fragen

1. Liberalismus und Rassismus

Angenommen, ein »idealer« Beobachter der bisher diskutierten Argumente wollte nunmehr selber Teilnehmer werden, d.h., er wollte teilnehmen am Bau einer polyethnischen Gesellschaft, für die wir den Namen »kulturintegrative« Gesellschaft reservieren. Ein solcher potentieller Akteur wüßte,

- daß in Deutschland bzw. Europa keine Raumknappheit für neue Gesellschaftsmitglieder besteht,
- daß die neuen Mitglieder die Verfassung des Aufenthaltlandes akzeptieren,
- daß die Mitglieder eine kulturintegrative Gesellschaft in dem beschriebenen und gerechtfertigten Sinn bejahen. Was, so fragt sich, müßte der ideale Beobachter, der nun idealer Teilnehmer werden will, noch wissen? Was müßte er noch überdenken? Was sollte er wissen, damit die »Rechnung«, wie das Sprichwort sagt, nicht ohne den Wirt – in diesem Fall ohne das Wirtsland – gemacht wird?

Formal gilt: Man beabsichtigt x (d.h. die kulturintegrative Gesellschaft) herbeizuführen. Da man überzeugt ist, eine kulturintegrative Gesellschaft nur herbeiführen zu können, indem man y tut (Ausländer aufzunehmen), so ist es rational, Ausländer aufzunehmen. Diese rationale Argumentation scheint selbstverständlich. Der Schein trügt indessen. Vertreter entgegengesetzter politischer Auffassungen – nämlich Heiner Geißler und Daniel Cohn-Bendit – argumentieren nämlich letztlich so:

1. Man will, daß Deutschland ein maximales Einwanderungsland wird.
2. Um dies zu erreichen, ist man überzeugt, das Asylrecht müsse zugleich verschärft und die Einwanderung müsse erleichtert werden.

Es ist jedoch nicht einsehbar, weshalb die Asylbewerber nicht als zumindest potentielle Teilmenge derer anzusehen sind, die bei uns einwandern wollen. Wirkt auch hier jene oben bezeichnete Unterstellung fort, derzufolge es sich um Kriminelle handelt, die ihre Unschuld erst beweisen müssen?

Es scheint also irrationale Stolpersteine zu geben, die den Weg zur kul-

turintegrativen Gesellschaft behindern. Die Wurzeln irrationaler Widerstände sind Wurzeln der Gewalt gegen Fremde und Fremdes. Empirische Erklärungen von Gewalt gruppieren sich häufig um Freuds Projektionsthese (siehe S. 105 f.) oder um die Frustrations-Aggressionstheorie. Störungen zielgerichteter Aktivitäten werden danach direkt proportional in angriffslustiges Verhalten umgesetzt. Das gilt in der Erziehung, in der beruflichen Konkurrenz, in der Sexualität. Für »Frustration« kann auch »relative Privation« gesagt werden, die mit Parametern ausgestattet wird (Y. Michaud 1986, S. 95 ff.). Aggressives Verhalten kann allerdings auch ohne Frustration auftreten. »Das primäre Ziel kann z.B. Durchsetzung, Gewinn, Beachtung oder Selbstschutz sein. Diese bilden die eigentlichen Anreize zur Aggression, welche selbst nur Mittel zum Zweck ist.«[1] Die Einschätzung einer stets durch Frustrationserlebnisse bewirkten Angriffstätigkeit bestätigt nun ihrerseits die nicht-empirische These von Emmanuel Lévinas, wonach die europäische Philosophie seit ihren Anfängen Gewalt und Krieg mit dem Begriff eines Seins als Eigenständigkeit einschließt. In der europäischen Philosophie gilt laut Lévinas fälschlich: »Der Beweis der Kraft ist der Beweis von Wirklichkeit.«[2]
Angriffslust und Gewalttätigkeit sind zufolge der Frustrations-Aggressions-Theorie Erscheinungen von Reaktion, nach Lévinas dagegen Phänomene von Aktivität. Irrationale Widerstände gegen eine kulturintegrative Lebensform könnten nach der reaktivistischen Theorie auf Störungen der Eigenaktivität zurückgeführt werden. Dabei müssen »Ausländer« nicht die Störenden sein, sondern können als Sündenböcke dienen. Dagegen lägen Widerstände gegen eine sich den »Fremden« öffnende Gesellschaft zufolge der aktivistischen Lévinas-Theorie bereits im Begriff aller auf Erhaltung von »Autonomie« gerichteten Tätigkeiten. Jede Gemeinschaft, die sie selbst und wesentlich sie selbst sein will, muß »andere« ausschließen und fernhalten. Eine auf Lévinas fußende aktivistische Erklärung von Gewalt gegen den anderen Menschen besitzt gegenüber der älteren Frustrations-Aggressions-Hypothese den Vorteil, daß sie Frustrationen – verstanden als Aktivitätsstörungen – einschließt. Die reaktive Gewalttätigkeit erscheint demzufolge erneut als Form der ursprünglichen Aktivität der Selbsterhaltung.

1 H.-P. Nolting in: Grubitsch S. / Rexelius G. (Hg.) (1987): Psychologische Grundbegriffe. Reinbek, S. 11.

2 E. Lévinas (1984), Totalité et infini, S. IX. Dazu B. H. F. Taureck (1991) Lévinas zur Einführung.

75 Prozent der Bewohner der (alten) Bundesrepublik Deutschland lehnen es ab, daß Ausländer sich in Deutschland aufhalten. Jeder zweite ist der Ansicht, in Deutschland lebten mehr Ausländer als in anderen europäischen Staaten (Hoffmann 1992, S. 10). Diese Ansichten sind korrigierbar, wenn man Zahlen vorlegt. Angenommen, die 75 Prozent, die keine Ausländer in ihrem Land sehen wollen, haben Autonomie, Selbstverwirklichung und Selbsterhaltung im Sinn. Dann endlich wäre der »ideale Akteur« bei einer plausiblen Größe angelangt, die ihm die Widerstände gegen eine kulturintegrative Gemeinschaft verständlich werden lassen. Indessen fällt auf, daß Selbsterhaltung, daß Verfolgung und Durchsetzung eigener Ziele und Interessen keineswegs irrational sind. Im Gegenteil, es läßt sich am Ende behaupten, daß Individuen, die einander nur schaden wollen, sich trotzdem auf gemeinsame Regeln einigen können. Immanuel Kant sprach am Ende des 18. Jahrhunderts davon, daß selbst ein Volk von verständigen »Teufeln« noch einen Staat bilden könnte: »Das Problem der Staatseinrichtung ist, so hart wie es auch klingt, selbst für ein Volk von Teufeln (wenn sie nur Verstand haben), auflösbar und lautet so: Eine Menge von vernünftigen Wesen, die insgesamt allgemeine Gesetze für ihre Erhaltung verlangen, deren jedes aber in Geheim davon auszunehmen geneigt ist, so zu ordnen und ihre Verfassung einzurichten, daß, obgleich sie in ihren Privatgesinnungen einander entgegen streben, diese einander doch so aufhalten, daß in ihrem öffentlichen Verhalten der Erfolg eben derselbe ist, als ob sie keine solche böse Gesinnungen hätten.«[3] Was Kant hier umschreibt, ist eine Rationalisierung von Irrationalem, ohne die unsere modernen politischen Ordnungen kaum denkbar wären. Sie wurde zuerst von Thomas Hobbes formuliert, um einen anarchischen Krieg aller gegen alle durch Unterwerfung aller unter einen Willen (eine Versammlung oder eine Person) zu beenden. Die irrationalen Individualoptionen – die ggf. in dem Wunsch, anderen zu schaden, bestehen können – werden hier in ein Koordinatennetz eingeschrieben, das aus Privatheit/Öffentlichkeit besteht. In diesem Sinn bezeichnete man in der Aufklärung auch die Lüge als einen »Tribut des Lasters an die Tugend«. Wer lügt, gibt seinen Normenverstoß nicht zu erkennen, und die größten Gangster sind bekanntlich Menschen mit vollendeten Manieren.

3 I. Kant, Zum ewigen Frieden (1795). In: W. Weischedel (Hg.) (1966): Werke Bd. VI. Darmstadt, S. 224.

Die Einschreibung irrationaler Selbst- und Individualoptionen in die Koordination öffentlichen und privaten Lebens kann als *liberalistische* Rationalisierung von Individualoptionen bezeichnet werden. Ihr Ziel ist die Garantie von Frieden, verstanden als öffentliche Abwesenheit von kriegerischen Auseinandersetzungen. Dagegen läßt sich mit Lévinas einwenden, daß diese Friedensart bloß ein Waffenstillstand sei, der eines nicht erreiche: einen Zustand, in dem zwischen Menschen »Nicht-Indifferenz gegenüber dem anderen Menschen« herrsche (B. H. F. Taureck 1991, S. 83 ff.).

Unser idealer Beobachter, der ein Teilnehmer am Bau einer kulturintegrativen Gesellschaft in Deutschland / in Europa werden will, wird diesen Nachteil der liberalistischen Rationalisierung einräumen und gleichwohl ihren Gewinn nicht verkennen. Die Philosophen Kant oder Hegel sprachen hier von einer *Überlistung* der selbstzentrierten Erhaltungsoptionen durch »Vernunft«. Aus der Sicht der einzelnen ist die allgemeine Ordnung zwar nur Mittel zur Erlangung der Individualzwecke. Aus der Optik der Vernunft hingegen wird das egoistische Wüten, das die Vernichtung anderer einschließt, gehemmt, kontrolliert, gezähmt und beherrscht.

Der ideale Teilnehmer wird die liberalistische Rationalisierung um so mehr bejahen, als er noch eine zweite, andersartige Rationalisierung der Selbstoptionen zur Kenntnis nimmt. Sie kann »*romantizistische*« Rationalisierung heißen, obwohl sie genaugenommen ebenso prä- wie postromantisch ist, d.h. von Gottfried Herder bzw. Joseph de Maistre vertreten wurde. Es ist die These vom »Vorurteil«, das die Völker glücklich in ihren Zentren zusammenhält bzw. das so wirkt, wie de Maistre schrieb: »Alle bekannten Völker sind glücklich und mächtig gewesen in dem Maße, in welchem sie treuer der Nationalvernunft gehorcht haben, die nichts anders ist als die Vernichtung der individuellen Dogmen und das absolute und allgemeine Reich der Nationaldogmen, d.h. der nützlichen Vorurteile.« (Zitiert und übersetzt nach A. Finkielkraut 1987, S. 32)

Räumt die liberalistische Rationalisierung die Fortexistenz aktiver Friedlosigkeit der Individuen ein, so tilgt die romantizistische Rationalisierung alle Individualoptionen. Selbstoptionen werden nur als etablierte emphatische Gleichungen mit der »Nationalvernunft«, den »Nationaldogmen«, den »nützlichen Vorurteilen« zugelassen. Individualoptionen sollen nicht gezähmt, sondern aufgesogen werden. Das den einzelnen abverlangte Selbstopfer schließt entsprechend die Möglichkeit von

Fremdopfern ein. Wenn es jenen von Cornelius Castoriadis kürzlich diagnostizierten radikalen Rassismus gibt, dann ist er an diese romantizistische Rationalisierung anschlußfähig. Castoriadis nämlich behauptet, Rassismus sei nicht bloß »*Ausschließung externer Andersartigkeit*«. Rassisten könnten vielleicht verlangen, daß die anderen sich zu etwas bekehren, daß sie konvertieren wie einst romantische Protestanten zum Katholizismus. Rassismus, so Castoriadis, bestehe jedoch darin, daß der andere als bekehrungsunfähig gilt: »Aber der Rassismus will nicht die Bekehrung der anderen, er will ihren Tod. (...) *für den Rassismus ist der andere unbekehrbar.*« (C. Castoriadis 1990, S. 34)
Ein scheinbar milderer Rassismus drückt sich in den alten, immer noch geltenden Reimen in den USA aus:

»If you are black – stay back (bleib fern).
If you are brown – stick around (bleib in der Nähe).
If you are white – you are right.«[4]

Die Voten für eine restriktive Asylrechtgewährung trotz drohender Verfolgung sind dem von Castoriadis bezeichneten Rassismus am Ende näher, als sie unmittelbar erkennen lassen. Denn offenbar ist man eher bereit, den Tod eines Asylbewerbers in Kauf zu nehmen, als ihn in Deutschland zu dulden.
Im Denken des vergangenen Jahrhunderts, das für uns immer noch eine magische Leuchtkraft besitzt, kamen beide Rationalisierungen zusammen und steigerten sich am Ende zu einer Zerrissenheit, die Pazifismus und Protofaschismus zugleich haben wollte, wie F. Nietzsches Äußerungen beweisen: »Lieber zu Grunde gehen, als sich hassen und fürchten machen – dies muß einmal auch die oberste Maxime jeder einzelnen staatlichen Gesellschaft werden!« (1880)
»Der Krieg unentbehrlich. – (...) Einstweilen kennen wir keine anderen Mittel, wodurch mattwerdenden Völkern (...) jene gemeinsame organisierende Glut in der Vernichtung des Feindes (...) ebenso stark und sicher mitgeteilt werden könnte, wie dies jener große Krieg tut.«[5] (1878)

4 Zitiert nach R. Winter (1990): Ami go home. Plädoyer für den Abschied von einem gewalttätigen Land. München, S. 287.
5 Dazu B.H.F. Taureck (1989): Nietzsche und der Faschismus. Eine Studie über Nietzsches politische Philosophie und ihre Folgen. Hamburg.

Nun stellt die romantizistische Rationalisierung irrationaler Individualoptionen nicht bloß eine literarische Reminiszenz bei gegenaufklärerischen Autoren wie de Maistre oder Nietzsche dar. Weitaus schlimmer ist, daß das geltende deutsche Recht die Staatsangehörigkeit auf der Basis des »Rechts des Blutes« regelt (ius sanguinis) und nicht »des Bodens« (ius solis) wie in Frankreich oder durch rationale Automatismen wie neuerdings in Belgien. Was Lutz Hoffmann in seinem Buch »Die unvollendete Republik. Zwischen Einwanderungsland und deutschem Nationalstaat« ausführt, ermöglicht eine Wiedererkennung des deutschen rechtsverbindlichen Staatsangehörigkeitsbegriffs als Ausdruck jener romantizistischen Rationalisierung: »Wer von Deutschen abstammt, braucht nicht Deutsch zu sprechen und nicht in ›Deutschland‹ zu leben – er bleibt immer ein Deutscher. Wer von Nichtdeutschen abstammt, mag Deutsch sprechen, in der BRD geboren und beheimatet sein – er bleibt immer ein Ausländer. (...) Ein öffentliches Interesse der BRD liegt überhaupt nur vor, wenn der Bewerber (um dt. Staatsangehörigkeit) ›eine freiwillige und dauernde Hinwendung zu Deutschland‹ vollzogen hat und dies durch eine verwaltungsmäßig nachprüfbare ›Einstellung zum deutschen Kulturkreis‹ belegen kann. (...) Einbürgerung verlangt daher stets, daß sich der Bewerber auch innerlich den Deutschen angeglichen, daß er eine ›nationale Identifikation‹ mit den Deutschen vollzogen hat.

Die ›Hinwendung zu Deutschland‹ ist nicht gewährleistet, ›wenn der Bewerber an seiner alten nationalen, d.h. ethnischen und kulturellen Identität festhält‹. Sie verlangt die Abwendung nicht nur vom Staat, sondern auch von Kultur und Volk der Herkunft. Sie setzt eine ›Umvolkung‹ voraus. Dies ist der ideologische Hintergrund der kategorischen Ablehnung mehrfacher Staatsangehörigkeiten. Man befürchtet sonst Loyalitätskonflikte.« (L. Hoffmann 1992, S. 25 und 88 ff.)

Das ius sanguinis, das Recht des Blutes, stellt dabei im übrigen einen vordemokratischen Bestand im geltenden deutschen Recht dar. Es führt dazu, daß man von einem »Integrationsverzicht als Verfassungsgebot« spricht (H. Hohmann 1992, S. 46).

Was hätte der ideale Teilnehmer zu lernen, der von irrationalen Widerständen gegen die Etablierung einer kulturintegrativen Gesellschaft weiß? Er wüßte, daß irrationale Selbstoptionen, die fremden Schaden planen, entweder liberalistisch oder romantizistisch rationalisiert werden können. Da die romantizistische Liberalisierung Individualoptionen in einer »Nationalvernunft« aufsaugt, die Fremdes nicht gelten läßt, wird der ideale Beobachter bzw. Teilnehmer sich der liberalistischen Koordinierung von Öffentlichem und Privatem anschließen. Mit dieser Wahl verliert der Teilnehmer jedoch seine Unschuld und gerät so in einen Strudel von Schwierigkeiten. Er wollte etwas über die irrationalen Widerstände gegen die Etablierung einer kulturintegrativen Gesellschaft in Deutschland und Europa wissen. Statt dessen erfährt er, daß latent gewalttätige Selbstoptionen, die auch ein »Nein!« zur kulturintegrativen Gesellschaft verursachen, bereits liberalistisch rationalisiert sind. Diese rationale Organisation begrenzt die aktive Friedlosigkeit auf das Private und bestimmt weitgehend die primäre Ordnungsvorstellung von Demokratien. Allerdings ist ein Preis zu zahlen, nämlich das Zugeständnis aktiver Friedlosigkeit. Der ideale Teilnehmer findet also, zusammen mit einer bereits eingeübten öffentlich-rationalen Begrenzung gewalttätiger Individualoptionen, eine große Leere oder eine kompakte Fülle: Die Stelle des anderen bleibt unbesetzt, oder sie wird von Konkurrenten eingenommen, die auszuschalten sind. Der andere fehlt in meinen, nur mir geltenden Planungen gänzlich. Oder er hat ähnliche bzw. gleiche Ziele wie ich; dann ist er Konkurrent, den ich ausschalten muß. Zusammen mit der Koordinierung meiner Handlungen durch die Unterscheidung von Öffentlichem und Privatem wird in den Demokratien die aktive Friedlosigkeit von Generation zu Generation neu gelernt. Erziehung geschieht als Einübung von Handlungskoordinierungen nach der Dichotomie »öffentlich und privat« und schließt eine »Dynamik« der Durchsetzung von Eigeninteressen ein. So gesehen hätte das Konzept einer kulturintegrativen Gesellschaft nur dann eine Verwirklichungschance, wenn »Ausländer« das Spiel der Koordinierung aktiver Friedlosigkeit mitspielen. Die Alternative dazu scheint nur die romantizistische Rationalisierung zu sein. Auch sie wäre nicht notwendig »ausländerfeindlich«: Fremde würden von den vernünftigen »Nationaldogmen« aufgesogen wie zuvor Einheimische. Sie könnten z. B. auch patriotische Beiträge leisten wie Schwarze für die USA im Vietnamkrieg.

Der ideale, nunmehr neu beginnende Teilnehmer wird jedoch nicht bei einer allgemeinen Wahrnehmung eingeübter Friedlosigkeit verharren. Er wird vielmehr überdies erkennen, daß auf dem Boden liberalistischer Rationalisierung des Irrationalen gleichfalls Einübungen des Hasses gegen andere stattfinden. Die Nutzung der liberalistischen Rationalisierung für rassistische Zwecke erfordert keine besondere Intelligenz. Es kommt nur auf jene Art von Rhetorik an, die die »Fremden« beschuldigt, öffentliche Güter zu privaten Zwecken zu mißbrauchen. Es sind, so lautet die Anleitung zu rassistischen Zündsätzen, die Ausländer, die uns Arbeitsmöglichkeit, die uns Gelder für soziale Sicherheit rauben und die unsere Volksgesundheit durch Einschleppen von Epidemien und Drogen gefährden. Wer sich dieser Zündsätze auf welche Weise bedient, kann nicht vorhergesagt werden. Was zur Zeit in Frankreich von Le Pen geäußert wird, sollte nicht davon ablenken, was auch deutsche Politiker in ähnlicher Intention andeuten. Le Pen: »Das Vaterland ist kein Stundenhotel für sechs Millionen Einwanderer.« »Morgen werden sich die Einwanderer bei Euch niederlassen, Eure Suppe essen und mit Eurer Frau, Eurer Tochter oder Eurem Sohn schlafen.«[6]

Der neu beginnende Teilnehmer erkennt, daß die von ihm akzeptierte liberalistische Rationalisierung auch von Rassisten geteilt wird. Und er kann sich auch daran erinnern, daß Hitler 1933 auf demokratisch-rational legitimierte Weise an die Macht gelangte. Wenn der Teilnehmer sich durch Multikulti-Spots wie »United Colours of Benetton« oder »glückliche Mischung von Kulturstilen«[7] nicht von dem Ziel einer kulturintegrativen Gesellschaft ablenken läßt, dann wird er auf folgendes Dilemma stoßen:

1. Wird die liberalistische Rationalisierung irrationaler Individualoptionen abgelehnt, dann bleibt nur die Wahl im Umkreis romantizistischer Rationalisierungen und mit ihr die Gefahr der Entfesselung rassistischer Gewalttätigkeit.
2. Wird die liberalistische Rationalisierung akzeptiert, dann sitzt man im gleichen Boot mit denen, die diese Lösung für rassistische Zwecke benutzen.

Die entscheidende Frage ist entsprechend: Läßt sich in Deutschland bzw. Europa eine kulturintegrative Gesellschaft so etablieren, daß dieses Dilemma vermieden oder unschädlich wird?

Es sei behauptet, daß dieses Dilemma zu entschärfen ist. Die liberalistische Rationalisierung enthält Spielräume für einen Umbau der multiplen

6 Zitiert nach U. Knight/W. Kowalski 1991, S. 93, vgl. dort auch S. 177, Anm. 30. Zu Le Pen vgl. auch A. Duhamel: Der aufhaltsame Aufstieg von Jean-Marie Le Pen. In: A. Duhamel 1989, S. 59–79.

7 Zur multikulturellen Reklamekampagne der italienischen Benetton-Firma, C. Leggewie 1991, S. 26ff. Zu »glückliche Mischung von Kulturstilen« vgl. das Interview mit Odo Marquard in: C. Leggewie, S. 110, 114.

Friedlosigkeit zur nicht mehr indifferenten Hinwendung zum anderen Menschen. Die neuere amerikanische Sozialphilosophie weist, wie bereits erwähnt, in dieselbe Richtung (W. Kymlicka 1991). Es käme darauf an, jene Spielräume wahrzunehmen und in einer Weise zu nutzen, die in der traditionell eingeübten liberalistischen Rationalisierung nicht vorbedacht worden sind. Nun könnte die Vorstellung von »Spielräumen« innerhalb der liberalistischen Rationalisierung besagen, daß jedes individuelle Gut zugleich ein kollektives Gut bildet. Was mir wirklich nützt, nützt zugleich allen. Es käme also nur darauf an, die Nicht-Indifferenz anderen gegenüber zum individuellen Gut zu erklären. Hier liegt jedoch ein Fehlschluß vor, der anhand anderer Beispiele unserer Lebenswelt aufgedeckt werden kann: Benutzt die *Mehrzahl* ein Auto, so verstopfen die Straßen, und die Luft wird vergiftet. Wird die *Mehrzahl* drogenabhängig, so bricht das öffentliche System der wechselseitigen Verläßlichkeiten zusammen. Und wenn schließlich die *Mehrzahl* freßsüchtig wird, so entsteht eine allgemeine Kostenkatastrophe zur Behandlung der gesundheitlichen Folgeschäden.

Wo also liegen nicht geplante Spielräume im liberalistischen Modell? Der gesuchte Spielraum besteht in der Ergänzbarkeit des Modells. Es ist längst offenkundig, daß die Wohlstandsgesellschaften direkt proportional zur sozialen Sicherheit *Überdrußerscheinungen* erzeugen. Shakespeares Hamlet warnte: »Was ist ein Mensch, / Wenn sein größtes Gut und Vorteil seines Zeitgebrauchs / Bloß Schlafen ist und Essen? Ein Vieh, nichts weiter. / Sicher, er, der uns mit so großer Vernunftbegabung (large discourse) ausgestattet hat, / Die uns erlaubt, nach vorn zu schaun und rückwärts, er gab uns / Diese Gaben und gottähnliche Vernunft nicht, / Damit sie ungenutzt in uns vermodern.« (Hamlet IV, 4, Verse 35–39) Im 19. Jahrhundert nahm die Sensibilität für »Nebenfolgen« technischer Versorgungsgesellschaften zu. »Die Mechanik wird uns so sehr amerikanisiert haben, der Fortschritt wird in uns den gesamten spirituellen Anteil verkümmern lassen, daß nichts von den (...) Träumereien der Utopisten diesen positiven Resultaten vergleichbar sein wird.« Am weitesten ging Nietzsche mit seiner Vision von den »letzten Menschen«, die gegenwärtig von kulturkonservativer Seite, Francis Fukuyama etwa, aufgegriffen wird. Diese »letzten Menschen« haben eine herrschaftslose Tyrannei materialer Gleichheit etabliert, in der das »Ich« zugunsten eines »Man« getilgt wurde. »Jeder will das Gleiche, jeder ist gleich: wer anders fühlt, geht freiwillig in's Irrenhaus (...). Man hat sein

Lüstchen für den Tag und sein Lüstchen für die Nacht: aber man ehrt die Gesundheit. ›Wir haben das Glück erfunden‹ – sagen die letzten Menschen und blinzeln.« In unseren Tagen bezeichnet Woody Allen für die USA das konkrete Elend der nicht genutzten Spielräume: »Der größte Fehler bestand darin, daß diese brilliante Verfassung (der USA) nicht umgesetzt und die darin enthaltenen unendlichen Möglichkeiten nicht bestmöglich genutzt werden. Dies ist ein Land voller Elend, mit niedrigstem Bildungsniveau, vergiftet durch rechte rassistische Vorurteile, durch Vorurteile gegen Metropolen und gegen Intellektuelle. Gemessen an ihren Möglichkeiten sind die derzeitigen Bedingungen der Vereinigten Staaten ein wirkliches Verbrechen.«[8]

Shakespeare weist in der zitierten Hamlet-Stelle auf eine spezifisch menschliche Optik hin, nämlich auf den verzeitlichten Blick des Menschen. Aus der antiken Philosophie schöpfend, erinnert er daran, daß unsere produktive Planungsfähigkeit verzeitlicht ist, daß wir, anders als die Tiere, zurück- und vorausschauen können. Die weltweiten Flüchtlingsbewegungen treffen nur die unmittelbaren Nachbarn – Pakistan, Jordanien, afrikanische Länder – fast unvorbereitet wie Naturkatastrophen. Europa besitzt – noch – die Chance zu einer *reflektierten* Haltung gegenüber dem Zustrom von »Fremden«. Eine Reflexion, die in einem konstatierenden Sinn entdecken könnte, daß Abschottung gegen andere Anzeichen eigenen Niedergangs bilden kann. So bemerkt der in Frankreich lebende und französisch schreibende Schriftsteller Tahar Ben Jelloun 1984: »Es sind nun schon zwölf Jahre, daß ich in Frankreich lebe. Ich habe mehr und mehr das Gefühl, dem Alter eines Gesichts ausgesetzt zu sein, wo die Falten alte Wunden sind. Ich habe erfahren, daß eine Zivilisation in dem Augenblick zu verfallen beginnt, wo sie sich ausschließlich auf sich selbst konzentriert, wo sie sich auf ihren Erinnerungen ausbreitet. Ich verstand, daß ihre Fähigkeit, aufzunehmen, zu arbeiten und mit dem Fremden zu leben, sich mehr und mehr eingeschränkt hat. Tatsächlich. Sie wird erklärte Feindseligkeit, aktive Aggressivität, ordinäre Brutalität.« (T. Ben Jelloun 1984, S. 18)

Der französische Philosoph Jacques Derrida geht noch einen Schritt weiter als Ben Jelloun. Für ihn gehört es normativ zum Begriff der Kultur,

8 Vgl. Charles Baudelaire, Œuvres complètes. Paris 1961, S. 1263. Friedrich Nietzsche: Also sprach Zarathustra. Ein Buch für alle und keinen. Vorrede Nr. 5, vgl. dazu B. H. Taureck (1989): Nietzsche und der Faschismus, Hamburg, S. 150–153. W. Allen: Interview mit J. Bignardi. In: La Republica, dt. in der taz vom 7. 3. 1991, S. 17.

daß ihre Identität Verschiedenheit einschließt. Kultur ist Kultur des anderen, andernfalls kann gar nicht von Kultur gesprochen werden: »*das Eigene einer Kultur ist, nicht-identisch mit sich selbst zu sein.* (...) Es gibt keine Kultur oder kulturelle Identität ohne diese Differenz *mit sich.* (...) Es gibt keinen Bezug zu sich, keine Identifikation mit sich ohne Kultur, jedoch Kulturen von sich *als* Kultur *des* anderen.« (Derrida 1991, S. 16)

Die liberalistische Rationalisierung irrationaler Individualoptionen könnte sich auf einen sklerotischen Zustand zubewegen. In der bloßen Reproduktion von Selbststabilisierungen werden Möglichkeiten und Aufgaben nicht wahrgenommen, die mit dem Anwachsen der weltweiten Flüchtlingszahlen auf uns zukommen. Im Umkehrschluß gilt vermutlich auch: Die Zunahme der Flüchtlingsströme bietet den Europäern die Chance einer neuen Aufgabe. Eine Aufgabe, die uns auf friedlichem Weg vor psychosozialen Entropieerscheinungen schützt. Die Chance zur Reflexion unserer verzeitlicht planenden Optik im Hinblick auf Flüchtlingsströme führt zur Wahrnehmung einer zweifach differenzierten Zukunft:

Zukunft I: Überalterung und Verjüngung unserer Gesellschaft.

Zukunft II: Die moralische Dimension der Nicht-Behinderung ferner Generationen durch kulturintegrative Gesellschaften.

2. Zukunft I: Einsturz oder Stützung der Bevölkerungspyramide

Sklerotische Zustände ergeben sich in westlichen Demokratien nicht nur im Hinblick auf psychische Dispositionen. Es kommen nicht nur Gefühle des Überdrusses auf, sondern es geht ein Gespenst um, das Gespenst der Überalterung. Man spricht bereits vom »Altersheim Bundesrepublik«. (D. Oberndörfer in: P. Braitling/W. Reese-Schäfer 1991, S. 187ff., zuvor B. Rürup 1989) Günter Buttler hat 1992 eine Studie veröffentlicht, in der mit großer Behutsamkeit aufgrund heute verfügbarer Daten für 2050 u.a. ein Minuswachstum des deutschen Bruttosozialprodukts von –0,1 Prozent prognostiziert wird. Die Relation »Bevölkerung im nichterwerbsfähigen Alter« zur »Bevölkerung im erwerbsfähigen Alter« (der sog. »Gesamtlastquotient«) würde sich von 73,5 Prozent im Jahr 1988 zu 108,6 Prozent im Jahr 2050 verändern. Entsprechend müßten dann die gegenwärtig 34 Prozent Steuern und Sozialabgaben auf 52 Prozent ansteigen (G. Buttler 1992, S. 103 und 145f.). Der Verfasser weist ferner darauf hin, daß die Bevölkerungsentwicklung der Bundesrepublik eine Eigendynamik entfalten könnte, die sich nicht mehr steuern läßt, sofern man sie beobachten und nicht mehr nur voraussagen würde. »Wenn wir merken, daß wir es nicht mehr schaffen, ist es möglicherweise für ein Gegensteuern schon zu spät.« (S. 230f.) Als *ein* Gegenmittel gegen Überalterung und deren ökonomische Folgen schlägt Buttler eine jährliche Einwanderungsquote von 250.000 Personen vor, die durch geeignete Einbürgerungsmaßnahmen in unsere Gesellschaft integriert werden. *Ohne* diese Zuwanderung würde Deutschlands Bevölkerung 2050 51 Millionen und *mit* ihr knapp 67 Millionen Menschen zählen (S. 223).

Um sich vor Folgen der Überalterung in den eigenen Grenzen zu schützen, verjüngte man sich traditionell dadurch, daß man »die Grenzen öffnete«. Es sind insbesondere zwei Länder, die diese Strategie seit langem verfolgen, nämlich Kanada und Australien. Für Australien wird geschätzt, daß die Einwanderung nach dem zweiten Weltkrieg zu einem sechzigprozentigen (!) Anstieg der Bevölkerung von sieben auf 16 Millionen Bewohner geführt hat (nach I. Louviot 1991, S. 56f.). Gleichwohl

ist auch in Australien die Gesellschaft noch überaltert, denn seine Gesamtbevölkerung wächst jährlich um 1,5 Prozent, die Zahl der Einwohner über 60 Jahre wächst jedoch um 2,5 Prozent.
Einwanderungssteigerungen als Gegenmittel zur Überalterung werden in einem qualitativen und in einem quantitativen Sinn eingesetzt. In qualitativer Hinsicht unterscheidet man speziell in Kanada zwischen – im weitesten Sinn – familiär, wirtschaftlich und humanitär motivierter Einwanderung. In den USA wird zwischen gewöhnlichen und qualifizierten Einwanderern unterschieden. Die qualifizierten Einwanderer – Facharbeiter, Ingenieure, Ärzte, Investoren – werden von der quantitativen Regelung (Quoten) ausgenommen (I. Louviot, S. 59). Hinsichtlich der Einwanderungsmengen votiert man in Frankreich und Kanada für jährlich variierbare Größen (I. Louviot, S. 60). Argentinien beschloß im Sommer 1992, gut 250.000 russische und wolgadeutsche Unternehmer einwandern zu lassen. Chile, Paraguay, Peru und Uruguay bekunden Interesse an einer ähnlichen Einwanderung. Die USA sind international das Land der meisten Einwanderer. 1990 wurde von beiden Häusern des Kongresses verabschiedet, daß ab Oktober 1991 40 Prozent mehr Einwanderer als bisher aufgenommen werden. Die bisherige Jahresquote wird auf eine 700.000-Quote erhöht. Die Inschrift auf der Freiheitsstatue soll offenbar Praxis werden: »Gebt mir eure müden, armen und verängstigten Menschen, die frei atmen wollen.« (U. Knight / W. Kowalsky 1991, S. 124–126). In Deutschland besteht ein Bedarf an »ausländischen« Mitbürgern, und zwar erstens zur Sicherung der Rentenfinanzierung, zweitens zur Sicherung des Binnenmarktes und drittens zum Wiederaufbau und Umbau der ehemaligen DDR. D. Oberndörfer schätzt den Bedarf an ausländischen Arbeitskräften bis zum Jahr 2010 als »etwa 15 Millionen Menschen« (in R. Braitling / W. Reese-Schäfer 1991, S. 188).
Somit ist deutlich, was »Zukunft I« zumindest für deutsche Verhältnisse bedeutet: Erstens wissen wir bereits heute, daß wir der nächsten und übernächsten Generation (60 Jahre) *Bedingungen ökonomischer Verknappung* auferlegen würden, wenn wir die Überalterungsentwicklung unbeeinflußt geschehen lassen. Zweitens wissen wir auch bereits heute, daß wir für die nächsten 60 Jahre Bedingungen ökonomischer Prosperität dadurch schaffen können, daß wir eine hohe Quote ausländischer Arbeitnehmer aufnehmen. Wieder greift hier die Formulierung rationalen Handelns: 1. Man beabsichtigt x herbeizuführen. 2. Da man überzeugt

ist, x nur herbeiführen zu können, indem man y tut, tut man y. Beabsichtigt man dementsprechend, künftig unter Bedingungen ökonomischer Verknappung zu leben, so könnte man diese durch eine Schließung der Grenzen gegen Einwanderung erzeugen. Man handelte in diesem Fall formal rational und material irrational, d.h., man bejaht den Schaden der Güterverknappung. Man brächte dagegen formale und materiale Rationalität zusammen, wenn man beabsichtigte, künftig unter Bedingungen wirtschaftlicher Prosperität zu leben und zu diesem Zweck eine erhebliche Steigerung der Einwanderung betriebe.

Gibt es überhaupt noch Argumente gegen die zuletzt genannte Lösung? Es ist wichtig, die scheinbar klaren Konturen der »Zukunft I« nicht allzu mühelos zu skizzieren. Das Votum für einen reflektierenden Umgang mit Flüchtlingsströmen schließt an dieser Stelle die Diskussion mindestens dreier Bedenken ein:

1. Einwanderung ist kein dauerhaft wirksames Mittel gegen Überalterung, da die Einwandererfamilien sich langfristig den Geburtenraten des Aufenthaltlandes anpassen.
2. Wie rechtfertigt sich die Instrumentalisierung der Ausländer zu Zwecken der Verjüngung der eigenen Gesellschaft?
3. Wenn der Ausländeranteil tatsächlich so stark würde, daß die zur Zeit auf dem Kopf stehende Bevölkerungspyramide wieder auf den Füßen steht, so fragt sich: Führt dies nicht zu Konflikten unkontrollierbarer ausländischer Willensbildungen?

Die erste Frage ist ansatzweise bekannt und läßt sich durch einige Zahlenbeispiele verdeutlichen. Es gibt tatsächlich Tendenzen zum Rückgang der Nachkommen von Völkern bei Wechsel des Aufenthaltslandes. So ging z.B. die Kinderzahl der Antillenimmigranten in England zwischen 1969 und 1974 von vier auf zwei Kinder zurück (I. Louviot, S. 35). Genauere Statistiken liegen für Frankreich vor. Das von Jacques Voisard und Christiane Ducastelle gesammelte Material zeigt, wie sich die Durchschnittszahlen von Kindern ausländischer Mütter in Frankreich entwickelten.

	1968	1975	1982	Tendenz*
Portugiesinnen	4,90	3,30	2,17	fallend
Algerierinnen	8,92	5,28	4,29	fallend
Marokkanerinnen	3,32	4,68	5,23	steigend

* Es handelt sich um tatsächliche Kinderzahlen. In strengem statistischen Sinn liegt allerdings noch keine eigentliche »Tendenz« vor, sondern eine Quasi-Tendenz.

Im Vergleich Ausländerinnen–Französinnen ergibt sich:

	1968	1975	1982	Tendenz
Ausländerinnen	4,01	3,33	3,20	schwach fallend
Französinnen	2,50	1,84	1,84	zunächst stark fallend, dann konstant niedrig bleibend

Die Zahl ausländischer Nachkommen ist in diesem Beispiel also schwächer fallend als die Kinderzahl von Bewohnerinnen des Aufenthaltslandes (J. Voisard/C. Ducastelle 1990, S. 143). Bei einer Differenzierung der Herkunft der Elternteile ergibt sich für Frankreich:

Jahr	Zwei franz. Eltern	Zwei ausländ. Eltern	Ein ausländ. Elternteil
1981	609.853	72.869	20.588
1983	538.542	71.341	19.791
1984	534.578	69.822	20.274
1985	530.442	67.037	20.460
1986	523.016	63.840	20.930
1987	503.299	58.796	20.807

Nur in Ehen mit einem ausländischen Partner ist die Quasi-Tendenz leicht steigend bzw. konstant. In Ehen zwischen Einheimischen bzw. Ausländern ist die Kinderzahl dagegen stärker fallend (vgl. J. Voisard/C. Ducastelle 1990, S. 141). Generell ist also festzuhalten, daß die Kinderzahl »ausländischer« Mütter abnimmt, jedoch nicht so stark wie bei »inländischen« Müttern. Konstant bzw. leicht ansteigend ist dagegen die Nachkommensrate bei Eltern mit nur einem »ausländischen« Partner. Diese Beobachtung führt Isabelle Louviot zu dem Schluß: »Die Einwanderungsaufnahme hat folglich eine wichtige Rolle für das Bevölkerungswachstum der Nachkriegszeit in zahlreichen Ländern des Nordens gespielt, aber die These von der Verjüngung der Bevölkerung hat sich nicht bewahrheitet. Die demographischen Wirkungen der internationalen Migration bleiben folglich begrenzt« (I. Louviot 1991, S. 36).

So gesehen gilt die Verallgemeinerung nicht, derzufolge die Aufnahme von Einwanderern automatisch zur Verjüngung der eigenen Gesellschaft führt, sie kann nur dazu führen. Die beiden erwähnten französischen Statistiken lassen an zwei Stellen deutliche Verjüngungserscheinungen erkennen: Die Durchschnittszahlen marokkanischer Mütter in Frankreich stieg zwischen 1968 und 1982 von 3,32 auf 5,23 Kinder. Ferner ist die Kinderzahl aus Ehen mit einem ausländischen Elternteil 1987 größer als 1981.

Diese Auflistungen über Nachkommensraten sind bloß deskriptiv. Daß Frauen zu gesamtgesellschaftlichen Verjüngungsleistungen instrumentalisiert werden sollen, würde eine moralische Frage darstellen, die deskriptiv nicht zu beantworten ist (vgl. dazu S. 168).

»Verjüngung« ist Element und Projekt der Zukunft I. Die Geburtenraten der vergangenen 25 Jahre bilden dagegen diejenige Vergangenheit, die man nicht unbedingt fortzusetzen bereit ist. Nennen wir sie »Vergangenheit I«. Vergangenheit I war gekennzeichnet durch eine Strategie der Verjüngung in außereuropäischen Demokratien wie den USA, Kanadas oder Australiens. In Europa bestand in der Vergangenheit I dagegen kein eigentlicher Verjüngungsbedarf. Ausländer wurden, speziell in der Bundesrepublik, zum wirtschaftlichen Wiederaufbau angeworben. Als Nebenfolge der Entkolonialisierung strömten Einwanderer in die ehemaligen Mutterländer der Großkolonialisten Frankreich und England. Die Ausländerpolitik Frankreichs und der Bundesrepublik reagierte nach der Ölkrise 1973 mit einem Einwanderungsstop, was u.a. eine Verstärkung illegaler Immigration zur Folge hatte. In der für Staat und Unternehmer noch immer fortgesetzten Vergangenheit I besteht ein Bedarf nach Ausländern generell unter dem Vorbehalt nur *zeitweiligen* Bedarfs (I. Louviot 1991, S. 57ff.). Wird von politisch planender Seite dauerhafte Einwanderung als zu riskant betrachtet, so dürfte dieser Sicht auf der Seite »ausländischer« Familienplanung eine Zurückhaltung entsprechen. Verjüngungserscheinungen können sich unter politisch verordneten Risikobedingungen kaum entfalten.

Daraus ergibt sich, daß eine durch Verjüngung bestimmte Zukunft I wesentlich durch eine Abkehr von den Praktiken der Vergangenheit I erreichbar ist. Positiv wäre diese Abkehr durch solche Maßnahmen bestimmt, die durch öffentliche Begründung und Diskussion den Dringlichkeitsbedarf der Verjüngung und Stützung der Bevölkerungspyramide für alle deutlich werden lassen. Den Worten könnten und sollten passende finanzielle Anreize hinzugefügt werden, vergleichbar etwa den »Belohnungen«, mit denen in Frankreich die Gesamtbevölkerung zwischen 1946 und 1964 von 40 auf über 50 Millionen gehoben werden konnte.

Gerechte Lösungen lassen sich erzielen, wenn weder Ausbeutung noch Bevorzugung stattfinden. Es muß, um zwei Beispiele zu erwähnen, aus-

geschlossen werden, daß »Ausländer« für gleiche Arbeit anders bezahlt werden als Inländer: Ein Ausbeutungsgeschäft wie die von deutscher Schiffahrt betriebene Zahlung von Dritte-Welt-Löhnen an Ausländer ist unzulässig und moralisch verwerflich. Dasselbe gilt für die Praxis, ausländische Gastronomiebeschäftigte nur für begrenzte Zeit zu dulden.
Nun zur zweiten Frage: Wie rechtfertigt sich die riesige Instrumentalisierung, die man mit den Ausländern zu Zwecken der eigenen Verjüngung betreibt? Es widerstrebt westlichem Moralgefühl, andere Menschen ausschließlich als Mittel für eigene Zwecke benutzen zu wollen. Und ist es nicht erforderlich, an die Existenz moralischer Tatsachen, Wahrheiten und Erkenntnisse zu glauben, um sich der Forderung Kants anzuschließen, wonach der andere *»jederzeit zugleich als Zweck, niemals bloß als Mittel«* benutzt werden darf (Grundlegung zur Metaphysik der Sitten B 66)? Es reicht, sich zu verdeutlichen, daß eine radikal egoistische Handlungsweise, die andere außerhalb des Ego ausschließlich als Instrumente des Ego-Interesses ansieht, mit Verkennung gleichzusetzen wäre. Ein radikaler Egoist müßte verkennen, daß andere Menschen Wesen sind, die sich selber Zwecke setzen. Sicherlich gibt es ein rassistisches Urteil, das die französische Psychoanalytikerin Françoise Dolto beschreibt als »Ja zu den Menschenrechten, aber die da sind keine Menschen« (F. Dolto 1985, S. 188). In einer Gesellschaft, die auswärtigen Bewohnern Prädikate des Menschseins abspricht, wäre ein Radikalegoismus möglich, der dann kollektiv bestünde. Entfällt diese Voraussetzung, so benötigt ein Egoismus, um andere erfolgreich zu instrumentalisieren, eine Reihe von Listen und Täuschungen. Die anderen sollen glauben, sie handelten zu ihrem eigenen Vorteil, während sie in Wahrheit nur von einem Ego wie Spielfiguren benutzt werden. Dazu ist jedoch zu bemerken: Wer andere täuscht, setzt bereits voraus, daß sie über eigenes Denken und Planen verfügen. Täuschung ist ein Akt der Anerkennung fremder Freiheit. Es ist allerdings ein inkonsequenter Akt, da das Ego des Täuschenden nicht kalkulieren kann, wann und in welchem Ausmaß es selbst bei seinen Täuschungen getäuscht wird.
Im Hinblick auf die Instrumentalisierung derer, die aus Not bei uns einwandern wollen, bleibt zu sagen: Unser Zweck der Verjüngung braucht nicht nur nicht verheimlicht zu werden, sondern er läßt sich öffentlich propagieren. Eine Täuschung entfiele. Moralisch falsch wäre indessen, Ausländern dauerhafte Präsenz in Europa zu versprechen und gleichzeitig einen nur konjunkturabhängigen Bedarf zu planen. Ähnliches

geschieht in der Schweiz, und für eine konjunkturabhängige Instrumentalisierung von Ausländern tritt Herr Schönhuber ein.

- Monetäre Anreize zur Verjüngung werden nicht selektiv nur an Einwanderer vergeben, sondern an alle Familien. Auf diese Weise wäre eine gerechte Gleichbehandlung garantiert.
- Der Vorteil ist gegenseitig, nicht etwa einseitig verteilt.

Ein Problem stellen die Frauen in diesem Zusammenhang dar, da man sie »benutzen« müßte, um das Absinken der Bevölkerungszahl zu verhindern oder zu mildern. »Verjüngung« scheint somit als moralisches Primärgut eine Instrumentalisierung der Frauen zu Müttern zur Folge zu haben. Dies führte dazu, daß ein Teil der Gesellschaftsmitglieder etwas erbringen müßte, was für die Gesamtgesellschaft gut ist. Diese Instrumentalisierung der Frauen ist moralisch inakzeptabel. Sie ließe sich durch folgende Argumentation vermeiden: Die Bevölkerungszahlen der bestehenden Gesellschaften sinken. Statt eine Verjüngung auf Kosten der Frauen der Gesellschaften zu finden, könnte die Bevölkerungszahl durch Einwanderungen ausgeglichen werden. Fortpflanzung bleibt ein Gut relativ zur *individuellen* Entscheidung, Kinder zu haben oder nicht zu haben. Zu den echten Begründungen dieser Entscheidung kann allerdings der Aspekt einer gesamtgesellschaftlichen Verjüngung einschließlich der dadurch bewirkten Verbesserung der Lebensbedingungen für die Nachkommen zählen.

Nun zur dritten Frage: Wenn der Ausländeranteil tatsächlich so stark ist, daß er die Bevölkerungspyramide wieder auf die Füße stellt, würde dies nicht eine Gefahr in sich bergen, daß Konflikte unkontrollierbarer ausländischer Willensbildungen entstehen würden? Jene bis zum Jahre 2010 bei uns einwandernden 15 Millionen Menschen würden dann nicht nur eine riesige ökonomische Ressource bilden, sondern auch eine Ressource für politische Beeinflussung. Sie könnten die politische Ordnung ggf. tiefgreifend verändern. Sie könnten einen Staat im Staate bilden.

Es fragt sich, ob in diesen und ähnlichen Befürchtungen nur die Bedrohungsängste von Rassisten vom Schlage eines Le Pen wiederkehren. Das Problem liegt jedoch in einem anderen Bereich. Es handelt sich darum, daß die Gestaltung der Zukunft I Schaffung von Bedingungen einschließt, die nicht alten Wein in neue Schläuche füllt. Die Schaffung der Zukunft I würde nämlich genau dann mißlingen, wenn sie bloß eine Umbenennung der Vergangenheit I erbrächte. Konkreter formuliert: Verjüngung der Gesellschaft setzt eine politische Gleichberechtigung und

ausdifferenzierte Angebote sozialer Symbolteilhabe der Einwanderer an hiesige Lebensformen voraus. Es wird nicht ohne Widerspruch möglich sein, Zukunft I zu wollen und gleichzeitig die Barrieren der Staatsbürgerschaftserlangung aufrechtzuerhalten, die sich in Deutschland jener oben beschriebenen romantizistischen Fort-Rationalisierung individueller Optionen verdanken. Daraus folgt auch, daß diejenigen, die sich heute in Deutschland zur Etablierung der Zukunft I unter Fortschreibung bisheriger Staatsbürgerschaftsregelungen berufen fühlen, damit jene Konflikte vorprogrammieren, die in der Tat zu unkontrollierbaren politischen Willensbildungen führen würden. In der römischen Geschichte hat einst ein grausam geführter Krieg stattgefunden, durch welchen Bundesgenossen der Römer diese zwingen wollten, endlich römisches Bürgerrecht zu erlangen.
Zukunft I, Verjüngung mit allen erwünschten ökonomischen Nebenfolgen, scheint einfacher realisierbar. Es gibt im Grunde keine moralischen und keine politischen Bedenken gegen Zukunft I. Ihre Etablierung wird geistig durch die Gewöhnung an etwas blockiert, das wir »Vergangenheit I« genannt haben, d.h. durch eine Politik, der eine langfristige Einbürgerung von Ausländern als zu riskant erschiene. Ihr korrespondiert auf der ausländischen Seite eine Familienplanung, die sich der politisch verordneten Unsicherheit anpaßt.

Eine Schwierigkeit ist noch zu bezeichnen, die gleichwohl nicht unlösbar erscheint. Mit Zuwanderungen aus Ländern der Dritten Welt in die Industrieländer ergibt sich eine Erhöhung des globalen Energieverbrauchs und damit eine nicht wünschenswerte globale Zusatzbelastung. Zwei Ziele wären daher zu erreichen:

1. Die Zahl der Bevölkerung der Industrieländer dürfte nicht wesentlich anwachsen.
2. Die Bevölkerungszahl der Dritte-Welt-Länder müßte abnehmen.

Ob sich Steuerungsmechanismen einrichten lassen, die beides herbeiführen, ist ungewiß. Möglich wäre folgende Entwicklung: Durch die Zuwanderer aus Ländern der Dritten Welt in Industriestaaten würden nur deren Lücken bei gleichzeitig langsam fallender Geburtenrate gefüllt. Die Einwanderer lassen zudem ihre Heimatländer an ihrem Wohlstand teilhaben. Zur Zeit verdanken bereits El Salvador und die Capverden den größten Teil ihres »Bruttosozialprodukts« der finanziellen Hilfe von Emigranten. Mit der Teilhabe der armen Länder am Wohlstand der Emigranten wäre zugleich deren Einflußmöglichkeit auf die Bevölkerungsplanung der Heimatländer verbunden. Ob und inwieweit dieser Regelkreis verwirklicht wird, ist doch nicht prognostizierbar. Allerdings ist daran zu erinnern, daß nicht nur Überbevölkerung Armut, sondern daß Armut auch Überbevölkerung bringt. Dieser Kreis könnte durch steigenden Wohlstand durchbrochen werden, der sich der Emigration verdankt.

3. Zukunft II: Für eine konkrete Zukunftsethik

Unser idealer Beobachter, der ein idealer Teilnehmer an der Gestaltung einer kulturintegrativen Gesellschaft in Deutschland und Europa sein wollte, wurde zum neu beginnenden Teilnehmer, weil er die liberalistische Rationalisierung der Individualoptionen akzeptiert. Mit dieser Wahl akzeptiert er also, daß irrationale Egoismen zur Privatsache werden und der Etablierung einer Dimension der Öffentlichkeit untergeordnet sind. Die Aufgabe des neu beginnenden Teilnehmers liegt nun darin, durch die Praxis der liberalistischen Rationalisierung eine Öffnung für den anderen Menschen zu erreichen. Dieses Bemühen erweist sich als Arbeit an einer verschieden dimensionierten Zukunft: Zukunft I als Verjüngung der Gesellschaften durch Aufnahme von Einwanderern und Zukunft II als kulturverbindendes Handeln in einem generellen ethischen und moralischen Sinn, das zukunftsweisend wirkt. Wozu nützt es, sich mit Zukunft II im Zusammenhang mit der Etablierung kulturintegrativer Gesellschaften zu beschäftigen? Wozu überhaupt Normen für die Begegnung mit dem, was bald bzw. später kommen wird? Kann Zukunft II nicht gänzlich gestrichen werden zugunsten der Verjüngung und der skizzierten Entwicklungshilfe bei Emigration? Offenbar scheint es möglich, zu antworten: Erstens kommt die Zukunft sowieso, nur leider meist anders, als man dachte. Die »Futurologie« verdient nicht eben großes Vertrauen. Nicht einmal die Ölversorgungskrise von 1973 haben diese modernen Mantiker vorhergesehen. Aber die Undurchschaubarkeit der Zukunft verpflichtet nicht zum Fatalismus. Auch wenn die Erwartung berechtigt ist, daß die Zukunft anders sein wird, als es heute sichtbar ist, kann man immer noch wollen, daß dieses oder jenes eintritt. Die beschriebene Verjüngung durch Einwanderung – Zukunft I – ist ein Beispiel für solch eine Planung der Zukunft. Selbstverständlich unter der Bedingung einer gewissen Unsicherheit. Zukunft zeigt sich dabei allerdings außerhalb einer moralischen Optik. Man will, daß die eigene Gesellschaft sich verjüngt und man weiß, daß diese Option auch erfolglos bleiben kann. Zwischen einer beliebigen gegenwärtigen Zeit und einer beliebigen künftigen Zeit liegt stets ein Dunkel, das niemand zu durchschauen fähig ist. Angenommen, ich lege mich abends um 22.30 schlafen. Am nächsten Morgen um 7.30 soll mein Wecker klingeln. Die acht Stunden zwischen Einschlafen und Aufwachen benötige ich, um meine nächste Zukunft Z vorzubereiten. Ich lasse Z auf mich zukommen, indem ich mich passiv dem Schlaf überantworte. Ich werde ohnehin in Z aufwachen. Allerdings programmiere ich den Zeitpunkt im voraus. Die Tatsache, daß ich passiv und dennoch planend in die Zukunft hineinschlafe, läßt sich auf kollektives Handeln übertragen. Hätte man sich in Deutschland zur Etablierung einer kulturintegrativen Gesellschaft (Zukunft I) entschlossen, so müßte man sich zugleich auch darauf verlassen, diese Zukunft passiv – geduldig an sich herankommen zu lassen. Diese Passivität bedeutet jedoch nicht Abwesenheit von Tätigkeit. Denn wie im Bild des Einschlafens und des Weckerstellens plane ich mein Hineingleiten in Z, indem ich meine Passivität programmiere. Ein weiterer Aspekt der Aktivität in der Passivität kommt hinzu: Schlaf ist nur für einen intellektuellen Bereich meiner selbst Untätigkeit. Auch der Aufbau einer kulturintegrativen Gesellschaft schließt mit der Planung eine Zeit des Reifens ein, in der sich Begegnungen, Kommunikation, Einstellungen zwischen »Inländern« und »Ausländern« ereignen.

Die außermoralische Regelung einer kulturintegrativen Gesellschaft ist möglich, weil sie eine kurzfristige Planung mit dem Zukunftselement der nicht vorhersehbaren Entwicklung vereinigt. Eine derartige Verabschiedung von ethischen und normativ-moralischen Reflexionen kann jedoch nicht das letzte Wort zu Zukunft II sein. Aber bevor dargelegt wird, daß – bei der Schaffung einer kulturintegrativen Gesellschaft – auf ethisch-moralische Reflexionen nicht verzichtet werden kann, muß ein Zug des kulturellen Lernens hervorgehoben werden, zu dem uns die außermoralische Betrachtung einer Kulturzukunft führt: Es ist die *Geduld*. Die Planung von Zukunft I setzt eine Bejahung von Passivität voraus, das bedeutet Geduld zu haben in der Erwartung von Ereignissen. Geduld ist nicht gerade eine Tugend der Europäer, und es ist zu hoffen, daß zumindest jene Haltung bei der Etablierung von Kulturintegration erreicht wird, die der französische Dichter Paul Valéry einmal von seiner Arbeitsweise sagte: »Meine Arbeit ist eine Geduldsarbeit, ausgeübt von einem Ungeduldigen« (Cahiers I, Paris 1973, S. 88). Für die große Planung einer Wechseldurchdringung verschiedener Kulturen und Lebensstile in Deutschland und Europa wäre es wünschenswert, wenn wir ungeduldigen Europäer die Geduld fänden, die in anderen Kulturen weitaus eher die Regel ist als bei uns. Sollte es zutreffen, daß andere Kulturen eher geduldige Menschen hervorbringen und Migrationen Menschen größerer Geduld zu uns führen, dann wäre hier eine Chance, die europäische Mißachtung der Geduld zurückzunehmen. Im vergangenen Jahrhundert diagnostizierte Nietzsche »eine furchtbare Ungeduld darüber, daß das Geld sich zu langsam häuft« (Morgenröte Nr. 204). Ungeduld treibt uns an, die Geduld wird ausgeschaltet.[1]

Die Europäisierung dieses Planeten verdankt sich vor allem der Ungeduld der Europäer und der Geduld der anderen Völker. Aber wenn kulturintegrative Gesellschaften in Europa entstehen sollten, dann ist erstmalig die Geduld der Europäer notwendig. Sie können sich trösten, der Migrationsdruck an den Grenzen läßt keineswegs auf eine Ungeduld der Einwanderer schließen. Leidgeprüfte Menschen, aufgewachsen in den ältesten Traditionen von Geduldspraktiken, warten auf die Aufnahme in ein Europa, das längst an den Grenzen seiner Ungeduld und Unduldsamkeit angelangt ist. Kulturelle Wechseldurchdringung verlangt eine Geduld, die nicht als Ressource verfügbar ist wie unsere ökonomischen Kosten-Nutzen-Kalküle. Die ökonomisch-bedarfsorientierte und saisonale Nutzung von Ausländern nach Schweizer Muster ist eine Verwechslung der erforderlichen Geduldsübungen mit der Verlängerung europäischer Ungeduldspraktiken, in der sich die diskriminierende Instrumentalisierung von Ausländern fortsetzt. Wünschenswert wäre, um nochmals Valéry zu bemühen, eine von Ungeduldigen ausgeübte Geduldsarbeit. Erreichbar wäre dabei vielleicht zunächst jene – ebenfalls von Valéry beschriebene – Form der Geduld: »Meine Geduld ist korpuskulär. Sie besteht aus einer unbestimmten Menge kleiner Anstrengungen.« (P. Valéry) Wenn jene außermoralische Option für eine Zukunft I ein Votum für eine europäische Geduldigkeit einschließt, wird klar, daß hier nicht wirklich außermoralisch argumentiert wird, denn »Geduld«, sofern sie als eine Haltung gefordert wird, ist eine moralische Norm, die bestimmte Handlungen anrät. Also müßte eine konsequent außermora-

1 In christlich-philosophischer Sicht wurde die Geduld gering geschätzt. Kant nannte sie verächtlich eine »weibliche Tugend, weil sie nicht den Kampf zum Widerstand aufbietet, sondern das Leiden (Dulden) durch Gewohnheit unmerklich zu machen hofft« (Anthropologie § 77). Goethe traf die europäische Geduldfeindlichkeit, als er seinen Faust, den ungeduldigen Menschen per se, ausrufen ließ: »Und Fluch vor allem der Geduld!« (Faust I, Vers 1606). Auch Thomas von Aquin schätzt die Geduld nicht sonderlich, vgl. seine »Summa theologica« 1–2. q 66, 4, a 4 und 2–22 q 136, 1, 5c. Eine positive Ausnahme bietet dagegen Johannes Calvin in: Institutio Christianae Religionis III, 8, 11.

lische Gestaltung darauf verzichten, zur Geduld zu raten. Dieser Widerspruch zwischen außermoralischem und normativ-moralischem, weil »Geduld« einschließendem Votum ist nicht zu vermeiden. Die Problematik der außermoralischen Befürwortung einer kulturintegrativen Zukunft I reicht noch weiter. Wer für einen Abschied von ethisch-moralischen Überlegungen zu einer kulturverbindenden Zukunft ist, beabsichtigt zweierlei:

1. Es wird eine nahe Zukunft geplant.
2. Es wird darauf verzichtet, ferne Zukunft zu gestalten.

Die Attraktivität des außermoralischen Votums für eine kulturverbindende Zukunft I liegt vermutlich in der realistischen und aufrichtigen Beschränkung auf das, was in naher Zukunft erreichbar ist. Zudem wird es damit jener Dunkelheit der Zukunft gerecht, auf die man sich passiv und zugleich planend einläßt. Diese Absichten sind nicht »pragmatisch« und außermoralisch zu haben, beruhen sie doch darauf, daß es

1. als moralisch richtig angesehen wird, die nahe Zukunft kulturverbindend zu planen und
2. als moralisch richtig gilt, auf Planungen ferner Zukunft zu verzichten.

Die außermoralisch-pragmatische Option auf eine nahe Zukunftsgestaltung benutzt oder bekräftigt dadurch unbemerkt bereits zwei moralische Normen. Die Frage ist darum gar nicht, wie wir ethisch-moralische Lösungen hinsichtlich einer Zukunft II suspendieren können, sondern: Wie lassen sich im Hinblick auf »Zukunft II« ethisch-moralische Reflexionen und Entscheidungen angemessen durchführen?

Um zu einer Klärung von »Zukunft II« zu gelangen, behaupten wir nun:

1. Hinsichtlich der Zukunft ist eine Freilassung ferner Generationen nach einem Zeitschnitt von 100 Jahren moralisch richtig.[2]
2. Die Etablierung kulturintegrativer Gesellschaften trägt zur Freilassung ferner Generationen bei.

Die erste These besagt, daß es moralisch richtig ist, Weichenstellungen für die Zukunft auf etwa 100 Jahre zu begrenzen, um auf diese Weise ferne Generationen in allen ihren Handlungen und Handlungsregeln um ihrer selbst willen freizulassen. Nach 1945 ist international ein Bewußt-

2 Die hier vorgetragene Argumentation einer Freilassung ferner Generationen um ihrer selbst willen folgt B.H.F. Taureck (1992): Ethikkrise, Krisenethik. Reinbek, S. 297–317.

sein entstanden, das sich dem Sog einer Verantwortung für die Zukunft des gesamten künftigen Daseins der Menschengattung ausgesetzt fühlt. Mit den Möglichkeiten verschiedener Selbstvernichtungsarten – Einsatz von atomaren, chemischen oder biologischen Waffen, Atomreaktorunfälle, ökologische Verwüstungen vitaler Ressourcen – sehen wir uns mit einem Ausmaß von Verantwortung konfrontiert, zu dem *Verpflichtungen* ebenso schwer wie dringend zu formulieren sind. Das Anwachsen der Flüchtlingszahlen auf diesem Globus bietet den ökonomisch erfolgreichen und ökologisch destruktiven Ländern die Chance zur Selbstverpflichtung für kulturintegrative Gesellschaften.

Drei konkurrierende Auffassungen prägen heute das Bewußtsein der Öffnung zur Zukunft: Entweder es wird gegenwartszentriert, zukunftszentriert oder gegenwartsindifferent gehandelt. Zentrierung auf die Gegenwart wird von einer Gemeinschaft betrieben, die den gegenwärtigen Bedarf zum Maß künftigen Bedarfs und Autobahnen bei Autoboom baut, Lehrerstellen bei sinkenden Schülerzahlen streicht oder Kernkraftwerke bei steigendem Energiebedarf konstruiert. Im Hinblick auf Ausländeraufnahme besteht Gegenwartszentriertheit darin, vorhandene oder vermutete Ausländerfeindschaft etwa für Asylrechtsverschärfung zu benutzen.

Zukunftszentriertes Handeln versucht für mögliche künftige Ereignisse eine heute verfügbare Steuerung bereitzuhalten und ist ein typisches Produkt hypertrophierender Technologie. Die Militarisierung des Weltraums um unseren Planeten oder die zur Zeit in den USA erwogene Entwicklung einer Wasserstoffbombe, die 10.000fach stärker ist als bisherige H-Bomben, um erdzerstörende Mega-Meteoriden zu vernichten, sind Beispiele zukunftszentrischer Planung. Hinsichtlich der Kulturintegration fehlen die Beispiele. Wollte man eins erfinden, so wäre an die Entwicklung von Computerprogrammen zu denken, die Übersetzungsoperationen aus mehreren Sprachen ins Deutsche enthielten, kombiniert mit pädagogischen Programmen zur Sozialisation. Zeitindifferentes Handeln liegt vor, wenn dem Menschen eine unwandelbare Natur und Bedürfnisstruktur unterstellt wird. In diesem Fall werden Häuser so gebaut, als könnten sie kaum jemals baufällig werden. Nachkommen werden so erzogen, als gäbe es ewige und unwandelbare Werte und Wahrheiten, die jeder zu wissen und zu praktizieren habe. Die Tafeln zeitindifferenter Werte besagen nichts über die Aufnahme von anderen als neue Gesellschaftsmitglieder, denn wer sich auf ewige Wahrheiten und Werte beruft, kann kulturintegrative Gesellschaften befürworten und ebenso ablehnen. Offensichtlich nimmt keine der drei Einstellungen die Zukunftsverantwortung angemessen wahr: Zeitindifferentes Handeln kann den Beweis objektiver Werttatsachen nicht antreten und läßt sich von Fall zu Fall als ideologisches Manöver zur Interessenwahrung entlarven. Mit Ewigkeitswerten ließ sich zugleich Kolonialismus organisieren, mit »humanistischer« Erziehung zum »Guten, Wahren, Schönen« ließen sich über Sozialprestige Wettbewerbsvorteile erzielen. Aber auch gegenwarts- und zukunftszentriertes Handeln verfehlen, worum es hinsichtlich einer Verantwortung geht. Beide unterstellen entweder, daß künftige Generationen dieselben Interessen besitzen wie die gegenwärtigen Akteure, oder sie diktieren künftigen Generationen, was sie zu interessieren hat. Der Ausbau von Kernenergie und die Militarisierung der Weltraumumgebung unseres Planeten etwa führen mit Notwendigkeit dazu, daß ferne künftige Menschengenerationen erhebliche Zeit ihres Lebens darauf verwenden müssen, sich vor den Gefahren radioaktiver Strahlung der von uns heute installierten Maschinerien zu schützen.

Besteht die Verfehlung des zeitindifferenten Handelns in ihrem ideologischen Manövrieren, so verfehlen Gegenwarts- und Zukunftszentriertheit die Zukunftsverantwortung, indem sie sich ein *Wissen* von künftigen Verhältnissen zimmern, das leer ist. Es wird nämlich unterstellt, daß künftige Menschen bereits davon unterrichtet wurden, daß man ihnen Bestimmtes hinterläßt, wie Kernkraftwerke oder einen militarisierten Weltraum.

Mögliche künftige Personen werden infolge gegenwarts- oder zukunftszentrierter Entscheidungen als bereits *wirkliche* Personen behandelt. Beide Handlungsweisen machen denselben Fehler wie der moralische Realismus: Wer moralische Tatsachen, Wahrheiten und Erkenntnisse annimmt, verpflichtet künftige Generationen damit auf dieselbe Moralität. Er erzeugt die Paradoxie, mögliche Personen als wirkliche Personen zu setzen und müßte daher diejenigen achten und mit denjenigen kommunizieren, die noch längst nicht geboren sind. Zukunfts- und Gegenwartszentriertheit führen ebenso wie der moralische Realismus zu imaginären Vorgriffen auf künftige Menschen und verengen deren Handlungsfreiheiten. Die Sorge um das Schicksal künftiger Generationen schafft damit bevormundende Bedingungen für Ungeborene. Das entgegengesetzte Extrem dazu wäre der Abschied von jeglicher Zukunftsplanung, das hieße eine planetarische Selbstauslöschung, einschließlich der Gegenwart.

Seit einiger Zeit läßt sich der Eindruck gewinnen, daß die 25 Prozent derjenigen Weltbevölkerung, die 70 Prozent der Energievorräte, 85 Prozent aller Holzvorräte und 60 Prozent aller Nahrungsmittel auf Kosten der konstant weiter verelendenden 75 Prozent der Erdbewohner vernutzen, daß dieser Teil der Weltbevölkerung, zwischen Gegenwarts- und Zukunftszentrik einerseits und mit Selbstauslöschung kokettierender Zukunftsverabschiedung andererseits hin- und herschwankt. Auf der einen Seite steigert man sich in Sorgen um ferne ungeborene Generationen hinein, führt Dialoge mit inexistenten Personen und weist ihnen die im Jetzt und Hier verfaßten Rollentexte zu. Zum andern ist »man« bereit, den Kram hinzuwerfen und, bei sicheren Prognosen negativer Nutzensummen, die Zukunft des genus humanum zu opfern – Subjekt des kollektiven »man« sind öffentlich legitimierte Entscheidungsträger dieser 25 Prozent-Menschheit.

Diese Logik der Selbstauslöschung folgt der Ethik des Utilitarismus, wonach »gut« der größte Nutzen für die größte Zahl bedeutet, aber wenn nur noch Rückgänge der Nutzensummen zu erwarten sind, kommt auf die Betroffenen eine Verelendung zu. Nullnutzen ist hier immer noch besser als negativer Nutzen, und Nullnutzen schließt Selbstauslöschung ein.[3]

Eine Selbstauslöschung der 25 Prozent-Menschheit würde die 75 Prozent-Menschheit zwar von der Deklassierung befreien, die Not jedoch noch erhöhen, weil man weiterhin auf fremde Hilfe angewiesen bliebe.

Auf die bedrohlich wirkende Zukunftsverantwortung läßt sich weder durch Gegenwarts- bzw. Zukunftszentrik noch durch Bereitschaft zur Selbstauslöschung oder durch ein Oszillieren zwischen beiden Haltungen angemessen antworten.

Das Dilemma liegt in den unklaren Unterscheidungen über ein Wissen von Künftigem und in den moralischen Normen, auf denen dieses Wissen fußt. Zumindest wissen wir über Künftiges zunächst, daß bestimmte Entscheidungen bestimmte Konsequenzen besitzen werden. Das gilt insbesonders für die Zerfallszeiten von Radioaktivität, die über die Geschichtszeit hinausreichen. Dieses Wissen ist das »Konsequenzwissen«

3 D. Heyd (1988): Procreation and Value. Can Ethics deal with Futurity Problems? In: Philosophia 18. Dazu B.H.F. Taureck (1992): Ethikkrise, Krisenethik. Reinbek, S. 175 f.

vom Künftigen. Über künftige Generationen wissen wir, daß deren Existenz von unserem Willen abhängt, Nachkommen zu besitzen. Diese Art des Wissens, das »konditionale Wissen« vom Künftigen, schließt keinerlei genaue Prognostik ein, wie das Konsequenzwissen über die Zerfallszeiten radioaktiven Mülls. Wir wissen lediglich: *Wenn* unsere Generation eine nachfolgende Generation erzeugt, dann sind weitere künftige Generationen möglich. Das Konsequenzwissen ist das »Was« der Zukunft, das konditionale Wissen dagegen bedeutet das »Daß« der Zukunft. Wollen wir uns zu einem »Daß« der Zukunft entschließen und für die Erzeugung einer nachfolgenden Generation sorgen, so wissen wir damit noch kein »Was« über künftige Generationen. Wir postulieren nur, daß es handlungsfähige menschliche Wesen geben wird. Unser Konsequenzwissen dagegen leuchtet wie Lichtpunktstrahlen in den Nebel der Zukunft und läßt diesen sichtbar werden, ohne ihn zu durchdringen; es bringt uns der Zukunft nicht näher. Deshalb ist die ethische Überlegung sinnvoll, fernen Generationen – etwa Generationen, die 100 Jahre nach der jeweiligen Gegenwart leben oder leben würden – nichts zu überlassen, von dem wir heute ein Konsequenzwissen haben. Radioaktiver Müll wäre demnach ein schlechtes Erbe, weil er den Handlungsspielraum künftiger Generationen verengt.

Eine Zukunftsverantwortung könnte – will man das Schwanken zwischen Zukunfts- bzw. Gegenwartszentriertheit und Selbstauslöschung vermeiden – durch eine Selbstverpflichtung ausschließlich auf aktive Gestaltung der nahen Zukunft und durch eine Freilassung ferner Generationen wahrgenommen werden.

Was könnte die Etablierung kulturintegrativer Gesellschaften zu einer Zukunftsethik beitragen? Angenommen, eine kulturintegrative Gesellschaft hätte die Merkmale:

- Verschieden ethnisch geprägte Lebensstile einschließlich öffentlicher Konsensbildungen über die Zulassung der Verschiedenheiten
- Bereitschaft zur Wahrnehmung, Ausdifferenzierung und Erweiterung sozialer Symbolteilhabe
- Kulturproduktion und Ästhetik des Teilnehmer-Beobachter-Perspektivenwechsels.

Diese Vielfältigkeit würde verdeutlichen, daß die Bedürfnisse, Interessen und Lebensweisen künftiger Generationen eine Variationsbreite aufweisen können, die nicht antizipierbar ist. Die Variationsbreite einer kulturintegrativen Gesellschaft hätte damit eine symbolische Funktion, weil sie

unsere kognitive Beziehung zur Zukunft beschreibt. Es wäre jedoch falsch zu behaupten, die Vielfalt der Lebensstile in einer kulturintegrativen Gesellschaft von heute *bedinge* die Vielfalt der Lebensstile von morgen.
Über solch *ein Konsequenzwissen* verfügen wir nicht, und die Gesellschaften werden im Jahr 2150 nicht notwendig kulturintegrativ sein. Die Einrichtung kultureller Vielfalt kann vielmehr verdeutlichen, daß ein Konsequenzwissen über die ferne Zukunft zwecklos ist.
Ein weiterer Beitrag der Kulturintegration besteht darin, daß zur ethischen Zukunftsregelung kulturintegrative Gesellschaften durch eine Zukunftsethik der Freilassung ferner Generationen indirekt besser gerechtfertigt werden als homogene monokulturelle Gesellschaften. Gemeinwesen, die kulturelle Verschiedenheiten nicht zulassen, orientieren sich an zeitindifferenten ewigen Wahrheiten und Werten, wonach man sich möglichst unveränderlich auf Unveränderliches einrichtet, das für alle Menschen aller Zeiten gilt. Zeitindifferentes Handeln gerät damit in doppelte Beweisnot: Einerseits muß es die moralischen ewigen Tatsachen aufzeigen und beweisen, daß eine Vielzahl von Lebensstilen falsch ist, und es ist nicht erkennbar, wie dieser Beweis geführt werden könnte. Andererseits muß sich zeitindifferentes Handeln, das die Gleichförmigkcit von Zukunft und Gegenwart unterstellt, von dem Verdacht befreien, in Wirklichkeit nur ein ideologisches Manöver zur Machtgewinnung zu sein. Außerdem kann sich mit dem moralischen Realismus die Behauptung paaren, die Erkenntnis ewiger moralischer Tatsachen sei nur wenigen Menschen zugänglich, die deshalb zur Staatslenkung berufen seien. (Vergleichbar damit ist das Argument S. 138.)
Im Unterschied hierzu benötigen kulturintegrative Gesellschaften keine Rechtfertigung durch eine Zukunftsethik. Sie sind mit der Zukunftsethik einer Freilassung ferner Generationen vereinbar, ohne sich auf sie zu stützen. Homogene, monokulturelle Gesellschaften laufen einer Freilassung ferner Generationen strikt zuwider, während kulturintegrative Gesellschaften wie eine *Praxis* der Ethik der Freilassung ferner künftiger Generationen wirken: sie nutzen die Variabilität, die künftigen Generationskulturen zugestanden wird, bereits als eine Chance des Eigenen.

Zukunftsorientiertes kulturverbindendes Handeln ist der Inbegriff ethischer Reflexionen über das, was als moralisch gelten kann, im Hinblick auf die Gestaltung naher bzw. ferner Zukunft von Gemeinschaften. Es ist nicht möglich, solche ethischen Überlegungen durch ein außermoralisch-pragmatisches Votum für eine Verjüngung, verbunden mit Entwicklungshilfe über Emigration (Zukunft I), zu suspendieren. Denn erstens enthält dieses Votum eine – begrüßenswerte – Mahnung zur Pflege der ungeliebten Geduld, und das ist eine moralische Forderung. Zweitens setzt es voraus, daß man sich aktiv und gleichzeitig passiv-geduldig eine Gestaltung von nur 100 Jahren Zukunft zutrauen soll und nicht darüber hinausstrebt. Dem außermoralisch-pragmatischen Votum für eine Zukunft I gehen moralisch wertende Entscheidungen voraus, die wir hier versuchen zu rechtfertigen:

1. Eine Zukunftsethik, die künftige Generationen um ihrer selbst willen freiläßt, könnte mit dieser Norm von der unheilvollen westlichen Praxis befreien, mit künftigen Generationen in einen Dialog zu treten, der in Wirklichkeit bloß Monolog unserer eigenen Bedürfnisse ist. Gleichfalls könnte uns diese Ethik davor schützen, Prognosen sinkender Nutzensummen zum Anlaß einer Selbstauslöschung zu nehmen, weil sich jene Zukunftsethik auf ein Daß-Wissen vom Künftigen beschränkt (unsere Nachkommen sind die Bedingung für die Existenz künftiger Generationen). Ein Konsequenzwissen – das »Was« der Zukunft – macht den Nebel nur sichtbar, aber durchdringt ihn nicht. Es käme daher nicht zur Anwendung.

2. Kulturintegrative Gesellschaften mit einer organisierten kulturellen Vielfalt tragen in zweifacher Hinsicht zur Stützung der skizzierten Zukunftsethik bei: Erstens *symbolisiert* ihre Variationsbreite die unvorhersehbare Vielfältigkeit von Interessen und Bedürfnissen künftiger Generationen. Zweitens sind es die monokulturellen Gesellschaften, die einer Freilassung künftiger Generationen um ihrer selbst willen widersprechen, während kulturintegrative Gesellschaften im Gegensatz dazu wie eine *Praxis* dieser Zukunftsethik wirken.

4. Europäisierung: Angleichung nach welchen Maßstäben?

Europa war einst eine Figur der griechischen Mythologie, und das *eine* Europa ist der Mythos der heutigen Politik geblieben. Dabei könnte das EG-Europa jetzt beginnen, eine kulturintegrative Gesellschaft zu werden: Abgabe der nationalen Souveränitäten an eine einzige europäische Souveränität. Traditionelle Gegner dieses Supra–Souveränitätsaktes waren aus ökonomischen Gründen die Briten und, ideologisch bedingt, die kommunistische Partei Frankreichs. Man hörte jedoch kein Gegenargument, wonach es kein Europa verschiedenkultureller Bürger desselben großeuropäischen Staates geben könnte. Zugleich fehlt es aber auch an Argumenten dafür, daß die verschiedenkulturellen Europäer, um einer kulturellen Gesamtdurchdringung willen, einen gemeinsamen Staat bilden sollen. Es gibt also weder effektive Gegner noch effektive Befürworter eines kulturverbindenden Europas, weil das gemeinsame Motiv zur politischen Vereinigung Europas allein in der erwarteten Steigerung des wirtschaftlichen Gesamtnutzens liegt. In den Kalkülen dieser Erwartung spielt gegenseitige kulturelle Durchdringung nur eine Nebenrolle. Entsprechend werden bisher Visionen von einem Gesamteuropa als Einwanderungs- und Asylland und seine Nutzung zur Etablierung einer gesamteuropäischen kulturverbindenden Gesellschaft völlig ausgeklammert. Das ist um so befremdlicher, als die meisten EG-Staaten faktisch längst vielkulturelle Gesellschaften sind. Sobald es jedoch darum geht, miteinander über eine politische Vereinigung zu reden, werden die Einzelländer als homogene Gebilde behandelt. In den seit Jahrzehnten geführten Diskussionen um eine europäische Vereinigung fehlt das Element der kulturintegrativen Gesellschaft und die kulturverbindenden Aktivitäten des Straßburger Europa-Parlaments verhallen vor den nur verbal europafreudigen nationalen Parlamenten. Die ökonomischen Motivationen müssen durch die Frage ergänzt werden: *Wer* soll Bürger von Gesamteuropa sein?

Die versäumte Diskussion kann hier nicht nachgeholt werden. Es geht lediglich darum, zu zeigen, wie von deutscher Seite mit dem Stichwort »Harmonisierung des europäischen Asylrechts« der denunziatorische

»Mißbrauch« des Asylrechts fortgesetzt wird. Damit bietet sich zugleich aber auch die Chance, Normen einer »Harmonisierung des Asylverfahrens« zu bezeichnen, die nicht asylfeindlich sind und europäische Vorstellungen vom anderen nicht bloß formal regelungsfähig werden lassen.

Die Harmonisierung des europäischen Asylrechts bildet in Deutschland eines der Hauptargumente für eine Änderung des Grundgesetzes. Ihre Verfechter betonen, Deutschland könne es sich nicht leisten, die europäische Einigung durch eine starrsinnige Außenpolitik zu blockieren. Für Deutschland sei es vielmehr notwendig, seine großzügige, durch das Grundgesetz festgeschriebene Asylpolitik aufzugeben, da es sonst an europäischen Lösungen, einschließlich der Vereinbarungen der Dubliner Asylrechtskonvention und Schengen II, nicht teilnehmen könne. Diese Argumentation suggeriert:

1. Eine europäische Harmonisierung des Asylrechts und des Asylverfahrensrechts ist notwendig.
2. Deutschland besitzt ein außergewöhnlich großzügiges, nicht mehr erhaltungsfähiges Asylrecht.
3. Eine Harmonisierung des europäischen Asylrechts verlangt, gemessen an den Maßstäben des Grundgesetzes, eine Verschärfung dieses Rechtes.

Zu 1.: In den Mitgliedsländern der europäischen Gemeinschaft wird unterschiedliches Asylrecht praktiziert und Asylanträge in unterschiedlicher Form entschieden. Bedenklich ist dies insofern, als es von den Betroffenen nicht mehr durchschaut werden kann. Eine Vereinheitlichung aller Asylregelungen in Europa wäre daher wünschenswert. Dies läßt sich allerdings nicht kurzfristig haben, denn eine Asylrechtsharmonisierung ist erst dann möglich, wenn nicht nur europaweit gleiches Recht herrscht, sondern auch gleich ausgelegt und nach gleichen Verfahrensweisen erteilt wird. Ohne eine derartige Vereinheitlichung können die Asylentscheidungen eines EG-Mitglieds von den anderen Mitgliedern nicht anerkannt werden: Es fehlt die Vergleichbarkeit.

Zu 2.: Das deutsche Grundgesetz geht mit seiner Garantie eines einklagbaren Asylrechts über die Regelungen anderer EG-Länder hinaus, da diesen nämlich die Erfahrung des Nationalsozialismus fehlt. In der Praxis jedoch ist die Bundesrepublik, mit ihrer Forderung gegenüber dem Flüchtling, seine Verfolgung zu beweisen, und mit ihrer restriktiven Auslegung der Genfer Konvention innerhalb der EG weitgehend isoliert. In Frankreich z.B. gilt die subjektive Furcht des Flüchtlings als Asylgrund, nicht etwa eine objektive Beweislage. Dies erklärt, warum die Bundesrepublik relativ bezogen auf die EG eine der niedrigsten Anerkennungsquoten von Asylbewerbern aufweist.

Zu 3.: Eine Verschärfung des deutschen Asylrechts und eine entsprechende Grundgesetzänderung ist nicht zwingend die automatische Konsequenz einer Harmonisierung. Eine so herbeigeführte Harmonisierung ist problematisch, weil dadurch der Schutz von Flüchtlingen, der bereits heute in der Bundesrepublik nur sehr bedingt gewährleistet ist, weiter abgebaut werden kann. Auffällig ist auch, daß dieselben Politiker, die sich einer Vereinheitlichung bei Themen wie Bier und Wurst mit Entschiedenheit widersetzt haben, beim Asylrecht eine vergleichbare Durchsetzungsbereitschaft vermissen lassen, und statt dessen einer Lösung um jeden Preis zustimmen wollen: Dabei wird das Wort »Harmonisierung« jenseits des Inhalts, als ein in jedem Fall zu erstrebendes Gut umgedeutet, um einen von sich aus nicht selbstverständlichen Handlungsbedarf zu suggerieren.

Gleichwohl wird hier für eine Vereinheitlichung des europäischen Asylrechts votiert, wobei die bereits genannten Vorschläge auf ganz Europa zu beziehen sind (vgl. S. 96):

1. Alle Mitgliedstaaten der Europäischen Gemeinschaft verpflichten sich, politisch Verfolgten Asyl zu gewähren.
2. Als Asylgrund gelten Folter und Hinrichtung.
3. Es wird nach dem Grundsatz entschieden: Im Zweifelsfall für den Antragsteller.
4. Bei ablehnendem Bescheid stehen dem Antragsteller Berufungsmöglichkeiten offen.
5. Für Kriegs- und Bürgerkriegsflüchtlinge gilt entweder: Krieg, Bürgerkrieg und bürgerkriegsähnliche Zustände gelten als Asylgrund. Oder: Diese Flüchtlinge erhalten einen Sonderstatus, der sie bis zur völligen Beendigung der Kämpfe vor Ausweisung schützt.
6. Eine einheitliche Asylentscheidungspraxis muß nach dem Maßstab

sichergestellt werden, daß ein politisch Verfolgter in jedem EG-Mitgliedsland seinen Asylanspruch durchsetzen kann.

Eine Harmonisierung unter den genannten Voraussetzungen wäre keine Lösung um jeden Preis, sondern oberster Maßstab, der sich an der Schutzpflicht gegenüber Flüchtlingen orientiert. Mit dieser Regelung könnte Europa einen wirksamen Beitrag zum Umgang mit dem globalen Flüchtlingsproblem leisten und die Länder der Dritten Welt entlasten. Eine wirksame Verteilung der Flüchtlinge über ganz EG-Europa läßt dessen unerschöpfte Aufnahmekapazitäten effizienter nutzen.

Gleichzeitig mit der Harmonisierung des europäischen Asylrechts ist auch eine Vereinheitlichung der Verfahrensweise der EG gegenüber menschenrechtsverletzenden Staaten notwendig. Hier wäre Eile in der Tat geboten, da täglich Menschenleben auf dem Spiel stehen. Als Minimalforderung wäre zu erwägen, ob Staaten, die menschenrechtsverletzende Länder mit Waffenlieferungen unterstützt haben, nicht für eventuelle Konsequenzen wie Flüchtlingsbewegungen haften müßten: Sie könnten zur uneingeschränkten Aufnahme von Flüchtlingen aus den von ihnen mit Waffen belieferten Ländern verpflichtet werden. Diese Regelung würde nicht zuletzt die deutsche Aufnahme türkischer und kurdischer Flüchtlinge betreffen, solange Deutschland der größte Waffenlieferant der menschenrechtsverletzenden Türkei ist.

Die viel besprochenen Abkommen von Schengen und Dublin widersprechen völlig dem Geist einer kulturintegrativen Gesellschaft:

1. Ein Asylbewerber darf nur in einem EG-Land parallel oder zu unterschiedlichen Zeiten einen Antrag stellen. Dazu ist zu bemerken: Ohne eine Vereinheitlichung des Asylrechts und seiner Praxis fehlt dieser Regelung die notwendige Voraussetzung.
2. Einem Asylsuchenden steht ein Asylprüfverfahren zu. Allerdings ist sein Aufenthalt in dem Land, das sein Asylgesuch prüft, nicht erforderlich. Hierzu ist zu bemerken: Der nicht erforderliche Aufenthalt in dem Land kann unter Umständen dazu führen, daß der Asylbewerber das Recht verliert, sich in dem Land aufzuhalten. Außerdem gefährdet ein im Heimatland gestellter Asylantrag den Betroffenen, denn er wird schließlich verfolgt.

Allerdings wird in den Vereinbarungen ausdrücklich die Beibehaltung eines nationalen Rechts zur Asylverfahrensdurchführung zugestanden. Ebenso behält ein Staat das Recht, jeden Asylantrag zu bearbeiten, selbst wenn er in einem anderen EG-Land abgelehnt wurde. Daher entbehren deutsche Behauptungen, es bedürfe einer Grundgesetzänderung, um an den Vereinbarungen von Dublin und Schengen teilzuhaben, jeder Grundlage.[1]

1 Zu den Inhalten der Abkommen – Dubliner Asylrechtskonvention und Schengen II – vgl. B. Huber (1992).

5. Was getan werden kann

Kulturintegrative Gesellschaft existiert noch nicht, sie soll erst eingerichtet werden; und daß sie herstellbar ist, wurde hinreichend dargestellt. Obwohl alle Mitglieder einer kulturintegrativen Gesellschaft gemeinsame politische Institutionen besitzen und zumindest eine gemeinsame Sprache sprechen und schreiben, benutzen sie noch andere Sprachen, kennen, schätzen und praktizieren sie Lebensformen anderskultureller Mitglieder. Kulturelle Integration unterscheidet sich darum grundlegend von der Assimilation. Menschen verschiedener Kulturen hören auf, einander nur Beobachterstatus einzuräumen oder eine irreversible Angleichung zu fordern. Es ist eine sich ständig erweiternde und ausdifferenzierende Kultur, an der alle teilhaben, und diese ist durch zumindest eine gemeinsame Sprache aller Mitglieder garantiert, aus dieser und in die übersetzt wird. Sprache ist das kulturumfassende Medium einer sozialen Symbolteilhabe. Sprache – der »luftige Hauch der Gedanken«, den sich die Menschen selber beibrachten (Sophokles, Antigone, Vers 352 ff.) – fixiert Bedeutungen im Gebrauch, der zugleich Bedeutungen ändern kann. Die Koexistenz verschiedener Sprachen in einer Gesellschaft führt zu einer wechselseitigen Beeinflussung der Sprachen. Selbst zwischen Deutsch und Englisch bzw. Englisch und Französisch sind – trotz territorialer und institutioneller Trennungen und trotz der internationalen Dominanz »des« Englischen wechselseitige Beeinflussungen zu verzeichnen: Man sagt im Deutschen »Baby«, »Boom«, bildet Lehnübertragungen wie »Luftbrücke« (nach airlift) oder »Untertreibung« (nach understatement), verändert die Bedeutungen von »realisieren« zu »sich vorstellen« oder von »hassen« zu »nicht gern mögen« unter angloamerikanischem Einfluß, oder man transitiviert nach dem Muster des amerikanischen Englisch »sich an etwas erinnern« zu »etwas erinnern«. Die Amerikaner benutzen deutsche Wörter wie »Stau«, »Auto« oder »Zeitgeist«. Die Franzosen wehren sich offiziell gegen Wörter wie »week-end«, »snob«, »full-time«, »sandwich«, »drugstore«, »hamburger« usw., gebrauchen sie aber dennoch. Die Schöpfung französischer Journalisten »le Tiers Monde« (Analogbildung zu Le Tiers Etat, der Dritte Stand) ist als »Dritte Welt«, »Third World« übernommen worden.[1]

Eine kulturintegrative Gesellschaft braucht *politische Kreativität*, die zur Ausbildung kultureller Integration, Differenzierung und Teilnehmer-Beobachter-Ästhetik anregt und Mittel zur Praktizierung bereitstellt. Mit einem wie auch immer deklarierten »laissez-faire« läßt sich Kulturintegration nicht erzielen. Kulturpolitik, die bloß als Sektorenverwaltung – Theater, Museen, Film usw. – betrieben wird, kann die Aufgabe gesamtgesellschaftlicher Integration einer vielkulturellen Bevölkerung nicht gerecht werden. Wenn für alle verschiedenkulturellen Mitglieder gleiche politische Institutionen bestehen, dann müßte in einer kulturintegrativen Gesellschaft die Kulturintegration auch in Gestalt von Institutionen erscheinen. Kulturpolitik, Kulturplanung muß vom Staat institutionell neu formuliert und erweitert werden, um Angebote an die Gesellschaft zu verbreitern und kulturintegrative Prozesse positiv zu beeinflussen. Dabei besäße er vor allem zwei Möglichkeiten:

1. Er könnte Maßnahmen zur Erweiterung der binnenkulturellen Kenntnisse anderskultureller Gruppen ergreifen.
2. Er könnte Maßnahmen zur Förderung der Teilhabe an verschiedenkulturellen Prozessen und Ereignissen einleiten.

Diese Forderungen ließen sich etwa in folgender Weise konkreter gestalten: Der 1. Maßnahmenbereich sollte und könnte zu einer Lehrplanrevision der Grundschule sowie der Sekundarstufe I, II und der universitären Erstsemester führen. In den schulischen Lehrplänen wäre die Vermittlung von Kenntnissen und die Reflexionen über Kulturverschiedenheiten mehr als früher zu verankern. Deshalb ginge es beispielsweise darum, im Geschichtsunterricht die eurozentristische Ausklammerung Asiens, Lateinamerikas und Afrikas zu beenden, und die Geschichte dieser Regionen nicht mehr als Reflex europäischer Kolonisation darzustellen. Ferner gehört dazu etwas, das in Deutschland in erstaunlichem Maß, trotz anderslautender Propaganda vernachlässigt wird: Die Steigerung der Fremdsprachenkenntnisse. Die Beherrschung anderer Sprachen ermöglicht mir authentisch soziale Symbolteilhabe anderer Völker. Deutsche Studierende sprechen in der Regel kaum mehr als Englisch plus eine

1 Bestandsaufnahme für Deutschland: B. Carstensen/H. Galinsky (1975): Amerikanismen der deutschen Gegenwartssprache. Heidelberg; vgl. auch: Der Spiegel 19/1990, S. 278ff. Zum »Anglowahn« (anglofolie) der Franzosen vgl. Etiemble (1980): Parlez-vous franglais?, (Neuausgabe) Paris.

rudimentär verfügbare andere Fremdsprache. Studenten aus der Dritten Welt hingegen beherrschen drei bis fünf Fremdsprachen.[2] Die größere Kenntnis von Sprachen ist aber nicht nur ausländischen Akademikern vorbehalten. Immer wieder trifft man z.B. in Deutschland auf Polinnen in einfachen Berufen, die sich selbst durch das Studium literarischer Texte ein exzellentes Deutsch beigebracht haben. In Frankreich können die Gymnasiasten zwischen zehn Möglichkeiten einer ersten Fremdsprache wählen, und alle Studierenden müssen zwei Jahre lang eine Fremdsprache an der Universität belegen. Diesbezüglich wünschte man sich eine gesamteuropäische Regelung, d.h. eine Vereinheitlichung nach oben: Jeder soll über zwei Fremdsprachen verfügen. Im Unterschied zu der in Frankreich eher nur auf dem Papier funktionierenden Mehrsprachlichkeit wäre allerdings eine mühelose Fremdsprachenpraxis zu wünschen.

Ein Problem wirft die Frage nach der finanziellen Förderung auf. Woher, so wird man angesichts der prognostizierten 900 Milliarden DM zur Sanierung der ehemaligen DDR fragen, woher sollen der Staat oder die Bundesländer Geld zur Kulturintegration nehmen? Reicht nicht die bisherige sektorielle Kulturpolitik? Können z.B. deutsche Sprachkurse für Ausländer nicht auf kommerzieller Basis innerhalb der Gesellschaft geregelt werden? Derartige Fragen zeigen, daß die Uhren um drei Jahre nachgehen. Vor dem Spätherbst 1989 wurde sehr viel Geld in die Rüstung gegen äußere Feinde gesteckt, die inzwischen zu imaginären Größen wurden. Der »Feind« befindet sich seither nicht mehr außerhalb, sondern innerhalb der nationalen Grenzen, er besteht nicht als Menschengruppe, sondern als Ereignis, d.h. als Fremdenablehnung. Kulturintegrativ investiertes Geld bildet ein Mittel gegen diesen Feind. Die Reduzierung der Bundeswehr und ihre Umwandlung in ein Berufsheer könnte das Mittel sein zur Bereitstellung dieses Geldes.

Doch eine Bereitschaft zur Finanzierung von Kulturintegration allein reicht nicht aus. Sie benötigt noch die gemeinsame Tatkraft von Staat und Verbänden, um zu ermöglichen, daß ein binnenkultureller Austausch stattfindet. In Deutschland könnte sich entsprechend die Einrichtung staatlicher *Kulturforen* herausbilden. Solche Foren hätten die Aufgabe, in Zusammenarbeit mit ethnischen Organisationen:

2 H. Weinrich (1981), Fremdsprachen in der Bundesrepublik Deutschland und Deutsch als Fremdsprache. In: Wort und Sprache. Beiträge zu Problemen der Lexikographie und Sprachpraxis. Berlin u.a., S. 78.

- die Spracherwerbsmöglichkeiten der neuen Gesellschaftsmitglieder zu erweitern und zu verbessern, gegebenenfalls für gesellschaftlich begehrte Abschlußzertifikate zu sorgen
- eigene Projekte der kulturellen Integration zu formulieren
- Projektvorschläge anzuregen und zu prämieren.

An dieser Stelle ist noch eine Besonderheit zu nennen: Es besteht die Möglichkeit zu einer kulturellen Sozialisation, die einst als bildungselitär eingesetzt wurde, nämlich der Umgang mit der römischen und vor allem der griechischen Antike. Griechische Philosophie, aber auch Dichtung und Historie enthalten eine Reihe von Weichenstellungen, die unser Selbst- und Weltverständnis grundlegend geprägt haben. Daher besteht ein berechtigter sozialer Bedarf nach einem Verständnis dieser Ursprünge. Nach dem Ende der breiten Verfügbarkeit »humanistischer« Bildung (oder dessen, was einst dafür gehalten wurde) bestehen gegenwärtig Chancen für einen kreativen, nicht-musealen Umgang mit den früheuropäischen »Klassikern«. Der Erfahrungsgehalt antiker Texte aus Philosophie, Dichtung und Historie hat stets, trotz wechselnder Bedingungen, Aktualität gehabt. Daher sollte die Antike in eine kulturintegrative Politik umfassend einbezogen werden, weil sie die Möglichkeit bietet, die Kulturorientierung über »deutsche« Identitäten hinaus zu erweitern. Den Gefahren nationalkultureller Kulturbildung könnte wirkungsvoll begegnet werden, wenn neue Paradigmen und Orientierungen zum Tragen kommen durch Veranstaltungen zu antiken Themen. In Hamburg wird gegenwärtig mit den »Hamburger Kulturtagen der Antike« etwas ähnliches geplant. Jeweils ein Rahmenthema, z.B. »Glückbestimmtes Leben«, wird begleitet von Vorträgen, Workshops, gemeinsamen Mahlzeiten in Symposion-Form, Abendveranstaltungen mit szenischen Lesungen, Musik und Theateraufführungen. Für die Mitwirkung verschiedenkultureller Teilnehmer soll geworben werden.

Ebenfalls in Hamburg wird die Einrichtung eines »interkulturellen Zentrums« mit dem Namen »Agora« geplant, das dem Dialog verschiedener Kulturen dient. Die faktische Multikulturalität in Deutschland soll mit diesem Projekt ansatzweise in eine dialogische Verflechtung von Kulturen überführt werden. Initiator ist Dr. Steffen Graefe.

Die kulturintegrative Gesellschaft bleibt ein Prozeß. Sie ist ungeplant in den europäischen Gesellschaften längst angelegt, aber es wird darauf ankommen, die Entwicklung nicht mehr dem Zufall zu überlassen, da dieser

Ausländerfeindschaft einschließt. Kulturintegrative Gesellschaften müssen die Ursachen für die Gewalt gegen andere im sozialen Binnenraum verschwinden lassen. Gegen Ausländer darf Gewalt weder seitens der Zivilbevölkerung noch von den Medien oder den Staatsorganen ausgeübt werden. Fremde kommen nicht nur zu uns, um hier wirtschaftlich sicher zu leben. Wir sind es, die ihnen diese Rolle zudiktieren, indem wir unsere eigene Motivation auf wirtschaftliche Sekurität beschränken und für die anderen Bedingungen schaffen, die sie von der Wahrnehmung eigener kultureller Interessen abschneiden. Ausnahmen davon gestatten wir als Regel im Bereich des Sports, der Küche, der Musik, des Balletts, der Couture. Ausländer sind begehrt als Sportler, als Musiker und Popsänger, als Köche, sie sind geschätzt und begehrt als Wissenschaftler, besonders als Ärzte. Und schließlich sind sie gesucht als Arbeiter, speziell für schmutzige und gesundheitsgefährdende Jobs. Das Hotel- und Gaststättengewerbe, die Textilindustrie, die Gießereien und die Reinigungsindustrie in der Bundesrepublik sind längst auf ausländische Arbeitskräfte angewiesen. Es besteht im Bereich ästhetischer, theoretischer und technisch-praktischer Fähigkeiten seit langem ein hoher Bedarf an Ausländern, aber die Probleme der Integration sind anderswo zu suchen. Sie liegen in den Formen der Vergesellschaftung und in der anderen Sprache, die die »Fremden« mitbringen. Schematisch ergibt sich folgender Überblick:

Politisch-praktische Bereiche	Technisch-praktische Bereiche	Theoretische Bereiche	Ästhetische Bereiche
Religiöse Praktiken Elementare Vergesellschaftungsformen Komplexe Vergesellschaftungsformen Sprachen	Arbeiter	Wissenschaftler	Musiker Couturiers Köche Sportler
Problematischer Bereich	Unproblematischer Bereich		

Die Hindernisse einer Kulturverbindung sind: Sprache, religiöse Praktiken, elementare Vergesellschaftungsformen und komplexe Formen der Vergesellschaftung. Diese können so strukturiert sein, daß die Integration verhindert wird und deshalb gesamtgesellschaftliche Spannungen entstehen. Das Problem der *Sprache* kann gelöst werden, wenn vom Aufnahmeland das Erlernen einer von allen beherrschten Sprache gefordert wird. Wenn jeder Ausländer zum Spracherwerb verpflichtet würde, so impliziert dies das Recht des Ausländers bzw. des neuen Mitglieds zum Spracherwerb und gleichzeitig die Pflicht des Aufenthaltslands, Spracherwerbsmöglichkeiten bereitzustellen. Eine kulturverbindende Gesellschaft hätte diesen Zusammenhang als wechselseitig zu praktizieren, wonach:

1. Ein Recht des Staates zu Spracherwerbsforderung sowie seine Pflicht zur Bereitstellung von Möglichkeiten für den Spracherwerb besteht;
2. Pflicht des Ausländers zum Erlernen der Landessprache und ebenso sein Recht darauf.

Zu vermeiden ist in jedem Fall eine soziale Diskriminierung von Ausländern aufgrund sprachlicher Inkompetenzen, die durch mangelnde Angebote von Spracherwerb verursacht werden. Das Ziel der Sprachteilhabe soll nicht sein, die Landessprache zur bloßen Verkehrssprache zu instrumentalisieren. Eine Verkehrssprache bietet nur den Vorteil der Kommunikation, »wenn zwei Gesprächspartner mit verschiedenen Grundsprachen sich weder in der einen noch in der anderen Sprache verständigen können« (H. Weinrich 1981, S. 77). Ginge man von der Existenz nur *einer* Landessprache aus, so bietet diese für verschiedenkulturelle Einwohner die Verständigungsvorteile der Verkehrssprache. Das heißt aber nicht, daß die Landessprache ausschließlich Funktionen einer Verkehrssprache aufweisen soll. Sie wird immer auch die Chance haben, »Fundamentalsprache« zu sein. Eine »Fundamentalsprache« wird im Sinn der »Homburger Empfehlungen für eine sprachteilige Gesellschaft« von 1980 als Sprache gekennzeichnet, die »ein elementares Beziehungssystem« herstellt, » an dem sich das Sozialverhalten einer menschlichen Gruppe orientiert« (H. Weinrich 1981, S. 77). Die gemeinsame Sprache muß das Medium sein, welches die *Bilder* speichert, mit denen die Benutzer eine gemeinsame Welt erzeugen und bejahen. Die gemeinsame Sprache muß sich als Kontinuum von Alltagskommunikation und der verfeinerten Diktion der Literatur gestalten. Sprachpolitik wird daher gut daran tun, die Landessprache für die Bildererzeugung durch »Fremde« wahrnehmbar zu erhalten. Was z.B. der marokkanische Romancier Tahar Ben Jelloun gegenwärtig für die Bereicherung des Französischen leistet, sollte auch für das Deutsche als Möglichkeit offengehalten werden. Die Sprache wird nur dann ein Problem der Kulturintegration, wenn erstens die Recht-Pflicht-Symmetrie zwischen Staat und »Ausländern« für den Spracherwerb nicht praktiziert wird und wenn zweitens die Ressourcen der Landessprache nur noch minimalistisch – eben als Verkehrssprache – genutzt würden.

Im Hinblick auf *religiöse Praktiken* besteht die Möglichkeit zu einer Doppelentwicklung: »Ausländer« säkularisieren ihre Religion und »Inländer« suchen Halt, indem sie sich anderskulturellen Religionen anschließen (davon zu unterscheiden sind fundamentalistische Tendenzen, deren Träger gemeinsame Grundwerte und gemeinsame politische Institutionen nicht anerkennen). Eine kulturintegrative Politik wird vergeblich auf Selbstsäkularisierungen Religionen setzen, die in der Gesellschaft praktiziert werden. Denn die Fundamentalisten bilden auch stets Reaktionen auf die »Verwässerungen« der Religionen. Entsprechend berufen sich auch viele »Christen« auf eine »wörtlich« zu verstehende Bibel, unter blinder Ablehnung elementarer Regeln der Textsicherung und -interpretation. Da eine kulturintegrative Gesellschaft kein Surrogat für religiöse Heilsgewißheiten sein soll, könnten verschiedene Religionen kulturverbindende Kooperation verweigern und bilden daher eine Gefahrenquelle. Aber es besteht auch Anlaß zur Hoffnung auf die Artikulation entgegengesetzter Kräfte, denn wenn Religion nicht nur der Wunsch ist, etwas Numinoses zu erleben, sondern auch zugleich etwas zu *lernen*, so besteht Grund zu der Annahme, daß Religionen noch lebendig und damit im Verhältnis zueinander lernfähig und lernbereit sind. Die gängigen starren Typisierungen »des« Christentums, »des« Buddhismus, »des« Islam, »des« Hinduismus usw. täuschen leicht darüber hinweg, daß diese Religionen zu verschiedenen Epochen außerordentlich aufnahmebereit gegenüber anderen Kulturen waren. Eine kulturintegrative Gesellschaft beinhaltet auch Lernvorgänge zwischen den in ihr gelebten heteroreligiösen Kulten.

Elementare Vergesellschaftungsformen wie die Familie und Freundschaften sind in vielen Herkunftsländern von Einwanderern intensiver ausgebildet als in europäischen Gesellschaften. Persönliche Bindungen können hierbei so stark werden, daß man sich um die Kultur des Aufnahmelandes nicht kümmert. Elementare Gesellschaftsformen verhindern, daß Chancen für kulturintegrative Tätigkeiten nicht genutzt werden.

Von *komplexen* Formen und Vorstellungen der *Vergesellschaftung* geht eine weitere Gefahr für kulturintegrative Gesellschaften aus. Hier gibt es so etwas wie eine Zeitverschiebung: Weder Afrikaner noch Muslime noch Osteuropäer hatten bisher Gelegenheit, die europäisch-nordamerikanischen Kämpfe um eine Etablierung liberalistisch-repräsentativer Demokratie nachzuholen. Indessen wäre es falsch und zeugte von mangelnder Aufklärung über anderskulturelle Völker, wenn den genannten Völkergemeinschaften en bloc jegliches Demokratieverständnis abgesprochen würde. Angesichts der Unschärfe des Demokratie-Begriffs im westlichen Diskurs sollten wir, mit unserem okzidentalen Selbstaufklärungsbedürfnis, demokratieorientierte Vorstellungen anderskultureller Menschen vorurteilsfrei bedenken. Am Ende könnte sich zeigen, daß eine kulturintegrative Gesellschaft nicht nur auf gesellschaftlicher Ebene, sondern auch in den Prozessen ihrer elementaren politischen Selbstverständigung anderskulturelle Demokratieorientierungen aufnimmt.

Nicht nur in der alten Gemeindeverwaltung des russischen Nowgorod bestehen demokratische Traditionen, sondern sie finden sich auch in Schwarzafrika und ansatzweise im Islam. Die schwarzafrikanischen Ibos lebten vor jeglichen kolonialen Eingriffen nachweislich in demokratisch strukturierten Gemeinschaften. Erst durch Kolonisation degenerierte das demokratische Element in vielen afrikanischen Gesellschaften zu »Aristokratien« von Emporkömmlingen.[3]

Das größte Spektrum und die größten Spannungen politischer Sozialisation bietet sicherlich der Islam, so daß sogar bereits von »Islamen« gesprochen wird.[4] Die Türkei ist den Weg der Ablösung von einer Theokratie zum Laizismus gegangen, und die Bevölkerung hält immer noch am Islam fest.

Neben dem türkischen Weg der Emanzipation des Politischen von der Islam-Religion zeichnen sich Versuche dogmatisch gedeckter Liberalisierungen ab: Sure 42, 36 des Koran spricht von einer »Beratung untereinander« und bietet einen schwachen Hinweis auf eine repräsentativ-demokratische Herrschaftslegitimation (A. Schimmel 1990, S. 121). Auch wird es als gerechtfertigt angesehen, daß Frauen als Hochschullehrerinnen und Politikerinnen wirken. In Saudiarabien gibt es sogar Banken, die ausschließlich von Frauen geleitet werden. Indessen widersetzt sich die Lexik der arabischen Sprache einer Öffnung des Islam für Aufklärungstraditionen. Es gibt kein Äquivalent für »Säkularisierung«, im Arabischen steht dafür nur »lā dīnī«, was »religionslos« bedeutet und

3 J. Ki-Zerbo (1979); Geschichte Schwarzafrikas, Wuppertal, S. 163 u. 300.

4 Zu »Islamen« vgl. A. Schimmel (1990): Der Islam, S. 124.

Muslimen entsprechend inakzeptabel bleibt. Es sei auch daran erinnert, daß der Koranstelle: »Es sei kein Zwang im Glauben« (Sure 2, 257) im islamischen Spanien des Mittelalters eine kulturelle Toleranz gegenüber Christen und Juden entsprach, die keine auch nur entfernte Entsprechung im »christlichen« Mittelalter besitzt. Die islamische Toleranz endet allerdings gegenüber jenem Phänomen der griechischen Antike, das einer kulturintegrativen Gesellschaft näherstehet als Monotheismus, daß nämlich am gleichen Ort, zur gleichen Zeit und von demselben Individuum mehrere Götter verehrt werden können und daß es keine politisch institutionalisierte Priesterschaft gibt. Dieser »Polytheismus« ist nach altislamischer Auffassung bis zur Vernichtung zu bekämpfen (A. Schimmel 1990, S. 62). Diese Forderung ist nicht verwirklicht worden. Die größte Menschenvernichtung der bisherigen Geschichte geht auf Kosten der Verbindung einer anderen Religion mit Politik: Die Ausrottung von 70 Mio. Ureinwohnern im Lateinamerika des 16. Jahrhunderts geht nicht zu Lasten des Islam.
Angenommen, die Mitglieder einer Gesellschaft, die sich auf dem Weg zur Kulturintegration befindet, besitzen das oben bezeichnete demokratieorientierte Bewußtsein, das u.a. die nötige Verbindung von Mehrheitsprinzip und menschenrechtsorientierten Grundwerten reflektiert (vgl. S. 141 ff.). Relativ zu diesem Bewußtsein läßt sich im Hinblick auf gewisse neue Gesellschaftsmitglieder ein *demokratiefernes* politisches Bewußtsein aussagen. Demokratiefernes politisches Bewußtsein besteht aber nicht notwendig in der Ablehnung von Repräsentation durch Mehrheit oder ihrer Verbindung mit Obernormen, sondern besteht vielmehr darin, daß das politische System von Inhalten abhängig sein soll, die als absolute Tatsachen eigener Art vorgegeben sind. Zu diesen Tatsachen gehört vor allem der kanonisierte Wortlaut religiöser Schriften und Überlieferungen. Hier besteht die Chance einer *sekundären* Demokratieorientierung, und zwar über die moralischen Regeln des Kanons: Ergeben sich Vereinbarkeiten des Kanons mit menschenrechtorientierten Obernormen – z. B. in den Verboten des Stehlens, Lügens oder Tötens –, so bestehen reale Chancen zur sekundären Demokratieorientierung. Mit dieser Chance zeichnet sich zugleich auch eine Gefahr für ursprüngliche Mitglieder ab, indem das demokratieorientierte Bewußtsein in die Gefahr gerät, sekundär demokratiefern zu werden. Der Pluralismus[5] kann

5 Pluralismus wird hier als Vielheit gesellschaftlicher Gruppen und Werte innerhalb gemeinsamer politischer Institutionen verstanden.

als unerträglich empfunden und Heilssuche als Gegenmittel empfunden werden. Noch ist es zu früh, um zu beurteilen, ob kulturverbindende Gesellschaften ihren Mitgliedern einen Pluralismuseindruck vermitteln, der bewirkt, daß man sich zu alten neuen Götzen fortstiehlt. Vielleicht wird der kulturintegrative Prozeß auch bewirken, daß es wenig Gründe zur Pluralismusflucht geben wird.

Es läßt sich bemängeln, daß die hier angedeuteten Möglichkeiten zur kulturintegrativen Gesellschaft nicht genug Anweisungen zum Handeln enthalten. Bekannt sind diejenigen Lehrer der Sekundarstufe II, die ihre Kurse nicht gern selbst konzipieren, sondern am liebsten alle Materialien in geordneter Stundenfolge von Verlagen beziehen möchten. Es existieren aber noch keine Handreichungen zur kulturintegrativen Gesellschaft. Sie wird vor allem von derjenigen Kreativität leben, die der Wahrnehmung des Mangels an Kulturintegration entspringt. Dazu gehört die Spontaneität jener Gymnasiastinnen, die in Bad Honnef nachmittags mit den von nächtlichen Brandanschlägen verängstigten Kindern von Asylbewerbern spielen, um ihnen zu zeigen, »daß es noch anständige Deutsche gibt«. Oder jene Art von Kreativität, mit der in einer Berliner Schule Akrobatik und Kunst geübt wird. Ein polnischer Trainer läßt dort türkische, polnische, deutsche, libanesische Kinder eine Pyramide erturnen. Jeder muß sich auf jeden verlassen. Die Pyramide stürzt dann geplant ein: Fall der Mauer zwischen allen Nationen. Das ist eine Form gemeinsamer Symbolteilhabe mit dem unmittelbaren Effekt des Versiegens innerschulischer Gewalttätigkeit, die sich für immer einprägt. Ferner Gedichte, Theater, Bilder verschiedenkultureller Jugendlicher, die auch öffentlich gezeigt werden, womit beide Bedingungen – Teilnehmer sein, Beobachter sein – erfüllt sind. Man wünschte sich mehr derartige kulturverbindende Phantasie. Besonders Berlin ist nach dem Fall der Mauer und der Streichung kulturintegrativer Investitionen zunehmend der Gewalttätigkeit zwischen deutschen und türkischen Gangs ausgesetzt. Kulturintegrative Phantasie und entsprechende Investitionen könnten verhindern, daß dieser Ort der Gewalt nicht nur ausgesetzt, sondern ausgeliefert wäre.

Against Mega-Metropolis

Bei der Aufnahme neuer Mitbürger in unsere Gesellschaft gibt es zunächst zwei Positionen: Abweisung von Ausländern oder deren Aufnahme. Die Neinsager geben sich durchaus ausländerfreundlich, indem sie die anderen dort optimal aufgehoben glauben, wo sie geboren wurden: »Ausländer, bleibt in euren Heimatländern!« Daß Verfolgung und Elend die Gesichter der »Heimat« bis zur Unkenntlichkeit entstellen, wollen die Neinsager nicht wahrhaben. Sekurität und Prosperität haben sie für fremde Not unempfindlich gemacht. In den vorangegangenen Überlegungen sollte gezeigt werden, daß mit der Feindschaft gegen andere auch die eigene Zukunft zum Feind wird.

Die Bejaher von Ausländeraufnahme verhalten sich ebenfalls zukunftsdiffus. Die von ihnen benutzten Vokabeln – »multikulturell«, oder auch »multi-faith-society« (Viel-Glaubens-Gesellschaft) – haben mit ihren Wiederholungseffekten nicht den benötigten Effekt von Argumenten erreicht. Es fehlt eine Alternative, die denen, die Ausländer abweisen, nicht bloß ihre Abstumpfung gegenüber fremder Not vorrechnet. Erforderlich wären Alternativen, die Umorientierungen der gesamten Gesellschaft zu Wechselbeziehungen von alten und neuen Mitgliedern bietet. Dazu müßten aus den Gesellschaften differenzierte Vorschläge geliefert und diskutiert werden. Das vorliegende Buch versteht sich als ein solcher Vorschlag: Er heißt »kulturintegrative Gesellschaft«.

Wer soll wen auf welche Weise in welche Ordnung integrieren? Dieser Frage wurde in dieser Studie nachgegangen. *Wer*? Europäische Länder. *Wen*? Einwanderer, Asylbewerber, Aussiedler. *Auf welche Weise*? Durch kulturelle Produktivität und Übernahme der wechselnden Perspektiven von Teilnehmern und Beobachtern. *In welche Ordnung*? In Länder mit gemeinsamen Obernormen und gleichen politischen Institutionen einschließlich gleicher Rechte und Pflichten für alle Mitglieder. Dabei erscheint auf der politischen Ebene die Kulturintegration noch einmal, nämlich durch Kulturforen, Mehrsprachigkeitspflicht, Sprachenangebot oder ähnliches.

Es wird selbstverständlich andere Vorschläge, Pläne, andere Tendenzen geben. Der französische Dramatiker Bernard-Marie Koltès hat in seinem Stück »Combat de nègre et de chien« (Kampf des Negers und des Hundes) die Vision eines Europäers verlauten lassen. Horn, französischer Leiter einer Straßenbaustelle in Afrika, teilt dem Afrikaner Alboury mit:

»Hören Sie, mein guter Herr Alboury, das wird Ihnen den Atem rauben: Ich habe ein exzellentes persönliches Projekt, über das ich noch nie mit jemand gesprochen habe; Sie sind der erste; Sie werden mir sagen, was Sie davon halten. Was diese bekannten drei Milliarden Menschenleben betrifft, aus denen man so ein großes Problem macht: Ich habe ausgerechnet, wenn man alle in vierzigstöckigen Häusern unterbringt, deren Architektur man noch festlegen müßte, vierzig Stockwerke und nicht eines mehr, das ist nicht einmal so hoch wie der Turm von Montparnasse, in Wohnungen von mittlerer Größe, würden diese Häuser eine Stadt ergeben, das ist eine vernünftige Rechnung, eine einzige Stadt mit zehn Meter breiten Straßen. Diese Stadt würde die Hälfte Frankreichs bedecken, keinen Quadratkilometer mehr; der Rest wäre frei, ganz frei. Sie können diese Rechnung überprüfen, ich habe sie wieder und wieder gemacht, sie ist ganz genau. Sie finden mein Projekt dumm? Man braucht nur noch den Ort für diese einzige Stadt zu wählen, und das Problem ist geregelt. Keine Konflikte mehr, keine reichen Länder mehr, keine armen Länder mehr, die ganze Welt unter der gleichen Flagge und Rohstoffe für alle. Sehen Sie, Alboury, auch ich bin, auf meine Art, ein bißchen Kommunist. Frankreich scheint mir dafür ideal: Es ist ein gemäßigtes Land, keine Extreme im Klima, gut bewässert, die Flora, die Fauna, die Gefahr von Krankheiten, ideal. Frankreich! Natürlich könnte man im südlichsten Teil, dem sonnigsten, bauen. Aber ich mag den Winter, den guten alten harten Winter. Sie kennen gute alte Winter, harte Winter, nicht wirklich. Am besten wäre es, diese Stadt der Länge nach zu bauen, von den Vogesen bis zu den Pyrenäen, die Alpen entlang. Die Leute, die in den Winter verliebt sind, gehen in die Gegend, wo früher Straßburg war; und die, die den Schnee nicht vertragen, die Bronchitis- und Kälte-Anfälligen, gehen in die Gegend, wo man Marseille und Bayonne abgerissen hat. Der letzte Konflikt dieser Menschheit wäre eine theoretische Debatte über den Charme des elsäßischen Winters und den Charme des Frühlings an der Côte d'azur. Und was den Rest der Welt angeht, der wäre Reserve. Afrika frei! Man würde seine Reichtümer, Bodenschätze, die Erde, die Sonnenenergie ausbeuten können, ohne jemand zu stören. Und Afrika allein würde genügen, meine Stadt über Generationen zu ernähren, ehe man gezwungen wäre, Hand an Amerika oder Asien zu legen. Man würde die Technik optimal ausnützen; man nimmt ein striktes Minimum an Arbeitern mit, schichtweise, gut organisiert, so etwas wie einen Zivildienst, und sie liefern uns das Öl, Gold, Uran, Kaffee, Bananen, alles was Sie wollen, ohne daß ein Afrikaner unter der fremden Invasion leiden müßte, denn es ist keiner mehr da! Ja, Frankreich wäre schön, so mit allen Völkern der Welt bedeckt, alle Völker vermischt, spazieren in den Straßen; und Afrika wäre schön, leer, freigiebig, ohne zu leiden, Mutterbrust der Welt. Sie lachen über mein Projekt? Und trotzdem ist diese Idee viel brüderlicher als die Ihre.« (In: Theater heute 7. Juli 1983, S. 19)

Diese Vision konzentriert alles, was Europa bisher an Zielen, Werten und Energien hervorgebracht hat. Es würde ein *Mega-metropolis* erbaut auf dem Boden einer Kultur, deren Raumspuren für immer verschwänden. Die Bevölkerung der Dritten Welt fände eine Heimstätte unter fast identischen klimatischen und unter gleichen architektonischen und infrastrukturellen Bedingungen. *Mega-metropolis* wäre indessen nicht unter kulturintegrativen Aspekten errichtet, sondern bildet die Voraussetzung zur ungehindert maßlosen Planetenplünderung: erst Afrika, dann Asien, dann Amerika. Gegenüber der Realität von heute brächte Megametropolis einen Fortschritt: Man beschränkte sich auf das Plündern.

Der Plan entsteht im Unter- oder Halbbewußtsein eines Europäers. Er bietet die Steigerung europäischen Ethnozentrismus als Finale der Enteignung der Dritten Welt unter Einschluß der eigenen Kulturspuren von gestern. Im Namen der Steigerung globaler Nutzensummen für alle wird kulturelle Integration zur Enteignung und Kasernierung aller. Der Zerstörung der Oberfläche der Erde geht eine Zerstörung kultureller Verschiedenheiten voraus. Was – dank der Präzision von Koltès – aus dem Unterbewußtsein eines dynamischen Europäers hier hervorbricht: Könnte es nicht (und alle seine Varianten) durch Gesellschaften verhindert werden, die verschiedene Kulturen in sich zur Wirkung kommen lassen?

Nachbemerkung

Während der Drucklegung dieses Buchs kommt in Deutschland zutage, was sich seit langem anbahnte: Die Fremden werden zu *Tätern* erklärt, um über sie durch Aktionen der Straße und durchs Gesetz als *Opfer* verfügen zu können. Die Gefahr von rechts stellt in der Optik der derzeitigen Regierung offenbar insofern keine Bedrohung dar, als sie vom Volk ausgeht, das wählt.
Die Warnungen fast aller Experten laufen in der Sache darauf hinaus, daß die Bundesrepublik Deutschland ihre Verfassung nicht heimlich umschreiben darf zu: »Die Würde des *deutschen* Menschen ist unantastbar.« Wer sich dieser Umdeutung der Verfassung nicht anschließt, bewirkt »Notstände«, behaupten diejenigen, die Notstand herbeiführen wollen, indem sie jene Umdeutung öffentlich bekunden. Die für die Würde des deutschen Menschen sind, haben eine theoretisch tote »Dialektik« wiederentdeckt: Sie betreiben Demonstrationen für Ausländer und eine »Negation der Negation« derer, die solche Demonstrationen ablehnen. *Gegen Asyl und für Ausländer*: Dieser krasse Widerspruch läßt sich, unterstützt durch die Medien, nur noch »dialektisch« lösen, d.h. als Selbstbetrug.

Kulturintegrative Gesellschaft unter Einschluß großzügiger Asylgewährung gilt als »unrealistisch«. Was aber ist politisch und kulturell gegenwärtig »realistisch«? Daß es die Gesellschaft mehrheitlich für richtig hält, der ewig gestrigen Gewaltbereitschaft die politische Chance zu gewähren, die sie zu artikulieren in ihrem Gewaltrausch gar nicht fähig ist? Eine solche Mehrheit ist nicht erkennbar, und die allnächtliche Gewalt hat auch die Bereitschaft geweckt, eine andere deutsche Einheit zu schaffen. Und welche Ziele müßte derjenige eigentlich verfolgen, der – bei genügender Aufklärung und Prüfung seiner Überlegungen – eine Gesellschaft ablehnt, die Fremde und Fremdes als Bereicherung des Eigenen aufnehmen will?

Literatur

Abou, S. (1992): Cultures et droits de l'homme. Paris

Apel, G. (1992): Thesen zum gesellschaftlichen Frieden. Beitrag zu einem politischen Konzept für das Zusammenleben mit Zuwanderern aus der Sicht der Ausländerbeauftragten. Hg. vom Ausländerbeauftragten des Senats der Freien und Hansestadt Hamburg, April

Bähr, J. (1992): Bevölkerungsgeographie. Verteilung und Dynamik der Bevölkerung in globaler, nationaler und regionaler Sicht. Stuttgart

Bade, K. J. (1983): Vom Auswanderungsland zum Einwanderungsland? Deutschland 1880–1980. Berlin

– (1990): Ausländer, Aussiedler, Asyl in der Bundesrepublik Deutschland. In: Aktuell kontrovers. (Hg.) Nieders. Landeszentrale für polit. Bildung

– (1990a): Aussiedler – Rückwanderer über Generationen hinweg. In: Bade, J. K. (Hg.): Neue Heimat im Westen. Vertriebene, Flüchtlinge, Aussiedler. Münster

Ben Jelloun, T. (1984): Hospitalité française. Racisme et immigration maghrébine. Paris

Bielefeld, U. (Hg.) (1989): Das Eigene und das Fremde. Neuer Rassismus in der alten Welt? Hamburg

Böhm, A. (1992): Kleine Geschichte des Asylmißbrauchs. In: Die Deutschen & die Fremden. taz-Journal

Boehncke, H. (1991): Buntes Deutschland. Ansichten zu einer multikulturellen Gesellschaft. Hg. zus. mit H. Wittich, Reinbek

BMI (Bundesminister des Inneren) (1991): Aufzeichnung zur Ausländerpolitik und zum Ausländerrecht in der Bundesrepublik Deutschland. Bonn (Januar)

Buttler, G. (1992): Der gefährdete Wohlstand. Deutschlands Wirtschaft braucht die Einwanderer. Frankfurt/M.

Castoriadis, C. (1990): Réflexions sur le racisme. In: Le monde morcelé. Paris

Chaplin, J. (1990): How much Cultural and Religious Pluralism can Liberalism Tolerate? (Unveröfftl. Vortrag)

Coulon, A. (1992): L'école de Chicago. Paris

Czitrich, H. (1989): Konservatismus und nationale Identität in der Bundesrepublik Deutschland. Frankfurt/M. u.a.

Démocratie et les minorités ethniques. Le cas anglais. In: Les Temps modernes, Nr. 540–41, Juli/Aug. 1991

Derrida, J. (1991): L'autre cap. Paris

Dittrich, E. J. und Radtke, F.-O. (Hg.) (1990): Ethnizität. Wissenschaft und Minderheiten. Opladen

Dolto, F. (1987): Solitude. Paris

Duhamel, A. (1989): Les habits neufs de la politique. Paris

Engelmann, B. (1991): Du deutsch? Geschichte der Ausländer in Deutschland. Göttingen
Enzensberger, H. M. (1992): Die Große Wanderung. 33 Markierungen. Frankfurt/M.
Erichsen, R. (1988): Zurückkehren oder bleiben? Zur wirtschaftlichen Situation von Ausländern in der Bundesrepublik Deutschland. In: Aus Politik und Zeitgeschichte. Beilage zu »Das Parlament«, 10. Juni
Finkielkraut, A. (1987): La défaite de la pensée. Paris
Fitzmaurice, D. (1992): Liberalism, Autonomy and Toleration. (Unveröfftl. Vortrag Univ. of Essex)
– (1992a): Liberal Neutrality, Religious Minorities and Education. (Unveröfftl. Vortrag Univ. of Essex)
Frauendorfer, L. (1991): Integration im rechtlichen Sinne nach der Reform des Ausländerrechts. In: Zeitschrift für Kulturaustausch, 41. Jg., Heft 1
Freckmann, H. (Hg.) (1989): Leitfaden zum Asylrecht. Frankfurt/M.
Geißler, H. (1991): Verfassungspatriotismus in Deutschland. In: Boehncke/Wittich
Gundara, J. S. (1990): Multiculturalism and the British Nation State. (Unveröfftl. Vortrag Centre for Multicultural Education, Univ. of London Inst. of Education)
Hailbronner, K. (1992): Doppelte Staatsbürgerschaft. Rechtsgutachten im Auftrag der Freien und Hansestadt Hamburg
Habermas, J. (1992): Faktizität und Geltung. Frankfurt/M.
Hamburger, F. (1990): Der Kulturkonflikt und seine pädagogische Kompensation. In: Dittrich/Radtke
Harris, J. (1982): A Paradox of Multicultural Societies. In: Journal of Philosophy of Education, Vol. 16, No 2
Heckmann, F. (1981): Die Bundesrepublik – Ein Einwanderungsland? Stuttgart
– (1992): Nationalstaat, multikulturelle Gesellschaft und ethnische Minderheitenpolitik. In: Multikulturelle Gesellschaft. Friedrich-Ebert-Stiftung. Bonn
Hermann-Pfand, A. (1991): Eingliederung der Aussiedler. In: Informationen zur politischen Bildung, Nr. 222. München
Hoffmann, L. (1983): »Die Belastungsgrenze ist überschritten« – Entwurf einer Theorie der Ausländerfeindlichkeit. Reihe Materialien, Heft 15. Univ. Bielefeld, Zentrum für Wissenschaft und berufliche Praxis (Hg. L. Hoffmann und H. Even). Bielefeld
– (1989): Nationalstaat oder Republik? Das ungewöhnliche Plädoyer des Dieter Oberndörfer. In: Blätter für deutsche und internationale Politik, Heft 6
– (1992): Die unvollendete Republik. Zwischen Einwanderungsland und deutschem Nationalstaat. Köln
– (1992a): Wanderungsdruck und Einwanderungsbedarf. In: Die Brücke, Heft 3
Huber, B. (1992): Verfassungsrechtliche Aspekte einer Asylrechtsharmonisierung in Europa. In: Zeitschrift für Rechtspolitik, Heft 4
Jones, P. (1990): Respecting Beliefs and Rebuking Rushdie (Unveröfftl. Vortrag Univ. of Newcastle)
Kimminich, O. (1991): Die Genfer Flüchtlingskonvention als Ausdruck globaler Solidarität. In: Archiv des Völkerrechts, Bd. 29, Heft 3
– (1992): Asylgewährung als Rechtsproblem. In: Aus Politik und Zeitgeschichte. Beilage zu »Das Parlament«, 21. Februar

Knight, U. und Kowalsky, W. (1991): Deutschland nur den Deutschen? Die Ausländerfrage in Deutschland, Frankreich und den USA. Bonn / Wien
Koepf, P. (1992): Stichwort Asylrecht. München
Kotzian, O. (1990): Die Deutschen in den Aussiedlungsgebieten. Herkunft und Schicksal. In: Modellversuch Aussiedler, Bd. 2. München / Dillingen
Kreuzberg, H. (1984): Grundrecht auf Asyl. Materialien zur Entstehungsgeschichte. Köln u.a.
Kristeva, J. (1988): Etrangers à nous-mêmes. Paris
Kymlicka, W. (1991): Liberalism, Community and Culture. Oxford
Leggewie, C. (Hg.) (1991): Multi Kulti. Spielregeln f. d. Vielvölkerrepublik. Berlin
Lévi-Strauss, C. (1984): Tristes Tropiques. Paris
– (1987): Race et histoire. Paris
– (1991): Histoire de Lynx. Paris
Link, J. (1986): Asylanten – ein Schimpfwort. In: H. Kauffmann (Hg.) Kein Asyl bei den Deutschen. Anschlag auf ein Grundrecht. Reinbek
Louviot, I. (1991): Migrations. Est-Ouest, Sud-Nord. Paris
Mathieu, J.-L. (1991): Migrants et réfugiés. Paris
Meier-Braun, K.-H. (1991): Auf dem Weg zur multikulturellen Gesellschaft. In: Fremde in Deutschland. Zeitschrift für Kulturaustausch, 41. Jg., Heft 1
Mendus, S. (1989): Toleration and the Limits of Liberalism. London
Meulenbelt, A. (1988): Scheidelinien. Hamburg
Michaud, Y. (1986): La violence. Paris
Münch, U. (1992): Asylpolitik in der Bundesrepublik Deutschland. Entwicklung und Alternativen. Opladen
Naylor, F. (1991): Freedom and Respect in a Multicultural Society. In: Journal of Applied Philosophy, Vol 8, No 2
Nicolaus, P. (1991): 40 Jahre Genfer Flüchtlingskonvention und die deutsche Asylrechtssprechung. In: Archiv des Völkerrechts, Bd. 29, Heft 3
Norek, C. und Doumic-Doublet, F. (1989): Le droit d'asile en France. Paris
Oberndörfer, D. (1987): Die Bundesrepublik Deutschland, Europa und die Dritte Welt: Zum »nationalen Selbstverständnis« der Bundesrepublik. In: Hättich, M. (Hg.): Zum Staatsverständnis der Gegenwart. München
– (1991): Die offene Republik als Staatsform der Zukunft. Die Voraussetzungen multi-ethnischer Gesellschaften in Deutschland und Europa. In: Braitling, P. und Reese-Schäfer, W. (Hg.): Universalismus, Nationalismus und die neue Einheit der Deutschen. Philosophen und die Politik. Frankfurt / M.
– (1992): Vom Nationalstaat zur offenen Republik. In: Aus Politik und Zeitgeschichte. Beilage zu ›Das Parlament‹, 21. Februar
Otto, K. A. (1990): Aussiedler und Aussiedler-Politik im Spannungsfeld von Menschenrechten und Kaltem Krieg. In: Otto, K. A. (Hg.): Westwärts – Heimwärts? Bielefeld
Pfundtner, R. (1990): Historisch-politische Analyse der Spätaussiedlerproblematik und Ergebnisbericht der Befragung der Teilnehmer am Modellversuch ›Berufliche Integration erwachsener Spätaussiedler‹. Typoskript. Modellversuch im Auftrag des Bundesministeriums für Bildung und Wissenschaft, durchgeführt an der Fernuniversität Hagen

Reese-Schäfer, W. (1991): Multikulturalität, Basiskonsens und Einwanderungspolitik. In: Perspektiven des demokratischen Sozialismus, 8. Jg., Heft 4
Rittstieg, H. (1991): Einführung in das Deutsche Ausländerrecht. München
Robertson, D. (1985): The Penguin Dictionary of Politics. London
Rothkegel, R. (1992): Ewigkeitsgarantie für das Asylrecht? In: Zeitschrift für Rechtspolitik, Heft 6
Rürüp, B. (1989): Wirtschaftliche und gesellschaftliche Perspektiven der Bundesrepublik Deutschland. München
Sasse, Chr. und Kempen, E.-O. (1974): Kommunalwahlrecht für Ausländer? Staatsrechtliche Möglichkeiten und Grenzen. In: Aus Politik und Zeitgeschichte. Beilage zu »Das Parlament«, 23. Februar
Schenk, K. (1992): Zum Asylrecht unter Listenvorbehalt. In: Zeitschrift für Rechtspolitik, Heft 3
Scheuch, E. K. (1991): Wie deutsch sind die Deutschen? Eine Nation wandelt ihr Gesicht. Bergisch-Gladbach
Scheurer, F. (1989): Der mühsame Abschied vom Rassedenken. In: Widerspruch. Hg. Bundesarbeitsgemeinschaft »ImmigrantInnen und Flüchtlinge« der Grünen. Bonn, Dezember
Schiffer, E. (1991): Multikulturelle Gesellschaft. Rede vom 8. 7. 1991, Hanns-Seidel-Stiftung, Typoskript. Bundesminister des Inneren (Hg.), Bonn. Auszug: Der Koran ist nicht Gesetz. In: Der Spiegel, 30. 9. 1991
Schnädelbach, H. (1991): Kultur. In: Martens, E. und Schnädelbach, H. (Hg.): Philosophie. Ein Grundkurs, Bd. 2. Reinbek
Schöneberg, U. (1987): Gruppenpsychologische Hintergründe der Fremdenangst und Fremdenfeindlichkeit. In: Ausländer und Massenmedien. Bundeszentrale für politische Bildung, Schriftenreihe Bd. 253. Bonn
Schröder, G. (1992): Wir brauchen Zuwanderer. In: Der Spiegel, 9. 3. 1992
Schulte, A. (1992): Multikulturelle Gesellschaft: Zu Inhalt und Funktion eines vieldeutigen Begriffs. In: Multikulturelle Gesellschaft. Friedrich-Ebert-Stiftung. Bonn
Schwab, S. (1990): Deutsche unter Deutschen. Aus- und Übersiedler in der Bundesrepublik. Pfaffenweiler
Serres, M. (1991): Le Tiers-Instruit. Paris
Taureck, B. H. F. (1989): Nietzsche und der Faschismus. Eine Studie über Nietzsches politische Philosophie und ihre Folgen. Hamburg
– (1991): Lévinas zur Einführung. Hamburg
– (1992): Ethikkrise, Krisenethik. Analyse, Texte, Modelle. Reinbek
– (Hg.) (1992a): Psychoanalyse und Philosophie. Lacan in der Diskussion. Frankfurt/M.
Taylor, Charles (1992): Multiculturalism and »The Politics of Recognition«. Princeton/Oxford
Tichy, R. (1990): Ausländer rein. Warum es kein ›Ausländerproblem‹ gibt. München
Tönnies, S. (1992): Kann Asyl ein Recht sein? In: Zeitschrift für Rechtspolitik, Heft 2
Tränhardt, D. (1988): Die Bundesrepublik Deutschland – ein unerklärtes Einwanderungsland. In: Aus Politik und Zeitgeschichte. Beilage zu »Das Parlament«, Juni

Torelli, M. (1989): Le droit international humanitaire. Paris
Tugendhat, E. (1992): Asyl: Gnade oder Menschenrecht? (1986): In: Tugendhat, E.: Ethik und Politik. Vorträge und Stellungnahmen aus den Jahren 1978–1991. Frankfurt/M.
Voisard, J. und Ducastelle, Chr. (1990): La question immigrée. Paris
Waffenschmidt, H. (1992): Deutschland – ein Einwanderungsland? Rede im Kieler Schloß, 2. 3. 1992, Bundesminister des Inneren (Hg.). Bonn
Walzer, M. (1983): Spheres of Justice. A Defence of Pluralism and Equality. Oxford
Weinrich, H. (1981): Fremdsprachen in der Bundesrepublik Deutschland und Deutsch als Fremdsprache. In: Wort und Sprache. Beiträge zu Problemen der Lexikographie und Sprachpraxis. Berlin
Welsch, W. (1992): Transkulturalität. In: Information Philosophie, Mai
Winkler, B. (Hg.) (1992): Zukunftsangst Einwanderung. München
Wolf-Almanasreh, R. (1992): Die multikulturelle Gesellschaft als kommunale Aufgabe. In: Gesprächskreis Arbeit und Soziales, Nr. 6, Friedrich-Ebert-Stiftung. Bonn
Zwick, M. (1992): Zuwanderung von Ausländern nach Deutschland: 30 Jahre im Überblick. In: Ausländer in Deutschland, 8. Jg., Heft 1